中國學術思想 研究輯刊

十九編

林慶彰 主編

第3冊

張爾岐《儀禮鄭註句讀》研究

鄭伊珊 著

花木蘭文化出版社

國家圖書館出版品預行編目資料

張爾岐《儀禮鄭註句讀》研究／鄭伊珊 著 -- 初版 -- 新北市：
花木蘭文化出版社，2014〔民103〕
目 2+192 面；19×26 公分
（中國學術思想研究輯刊 十九編：第 3 冊）
ISBN 978-986-322-923-0（精裝）
1.儀禮　2.注釋　3.研究考訂
030.8　　　　　　　　　　　　　　　　　　　103014770

ISBN-978-986-322-923-0

9 789863 229230

中國學術思想研究輯刊
十九編　第三冊　　　　　　　ISBN：978-986-322-923-0

張爾岐《儀禮鄭註句讀》研究

作　　者　鄭伊珊
主　　編　林慶彰
總 編 輯　杜潔祥
副總編輯　楊嘉樂
編　　輯　許郁翎
出　　版　花木蘭文化出版社
社　　長　高小娟
聯絡地址　235 新北市中和區中安街七二號十三樓
　　　　　電話：02-2923-1455／傳眞：02-2923-1452
網　　址　http://www.huamulan.tw 信箱 hml 810518@gmail.com
印　　刷　普羅文化出版廣告事業
封面設計　劉開工作室
初　　版　2014 年 9 月
定　　價　十九編 25 冊（精裝）新台幣 42,000 元　　版權所有・請勿翻印

張爾岐《儀禮鄭註句讀》研究

鄭伊珊　著

作者簡介

鄭伊珊，生於西元 1983 年台南，2013 畢業於國立高雄師範大學經學研究所碩士，碩士論文題目《張爾岐儀禮鄭註句讀研究》。因從小對於民間禮俗有濃厚的興趣，因此在碩士時就投入古禮的研究，並更進一步觀察民間的禮俗，現今就讀國立高雄師範大學國文系博士班。

提　要

　　張爾岐，字稷若，號蒿庵，為明末清初治《儀禮》學的大儒。因有感於《儀禮》為聖賢之書，世人卻因難讀而廢，因此以推廣《儀禮》為初衷，望學子不因《儀禮》難讀而止，著《儀禮鄭註句讀》一書以傳後世。其書直承鄭註，對於賈疏與後人之說，皆簡略附註於鄭註之後，對於賈疏過於漫衍的解釋皆加以省略，務求經文明白通曉，並且在有疑之處提出自己的看法。此書雖提名為句讀之書，然而從張爾岐對於注疏的取捨以及附錄於後的看法，可以看出張爾岐以《儀禮》修身、《儀禮》治世的觀念。

　　明代以後，禮學衰微，而《儀禮鄭註句讀》後，禮學大興，治《儀禮》者眾，其中多受張爾岐《儀禮鄭註句讀》影響。要談清代《儀禮》之學，不可不談張爾岐《儀禮鄭註句讀》，此書可說是清代《儀禮》之學的先聲，影響秦蕙田、方苞、胡培翬等學者。

　　本論文先論張爾岐之生平，爬梳張爾岐的一生，並點出張爾岐書寫《儀禮鄭註句讀》的動機與歷程。次論《儀禮鄭註句讀》之體例與解經特色，以凸顯《儀禮鄭註句讀》與其他著述的分別。接下來討論張爾岐禮學思想的展現，說明「禮」在張爾岐思想中的重要性，兼論張爾岐以禮修身、以禮治世的態度。最後論《儀禮鄭註句讀》的歷史定位與價值。

目次

第一章 緒 論

第一節 研究動機

　　傳統治《儀禮》者，多採嚴謹樸實的學風。然而宋代受義理之學興盛的影響，由宋至明，治《儀禮》者鮮少。然而清乾嘉之際，治禮者名家輩出〔註1〕，《儀禮》之學大盛，而堪稱《儀禮》之學大成者之胡培翬（1782～1849）〔註2〕《儀禮正義》亦在此時期完成。然從宋、明時禮學之衰，至清乾嘉時之盛，按學術之自然發展之進程〔註3〕，期間定有其轉折亦是復興之準備期，又稱爲發展期，而這發展期便集中於清初三禮學之復興。故本論文以爲乾嘉禮學之大盛，實得力於清初禮學之復興，當中又以張爾岐最爲突出，其爲清初作禮之第一人，雖在當是時沒而無名，然其「獨精三禮，卓然成師」，其禮學之成就實影響後世

〔註1〕〔清〕梁啓超：《中國近三百年學術史》（臺北：里仁書局，民國 94 年 8 月 30 日初版四刷，頁 263～269），有一章節專門討論清代學者整理舊學之總成績，裡面將有關禮學的研究分爲《周禮》、《儀禮》、《禮記》、《大戴禮記》、以及禮總五類，並且在此五類中分別提出幾個重要的人物與代表作共 42 位，並爲這個時代的成績給予很高的評價。梁啓超列出與《儀禮》相關之著家有張爾岐《儀禮鄭註句讀》、凌廷堪《禮經釋例》、張惠言《儀禮圖》、邵懿辰《禮經通論》、胡培翬《儀禮正義》等，並在書中推胡培翬《儀禮正義》爲清代儀禮學集大成之著作。

〔註2〕胡培翬，生於清高宗乾隆 47 年（1782），卒於清宣宗道光 29 年（1849）。

〔註3〕〔清〕梁啓超：《中國近三百年學術史》（臺北：里仁書局，民國 94 年 8 月 30 日初版四刷，頁 7）中曾云：「思潮之流轉也正然，例分四期：一、啓蒙期（生）；二、全盛期（住）；三、蛻分期（異）；四、衰落期（滅）。無論何國何時代之思潮，其發展變遷，多循私軌。」

多矣。

清初禮學興盛，有其特殊的時代背景，其一乃是因滿清爲外族入主，爲了博取士人之認同，穩固政權、穩定民心，並削弱反清復明之勢力，清廷遂以程朱理學爲統治之中心思想，研習五經，廣開科舉，以收攏當代士人之心。禮學身列五經之一，又以規範人倫制度爲要，遂爲清廷所重，禮學獲得朝廷的支持開始興盛。

其次，至周公制禮作樂至清初，共經歷了 2700 多年，這段時間內，各朝各代之禮制亦隨時代而改易，至清代而集其大成。在這樣的時代背景之下，在康、雍、乾三代中，無論是官修或私修，皆出了許多疏通各代禮制，並重新詮解經文之著作，而這樣的作品，若非經長時間累積，絕對無法完成，清代歷經各朝各代之禮制沿革，恰好爲清初三禮學提供了良好的研究材料。

除上述原因之外，宋代喜疑經改經、明代刻書喜好更改篇章，也爲清代整理古籍之學風產生很大的影響。因經歷宋、元、明三代，古籍經文遂錯亂而不可讀，清代文人有鑑於此，遂投入古籍整理的工作，而這也影響到乾嘉時期的學風。再加上當代文網密集，文人爲了避禍，少發議論，遂全力投入於整理古籍的工作。

最後，除了承認滿清爲正統政權的文人以外，亦有另外一批明朝遺老，他們遭受亡國之痛，一方面希冀反清復明，一方面也徹底檢討明末王學，並努力矯正其好發議論導致過於空泛之毛病，其學風逐漸走向務實，並以回歸經典要義爲主。在這樣的時代背景之下，清初禮學以前所未有之姿蓬勃發展，其特色也與之前的朝代完全不同。

清初禮學在上述原因的影響下蓬勃發展，而其學風大致可以分爲兩派。一派受宋學影響較深，質疑漢儒之說。一派則尊崇鄭玄之說，與乾嘉學派有較深的淵源。受宋學影響較深者，以黃宗羲爲首的浙東學派爲代表，而在《儀禮》學中有所成就者，首推黃宗羲的大弟子萬斯大。以萬斯大的《儀禮商》爲例，萬斯大在本書中提出許多有關《儀禮》的疑問，以元代吳澄的說法爲主，他們繼承宋明理學的遺風而加以修正，質疑鄭玄等漢儒的說法，並提出自己的看法。而受漢學影響較深者有張爾岐《儀禮鄭註句讀》、沈彤《儀禮小疏》等，他們基本上尊崇鄭玄之說，而其中又以張爾岐《儀禮鄭註句讀》爲清初禮學的代表。故本論文以張爾岐《儀禮鄭註句讀》爲研究重心，凸顯張爾岐《儀禮鄭註句讀》的特色與歷史定位。

第二節　研究方法

　　本論文以《儀禮鄭註句讀》爲研究主題，先從《儀禮鄭註句讀》的體例
入手，藉由分析《儀禮鄭註句讀》的體例，探究張爾岐在書寫《儀禮鄭註句
讀》的用心。因此筆者在本論文中，先參照張爾岐在《儀禮鄭註句讀》序文
中所說明的寫作動機與寫作體例，然後針對張爾岐在序文中所言的體例，對
比張爾岐本文中的體例，加以對照說解，並增加張爾岐在序文中沒有說明，
然體現在文本中的體例，藉此說明張爾岐書寫《儀禮鄭註句讀》的用心與隱
藏在其中的思想，最後針對張爾岐在體例中有所闕漏的地方提出說解。

　　說解完《儀禮鄭註句讀》的體例後，接下來分析《儀禮鄭註句讀》的解
經特色。張爾岐在《儀禮鄭註句讀》中，爲了讓《儀禮》通曉易讀，因此在
解經時有其獨到的特色。筆者在此爬梳《儀禮鄭註句讀》本文，爲《儀禮鄭
註句讀》整理出其解經特色，同時也可以從張爾岐在材料的取捨上，看出張
爾岐的思想概況。

　　說解完張爾岐的解經特色後，接著根據張爾岐的著作及文集，仔細整理
張爾岐的禮學思想。因《儀禮鄭註句讀》一書雖然爲張爾岐最重要的禮學著
作，然而《儀禮》畢竟著重於禮節儀文，雖然能在許多細節透露出張爾岐的
禮學思想，卻沒有通篇性的論述，因此筆者在整理張爾岐的思想時，一方面
取用《儀禮鄭註句讀》的文本，一方面使用張爾岐的《周易說略》、《老子說
略》以及文集，從中爬梳有關張爾岐的禮學思想，爲張爾岐的禮學思想建立
出一個清楚的脈絡。

　　最後則是張爾岐《儀禮鄭註句讀》對於禮學史的重要性。其中又分爲對
前人的繼承與對後人的影響，在此筆者著重於張爾岐《儀禮鄭註句讀》對後
世的影響，並以是否有引用《儀禮鄭註句讀》之說法爲判斷的依據，探討後
代文人對於《儀禮鄭註句讀》一書的引用狀況、如何引用，對於張爾岐的說
法是採取贊同的態度抑或是反對的態度，最後藉由後代文人對於《儀禮鄭註
句讀》的引用，判斷張爾岐對於後世禮學著作的影響。

第三節　文獻探討

　　在文獻探討的部分，筆者在此將其分爲兩個部分。第一個部分是學界對
於張爾岐的研究，第二個部分是對於《儀禮》的研究。筆者在此先整理有關

張爾岐的相關研究,再整理當代學者對於《儀禮》的研究。

現代學者對於張爾岐的研究分爲兩種,一種是針對張爾岐本身做出研究,研究範圍包括張爾岐的生平、思想、交遊考等。另一種是研究張爾岐的著作,如《周易說略》、《老子說略》、《儀禮鄭註句讀》以及文集的研究,以下分別說明。

一、張爾岐研究

針對張爾岐本身做出相關研究者,可分爲專書、碩士論文以及單篇論文。以下本論文分別述之:

(一)張華松:《張爾岐詩文選》

張華松〔註4〕《張爾岐詩文選》〔註5〕爲《濟南歷代名家詩文選》叢刊中的其中一本,主要是從張爾岐的詩文集《蒿庵集》、《蒿庵集捃逸》、《蒿庵閑話》中選出較爲著名的作品,並加以句讀注解。然而本書不僅僅只是句讀張爾岐的文集,他亦收錄張爾岐的傳記,使讀者能對張爾岐的生平有一個概括的了解。除此以外,張華松亦在本書中爲張爾岐編列年譜,並請王鈞林〔註6〕爲張爾岐的生平、論學、哲學思想等做出一深入淺出的探討,使讀者能夠對張爾岐的思想有一初步的了解,再去閱讀張爾岐的詩文。讀者能夠藉由本書,對張爾岐有一概念性的認識。

(二)王建美:《張爾岐思想研究》、〈張爾岐理學思想論略〉

王建美:《張爾岐思想研究》〔註7〕,爲兩岸唯一一本針對張爾岐的思想做出完整性論述的碩士論文,在《張爾岐思想研究》中,王建美認爲張爾岐的思想爲宗程朱,斥陸王,並且排斥宗教迷信的說法,力矯王學末流流於空疏的學風,並且爲張爾岐的思想訂出一個「氣本」的概念,做爲張爾岐思想的特色。而王建美〈張爾岐理學思想論略〉〔註8〕也大致以此概念爲軸心,在

〔註4〕 張華松,1962年11月出生,山東文登人,現任濟南社會科學院副院長、教授,兼任中國長城學會會員、山東孔子學會常務理事、山東孫子研究會學術委員。

〔註5〕 張華松:《張爾岐詩文選》(山東:濟陽出版社,2009,初版)。

〔註6〕 王鈞林(1956~),山東人,山東師範大學齊魯文化研究中心專職研究員,專長於中國思想史的研究。

〔註7〕 王建美:《張爾岐思想研究》(河北:河北師範大學,2003)。

〔註8〕 王建美〈張爾岐理學思想論略〉(天津:天津師範大學學報(社會科學版),2004年05期),頁43~47。

此不多作贅述。

（三）王鈞林：〈張爾岐的學問與思想〉

王鈞林〈張爾岐的學問與思想〉〔註9〕一文中，以理氣論、心性論與有對論三個部分來論述張爾岐的思想。他認為張爾岐經學、理學並重，以漢人的方法治經，而以宋人的方法思索義理，此法亦與後來清代漢學家的治學方法相同。其次，王鈞林論述張爾岐的哲學思想，認為張爾岐以氣為本，並且讚嘆張爾岐在《周易說略》一書中提出「影似」〔註10〕概念之高妙。本文以提綱挈領的方式，直接點出張爾岐思想中的幾個重點，可以說是為張爾岐的思想做出一個最扼要的提要說解，而此篇文章，亦收錄於張華松《張爾岐詩文選》的序文中。

（四）張濤、張華松、趙儷生論張爾岐之交遊

上述所言的篇章，乃是針對張爾岐的思想做出一全面性說解的文章，然除了張爾岐的思想外，亦有學者針對張爾岐的交遊做出研究。如張濤〈顧張交往年代辨正二則〉〔註11〕、張華松〈張爾岐交遊考〉〔註12〕與趙儷生〈顧炎武與張爾岐〉〔註13〕。此三篇文章雖然出自不同學者，然而他們的重點都擺在張爾岐與顧炎武的交往。在趙儷生〈顧炎武與張爾岐〉一文中，考證顧炎武與張爾岐的相識，以及他們之間的交遊唱和，乃至於兩人所交流的學術，為張華松〈張爾岐交遊考〉一文奠定了完善的基礎。

張華松〈張爾岐交遊考〉一文將張爾岐的交遊分為與前輩交往、與平輩和門生交往，以及與顧炎武、薛鳳祚、李煥章、劉孔懷等人交往。張華松在本文中，仔細考證與張爾岐交往的學者生平，並兼論張爾岐與他們的學術交流。而張濤〈顧張交往年代辨正二則〉一文，就是在張華松〈張爾岐交遊考〉一文的基礎下，針對顧張兩人的初識之年與重新論學之年做一詳細的考證。

〔註9〕 王鈞林：〈張爾岐的學問與思想〉（山東：孔子研究，2007 年 02 期），頁 75～85。

〔註10〕「影似」二字出自張爾岐《周易說略‧序》中，張爾岐認為周易六十四卦並非精確說明人世間所有的事物，而是取一個大約的概念或象徵，稱之為「影似」。

〔註11〕張濤：〈顧張交往年代辨正二則〉（湖南：湖南大學學報（社會科學版））（2006 年 01 期），頁 61～64。

〔註12〕張華松：〈張爾岐交遊考〉（山東：濟南教育學院，2004 年 03 期），頁 91～99。

〔註13〕趙儷生：〈顧炎武與張爾岐〉（山東：東岳論叢，1985 年 05 期），頁 85～89。

二、張爾岐著作研究

上述所列，乃是針對張爾岐的思想與生平做一深入的探討，然而學者所關注者，不僅僅只針對張爾岐生平，甚至泛及張爾岐的著作，以下分別述之。

（一）《周易說略》研究

目前針對《周易說略》做研究的，有碩士論文陳怡青：《張爾岐《周易說略》研究》〔註14〕以及單篇論文楊自平：〈張爾岐《易》學特色與定位析論〉〔註15〕。兩人皆是以張爾岐《周易說略》一書為基礎，對張爾岐的易學思想做一深入的探析。

（二）《儀禮鄭註句讀》研究

目前針對《儀禮鄭註句讀》做出研究者有國科會計畫、專書、博士論文、單篇論文等，以下分別述之：

1、韓碧琴

國科會計畫：《儀禮張氏學》〔註16〕、專書：《儀禮鄭註句讀校記》〔註17〕、博士論文：《儀禮鄭註句讀校記》〔註18〕；單篇文章有：〈儀禮張氏學〉〔註19〕、〈張爾岐對「儀禮」之獨特見解〉〔註20〕、〈儀禮鄭註句讀校記——士相見禮第三〉〔註21〕、〈儀禮鄭註句讀校記——公食大夫禮第九〉〔註22〕。

韓碧琴之專書與博士論文《儀禮鄭註句讀校記》，主要針對各個版本的《儀禮鄭註句讀》做一個詳實的比對。在論文中，一開始先說解現今所流傳的《儀

〔註14〕陳怡青：《張爾岐《周易說略》研究》（臺北：臺北市立師範學院應用語言文學研究所，2001）。

〔註15〕楊自平：〈張爾岐《易》學特色與定位析論〉（桃園：國文學報卷51：2012年6月出版），頁37～69。

〔註16〕韓碧琴：《儀禮張氏學》（編號 NSC-0301-H005-050T，執行期間82年2月1日至83年1月31日）。

〔註17〕韓碧琴：《儀禮鄭註句讀校記》（臺北：國立編譯館，1996）。

〔註18〕韓碧琴：《儀禮鄭註句讀校記》（臺北：國立臺灣師範大學國文研究所，1992）。

〔註19〕韓碧琴：〈儀禮張氏學〉（臺中：興大中文學報，1996年1月08期），頁195～230。

〔註20〕韓碧琴：〈張爾岐對「儀禮」之獨特見解〉（臺中：國立中興大學臺中夜間部學報，1995年11月），頁27～49。

〔註21〕韓碧琴：〈儀禮鄭註句讀校記——士相見禮第三〉（臺中：逢甲中文學報，1994年4月），頁77～91。

〔註22〕韓碧琴：〈儀禮鄭註句讀校記——公食大夫禮第九〉（臺中：興大中文學報，1993年1月），頁145～168。

禮鄭註句讀》版本，其次，韓碧琴在此論文中針對不同版本的《儀禮鄭註句讀》詳細比對，並列出每一個版本中文句不同的部分。其論文考核詳實，爲《儀禮鄭註句讀》研究打下了紮實的基礎。

在單篇文章中，〈張爾岐對「儀禮」之獨特見解〉、〈儀禮張氏學〉、〈儀禮鄭註句讀校記——士相見禮第三〉、〈儀禮鄭註句讀校記——公食大夫禮第九〉，亦在《儀禮鄭註句讀校記》的基礎上，對於張爾岐《儀禮鄭註句讀》做更深入的研究與說解。

這些研究集其大成者，就是韓碧琴的國科會計畫：《儀禮張氏學》。本計畫主要針對張爾岐對於經文、鄭註、賈疏的質疑與發明，以及張爾岐對於《儀禮》的獨到見解做說明，其中分爲張爾岐對經文之質疑發明、張爾岐對鄭註之質疑發明、張爾岐對賈疏之質疑與發明，以及張爾岐之獨特見解等章節。內文以《儀禮》十七篇爲次第，逐一指出張爾岐在《儀禮》各篇中的闡揚。

2、鄧聲國

鄧聲國：〈試論張爾岐的《儀禮》詮釋特色與研究〉〔註23〕一文針對張爾岐《儀禮鄭註句讀》之體例與張爾岐對於《儀禮》文獻的取捨兩點加以說解，並在本文中推崇張爾岐在禮學中的成就。

3、林存陽

林存陽：〈張爾岐與《儀禮鄭註句讀》〉〔註24〕首先針對張爾岐的生平與學術做出一個大略的說解，緊接著以顧炎武對《儀禮鄭註句讀》的評語，凸顯出《儀禮鄭註句讀》的價值與用功之深，最後就自己閱讀《儀禮鄭註句讀》之心得，對《儀禮鄭註句讀》一書訂下「張爾岐之禮，並非單純的學術考究，其於世風人心，亦頗重以禮敦化之」的評價。

4、戴君仁

戴君仁：〈書張爾岐儀禮鄭註句讀讀後〉〔註25〕現存於乾隆八年（1743）濟陽高廷樞刻本正文之後，戴君仁在此篇文章中，先針對張爾岐的一生做出

〔註23〕鄧聲國：〈試論張爾岐的《儀禮》詮釋特色與研究〉（江西：江西科技師範學院學報，2012 年 04 期），頁 61～66。

〔註24〕林存陽：〈張爾岐與《儀禮鄭註句讀》〉（山東：齊魯學刊，2001 年第 1 期），頁 36～40。

〔註25〕戴君仁：〈書張爾岐儀禮鄭註句讀讀後〉（臺北：書目季刊，1966 年 9 月），頁 51～54。

一個詳盡的說解，其次再對張爾岐在禮學的志向做出一個評論，可以說是現代學者閱讀張爾岐《儀禮鄭註句讀》的一塊入門磚。

（三）《老子說略》研究

目前針對張爾岐《老子說略》做出研究者，有碩士論文與單篇論文，以下分別述之：

1、王繼學

王繼學之碩士論文《張爾岐的老子學思想研究》〔註26〕與單篇論文〈論張爾岐的《老子說略》在老學史上的地位〉〔註27〕，皆以張爾岐《老子說略》為研究中心，然而〈論張爾岐的《老子說略》在老學史上的地位〉主要著重於張爾岐反對過多以「性命」來解釋老子，並且點出張爾岐《老子說略》有限制君權的意涵，並且認為此乃清初特殊歷史背景下的產物。而《張爾岐的老子學思想研究》與〈論張爾岐的《老子說略》在老學史上的地位〉相比，則更全面地論述張爾岐《老子說略》一書，其範圍涵蓋張爾岐的思想簡介、張爾岐的老學思想，以及《老子說略》一書的體例與文本研究，最後則點出張爾岐在老學史上的地位。

2、謝成豪

謝成豪〈張爾岐《老子說略》探析〉〔註28〕一文則針對《老子說略》一書的成書時間、版本以及內容做一個簡單的說解，其次，則針對張爾岐《老子說略》所引用的經文與歷代注疏做一整理，並且整理後代學者引用張爾岐《老子說略》的狀況。其次，謝成豪針對張爾岐的老學思想，提出了道之體用與道即理、聖人治身兼及天下、淡化儒家「性命」之說、限制君主的權力等特色，最後對於張爾岐在老學史的定義做一全面性的論述。

（四）張爾岐文集研究

針對張爾岐文集裡的文章作出探討者有單篇論文：楊鴻銘〈張爾岐辨志等文主題字眼論〉〔註29〕與江舉謙〈張爾岐辨志〉〔註30〕，此兩篇文章都是

〔註26〕王繼學：《張爾岐的老子學思想研究》（山東：山東師範大學，2006）。
〔註27〕王繼學：〈論張爾岐的《老子說略》在老學史上的地位〉（山東：山東商丘師範學院學報，2006年01期），頁20～22。
〔註28〕謝成豪：〈張爾岐《老子說略》探析〉（高雄：經學研究集刊特刊一，民國98年12月），頁257～281。
〔註29〕楊鴻銘〈張爾岐辨志等文主題字眼論〉（臺北：孔孟月刊，民國83年4月），

以張爾岐《蒿庵集‧辨志》一文為研究中心，凸顯張爾岐對於「立志」的重
視。

頁 49～50。

〔註 30〕江舉謙：〈張爾岐辨志〉（臺中：明道文藝，民國 81 年 2 月），頁 53～61。

第二章　張爾岐生平論述

第一節　張爾岐生平傳略

　　張爾岐，山東濟陽人，字稷若，號蒿庵，又號汗漫道人，生於明萬曆四十年（1612），卒於清康熙十六年（1677），享壽六十六歲。張爾岐處於一個天崩地解，改朝換代的時代，其一生經歷與思想也與此有很大的關係。張爾岐家裡世代務農，直到父親行素才由耕轉讀，官至湖廣石首驛丞。因父親為張家第一代由耕轉讀，所以特別重視孩子的教育，所以張爾岐自小就接受鄉里陳蒼屏〔註1〕的教導，學習程朱之學，研習八股文。

　　張爾岐自幼聰明好學，熟讀經史，兼及朱子百家，所以在十六七歲時就考取秀才，為同輩之中的佼佼者。然而因為張爾岐書寫文章時，喜歡自抒心意，學聖人之言，行經國之事，以勦竊為恥，曾在《蒿庵集·自訂書義序》中云：

　　　予幼習八股義而苦之，既隸籍博士，無可舍置理，遂疲精敝神於其
　　　中。初解文體，即以勦襲為恥，於人所習用，必力自涮除，唯取經

〔註1〕陳蒼屏，濟陽縣垛石鎮碼頭村人，生於明萬曆戊子年（1588），卒於清順治癸巳年（1653），享年66歲。張爾岐在《蒿庵集》（齊魯書社，1997年4月第一版）中曾為陳蒼屏做墓誌銘，其中有一段在介紹陳蒼屏的風範，其云：「先生持身整潔，遇物和厚，容止造次不離儒者。後生少俊風斂戢，盛氣匿容，罕接其前。咸嘆服，以為先民典型焉。其教人也，必循其法，初不以理學高自標幟，正容程課，使人自悟而已。」（頁129）由此段可以看出陳蒼屏的儒者風範，以及張爾岐所接受的正是程朱理學的教育。

史諸子語之稍稍遠人者綴緝之。〔註2〕
由張爾岐序中所自述的想法，就可以看出張爾岐在書寫文章時，不喜拾人牙慧的性格，並以勦襲為恥，認為前人所沿用的寫法，必定要求自己剪除，不可重複。

照理來說，這種不可勦竊的習慣原本應該是好事，然而放在明末八股考試中，卻成為張爾岐無法金榜題名的理由，〔註3〕自崇禎三年（1630）年開始，張爾岐連續三次應試鄉試，竟屢試不中。直到二十六歲（崇禎九年，1636），張爾岐第三次應鄉試不中，遂接受友人之說，開始努力準備八股文〔註4〕。然而還沒來得及應試，張爾岐就遭遇到人生最重要的劇變。

崇禎十二年（1640），滿清軍隊入侵瀋陽，父親死於這場兵禍。張爾岐性至孝，受此刺激之後，一日突然發狂，欲投水自盡，後來因母親年邁才作罷。

張爾岐對父親的喪禮完全依照古禮，守喪三年號泣不輟，守喪過後，終身不服彩，不食肥肉，不聽音樂。除此之外亦友愛兄弟，兄弟三人分家產，張爾岐身為兄長，自己選擇三份中最差的一份；二弟爾嶸目盲，他代為繳稅終身，直到死前，還立下遺囑，囑咐自己的三個兒子繼續代為繳稅。

崇禎十三年（1640），此時張爾岐已經二十九歲了。父喪剛過，又逢濟陽大旱，人相食，張爾岐開始研究救荒之道。經歷了這一番的波折之後，張爾岐終於在崇禎十六年（1643）考上廩生。然而好景不常，崇禎十七年（1644），清順治元年（1644），清攝政王多爾袞入北京，崇禎帝自縊。張爾岐經歷殺父之仇，今日又受亡國之痛，對清朝深痛惡絕，決心不再參與科舉，帶著老母親隱居山林，從此不求聞達，少交遊，以教導童子糊口。生平唯一一次短暫

〔註2〕 蒿庵集：〔清〕張爾岐：（山東：齊魯書社出版發行，1991年4月1版印刷，頁76）。以下若是引用《蒿庵集》，皆以此版本為主，後續引文不再贅述，僅在引文後面標註（《蒿庵集》，頁數）。

〔註3〕 明末時期以八股取士，一篇文章中含有八個部分，前四部分（破題、承題、起講、入手）需用散文句來寫成，後四部分（起股、中股、後股、束股）則在內容要相對相輔，句子要對仗，字數要相等，不可破例，可以說在文章書寫形式上被嚴格限制的文章。除了形式被嚴格限制外，內容亦強調「述而不作」，要求為聖人立言，不可以闡揚自己的思想，而張爾岐寫文務求不可勦竊，喜歡在文章中直抒心意，並力求有所新意，與八股文的要求背道而馳。

〔註4〕 張爾岐在《蒿庵集·《日記》又序》中曾經敘述自己從小到大的讀書歷程，其中有一段云：「二十六，感友人之說，肆力於時文。時文喜雜引《周禮》、《禮記》，學《周禮》、《禮記》」（頁75）。由此段可以知道張爾岐在二十六歲時聽友人的勸導，認真研習八股文。也在同時開始接觸《周禮》與《禮記》。

遠行，即順治十年（1653）遊京師而已。

　　順治十四年（1657），顧炎武〔註5〕北上山東，拜訪新城徐夜，並在章邱〔註6〕與張爾岐定交〔註7〕，顧炎武曾誇獎張爾岐曰：「獨精三禮，卓然經師，吾不如張稷若」，並且對於張爾岐《儀禮鄭註句讀》一書亦頗為讚揚，曾在《儀禮鄭註句讀序》中言：「後之君子，因句讀以辨其文，因文以識其義，因義以通制作之原則，夫子所謂以承天之道而治人之情者，可以追三代之英而禮亡之嘆，不發於伊川矣。如稷若者，其不為後世太平之先倡呼？」（頁11），顧炎武在此直接點出《儀禮鄭註句讀》的貢獻，認為此書可以讓後世君子辨其文、識其義，並且從中習得儀文中的通則，進一步為後世太平定下先聲。而這樣的說法也跟張爾岐在《儀禮鄭註句讀》中的自序不謀而合。而在順治十四年（1657）兩人相識之後，陸陸續續都有詩文贈答，從中亦可看出兩人相惜之情。張爾岐在書寫《儀禮鄭註句讀》時，受到顧炎武的影響頗為深遠。

　　康熙十二年（1673），張爾岐已經六十二歲了，應聘前往濟南參與纂修《山東通誌》，與顧炎武、薛鳳祚、李煥章、劉孔懷等人共事，三年而成。等到張爾岐修完通誌回到家鄉，已經六十五歲了。康熙十六年（1677），張爾岐病逝，享壽六十六歲。

第二節　張爾岐著述考

　　張爾岐一生少交遊，不求問達，而其著作雖多，然多不傳。《清儒學案·蒿庵學案》中曾言及張爾岐的著作，其云：

〔註5〕　顧炎武（1613～1682），本名絳，字寧人，號亭林，江蘇崑山人。

〔註6〕　章邱，原名章丘，位於現今山東省濟南市。雍正三年（1725），為避孔子名諱，因此將章丘改為章邱。

〔註7〕　張爾岐詩文選：（山東：濟陽出版社，2009年4月第1版），作者張華松（1962年11月出生，山東文登人，現任濟南社會科學院副院長、教授，兼任中國長城學會會員、山東孔子學會常務理事、山東孫子研究會學術委員），書中輯錄張爾岐的詩文，並在書末附上張爾岐的年譜。張華松根據張爾岐《蒿庵集·答顧亭林書》中云：「自章邱得近清光，數聞緒論，兼得讀諸作，固已私意先生所學有異世俗，非僅文章之士已也」（蒿庵集，頁49），推論張爾岐與顧炎武在章邱初次會面。其次，張華松更進一步推論張爾岐與顧炎武的相識應該是艾馥引荐，其云：「按譜主與此時乃一默默無聞之『鄉間句讀師』，與顧相識，必有人為之引荐，引荐者，私意以為以艾馥和王言從可能性最大。」筆者從此說。

先生學守程朱，窮究性命天人之奧，治古文辭，嘗作《天道論》、《中庸諭》、《篤終論》，又作《學辨》五篇：曰〈辨志〉；曰〈辨術〉；曰〈辨業〉；曰〈辨成〉；曰〈辨徵〉。其〈辨志〉尤為時稱餘不傳。年三十，治《儀禮》，苦其難讀。五十後，乃取經與注，章分之疏。則節錄其要有疑義，則以意斷之。始名《儀禮鄭註節釋》，後改曰《儀禮鄭註句讀》，凡十七卷，附〈監本正誤〉、〈石經正誤〉二卷。他所著有《易說略》八卷，《詩說略》五卷，《老子說略》二卷，《夏小正傳注》一卷，《弟子職注》一卷，《吳氏儀禮考注訂誤》一卷，《濟陽縣志》九卷，《蒿庵集》三卷，《蒿庵閒話》二卷，《春秋傳義》未成

由《清儒學案》此段，可以看出所記載之張爾岐著作，經部有《周易說略》、《詩經說略》、《儀禮鄭註句讀》、《吳氏儀禮考注訂誤》、《夏小正傳注》〔註8〕、《春秋傳議》未成。然而流傳至今的，只剩《周易說略》與《儀禮鄭註句讀》。史部的部分有《濟陽縣誌》，子部有《老子說略》。集部者，張爾岐所有文章皆集合成《蒿庵集》、《蒿庵閒話》與《蒿庵集捃逸》。以下將針對現在存在的文本探討。

一、經　部

　　張爾岐在經部的著作主要有《周易說略》、《儀禮鄭註句讀》、《詩經說略》、《書經直解》、《春秋傳議》等書，而目前現存於臺灣者有《周易說略》、《儀禮鄭註句讀》、《夏小正註》，僅存於大陸者有《書經直解》，已亡佚者有《詩經說略》，而張爾岐未寫完就過世者有《春秋傳議》，以下分別說明。

（一）《周易說略》（8卷）（存）

　　張爾岐在四十歲時，開始以《易》教導自己的學生與門人，然而每次在教導時，覺得《本義》不易閱讀，因此根據《本義》之說加以簡略，而作《周易說略》一書。張爾岐在序文中清楚說明，此書主要目的是為了能夠「以便童蒙」，其次，則希望能夠藉著此書，得知朱子之說，並且更進一步得到四聖人之說〔註9〕。而張爾岐對於《周易》的想法也在這裡顯現。他認為聖人設卦，

〔註8〕　〈夏小正〉原收錄《大戴禮記》的第47篇，然而已經在唐宋時期散佚，後來為南宋傅崧卿將當時所藏的兩個版本匯集而成，而摻雜自己的意見，已非原來〈夏小正〉的原貌。

〔註9〕　同期學者孫奇逢稱四聖人為伏羲、文王、周公、孔子。

並非眞的以六十四卦清楚說解萬事萬物，而是一種「影似」﹝註 10﹞的概念，
需依照實際狀況的不同而加以變動。《四庫提要》云：「國朝張爾岐撰。爾岐
字稷若，濟陽人，篤守朱子之學，因作此書，以發明本義之旨。內惟第四卷
分爲二。故亦作五卷。李煥章作爾岐傳。云八卷者誤也」﹝註 11﹞，亦是簡略
說解作者與卷數。

　　《周易說略》一書現今共有三個版本，分別爲康熙五十年（1711）泰山
徐氏眞合齋本、清乾隆二十七年（1762）三與堂重刊本、清宣統元年（1909）
善成堂刊本三個版本，而以康熙五十年（1711）泰山徐氏眞合齋本最廣爲流
傳。而四庫全書僅存於存目之中。本書目前現存於國家圖書館、國立臺灣大
學圖書館、國立臺灣師範大學圖書館、國立清華大學圖書館、東海大學圖書
館、國立高雄師範大學圖書館、國立中山大學圖書館、國立中正大學圖書館、
國立臺中圖書館、新竹教育大學圖書館、國立臺南藝術大學、東吳大學圖書
館、世新大學圖書館。

（二）《儀禮鄭註句讀》（17 卷）（存）

　　張爾岐三十歲時，因爲仰慕周公、孔子，所以開始讀《儀禮》，然而卻讀
不懂，且身旁也沒有老師朋友可以詢問。雖然聽說有朱子《儀禮經傳通解》
一書，然而張爾岐在自序中云:「無從得其傳本」。如此一來，唯一能夠幫助張
爾岐閱讀《儀禮》者，只有鄭註與賈疏了。雖然如此，張爾岐又認爲鄭註古
質，賈疏又漫衍，皆不易閱讀，所以讀數次，最後放棄。一直到張爾岐已經
五十九歲了，勉力閱讀六個月，然後才讀懂。因此張爾岐爲了讓後代讀書人
不要像他一樣讀《儀禮》讀得如此辛苦，以至於屢讀屢止，因此著《儀禮鄭
註句讀》一書。

　　《儀禮鄭註句讀》目前現存六個版本，分別爲山東館藏清乾隆八年
（1743）濟陽高廷樞刻本影印本、乾隆八年（1743）和衷堂藏板、文津閣四
庫全書版、文淵閣四庫全書版、摛藻堂四庫全書薈要版、四庫全書珍本等。
分別收藏在國家圖書館、國立臺灣大學、國立臺灣師範大學、東吳大學、國
立中央大學、國立清華大學、東海大學、國立彰化師範大學、國立中正大學、

﹝註 10﹞　「影似」二字出自張爾岐《周易說略・序》，張爾岐認爲周易六十四卦並非精
　　　　　確說明人世間所有的事物，而是取一個大約的概念或象徵，稱之爲「影似」。
﹝註 11﹞　〔清〕紀昀等：《四庫全書總目提要・經部・易類存目三》（臺北，藝文印書
　　　　　館），頁 222。

國立成功大學、國立高雄師範大學、國立中山大學、國立屏東教育大學、國立屏東科技大學、育達商業技術學院等圖書館。

（三）《詩經說略》（5 卷）（佚）

《詩經說略》，在《清儒學案》中有記載本書，然而由現在的文本中查找，已經無法找到相關的資料，而文集中也未見此篇文章的記載，故在此存一條目記之。

（四）《書經直解》（4 卷）（存）

《書經直解》，現存於《山東文獻集成》第一輯第二冊的書目中，此叢書為韓富群、朱正昌等人編輯而成，主要編輯處為山東大學文史哲研究院。此叢書主要目的是集結山東裡對學術有重大影響的人的作品，而張爾岐《書經直解》就在其中。

本套書目前藏於山東省圖書館、山東省博物館、山東大學圖書館、山東師範大學圖書館、濟陽市圖書館等地。

（五）《春秋傳議》（4 卷）（存）

在《清儒學案‧蒿庵學案》中，曾經提起本書，並且直接說明此書「未成」，而《清史稿》中亦有提起。而四庫全書收錄於存目之中，其提要云：「國朝張爾岐撰。爾岐有《周易說略》。已著錄。是書意在折衷三傳，歸於至當。然發明胡傳之處居多。猶未敢破除門戶。同時有樂安李煥章。為爾岐作傳云。著春秋傳議。未輟而卒。今此本闕略特甚。蓋未成之藁。而好事者刻之也」〔註12〕，由提要的說法，可以看出此書未成。目前此書存於四庫全書存目叢書中，根據天津圖書館館藏稿本影印，並收於國家圖書館。

（六）《夏小正註》（1 卷）（存）

《夏小正》為先秦之文獻，內容涉及天文、曆法、農業等內容。原本記載在《大戴禮記》中，一直到隋代，才開始獨立成一卷。南宋傅崧卿曾經為此書做註，而朱熹沿用傅崧卿的體例，再加以考訂，附於《儀禮經傳通解》中。到了張爾岐，合傳注為一，並且加上自己的看法。然而這並不是最後的版本，清代黃叔琳重新整理，去蕪存菁，並把自己的看法附在後面。而黃叔琳的版本就是目前所流傳的版本，現今在臺灣圖書館可以找到的，也多是黃

〔註12〕 〔清〕紀筠等：《四庫全書總目提要‧經部》（臺北：藝文印書館），頁 634。

叔琳的版本，目前《夏小正註》藏於四庫全書存目叢書中，收於國家圖書館。

二、史　部

張爾岐在史書的貢獻較不如經部為多，其作品也都是與他人合力創作，亦或是以前人之作品為底本，主要有《山東通志》與《濟陽縣誌》等，以下分段說明之。

（一）《山東通志》（200卷）（存）

《山東通志》，為康熙十二年（1673），山東布政使施天裔開史館，並延請當時的碩儒來修纂，而與張爾岐同時被邀請的學者有顧炎武、薛鳳祚、李煥章等人。四庫提要亦有收錄此書，並詳細交代本書的編纂過程，認為《山東通志》為明嘉靖中葉，山東巡按御史方遠宜與副使陸釴鉞一起開始編修《山東通志》四十卷。而康熙十二年（1673），山東巡撫張鳳儀、山東布政使施天裔重新修纂，然而四庫提要認為此次的修纂並不盡完善，大多還是沿用舊稿。而最後一次的修纂，則是在雍正七年（1729），由岳濬奉旨編纂，一直到乾隆元年（1736）才編纂完成，四庫提要對於最後一次的修纂多有稱許，認為此次的編纂不只修改前兩次體例上的錯誤，而且對於之前錯置的資料也都會訂正，並且補上前兩次修正所沒有補上的田賦、兵防、運道、海疆等。而由四庫提要所提出的分期，可以看出張爾岐所參與的應為康熙十二年（1673）的那次修纂。事實上，除了四庫提要所說的三次編纂外，在宣統時期亦有一次的編纂，然而這次修纂因為戰爭，還來不及付梓就脫稿散落。

《山東通志》目前現存的版本有民國四年至七年山東通志刊印局排印本、四庫全書本，以及〔宣統〕山東通志本。而這幾個版本中，以民國四年至七年山東通志刊印局排印本最為通行，而以〔宣統〕山東通志本成書最為特別。因為宣統版本因為戰爭，來不及付梓，所以是由〔清〕楊士驤、〔清〕孫葆田等人在事後增補散落在清季民初通志藝文志中經籍志部分而成。

《山東通志》目前存於國家圖書館、國立故宮博物院、國立臺灣大學、國立臺灣師範大學、國立政治大學、東吳大學、世新大學、中國文化大學、國立清華大學、國立交通大學、臺中圖書館、國立中興大學圖書館、國立暨南國際大學、國立彰化師範大學、國立中正大學、國立成功大學、高雄市立圖書館、國立高雄師範大學、國立屏東教育大學、國立東華大學等。

（二）《濟陽縣志》（9 卷）（佚）

《濟陽縣志》，目前尚存的版本爲〔清〕胡德琳、何明禮所修纂，以及〔民國〕所修纂的兩個版本，然而張爾岐手訂過的版本已失傳，只剩《蒿庵集》中留存一序。

張爾岐在《蒿庵集》中曾說明《濟陽縣志》一書始於昆陵張公，備於河東侯公，續於雲中解公，而張爾岐在說解完曾修纂本書的人之後，緊接著說出他的缺憾，認爲本書於當時所能看見的事情書寫的頗爲詳細，然而對於以往的事情卻省略，張爾岐以此爲缺憾，故訪問故事，搜剔逸聞，補入《濟陽縣志》之中，共九卷。

三、子部——老子說略（2 卷）（存）

張爾岐有關子部的作品就是《老子說略》一書，而此部作品亦是現今學者多有著墨之書，在《老子說略》中，充分體現出張爾岐的老學思想。

《老子說略》成書於康熙八年（1669），那時張爾岐 58 歲，再過兩年，就是《儀禮鄭註句讀》的成書時間，由此可知《老子說略》和《儀禮鄭註句讀》都是張爾岐晚年時候的思想。

張爾岐在〈老子說略序〉中，開宗明義第一句即云：「老子明道德，蓋將治身以及天下，與外常倫遺世者異趣矣」〔註 13〕，由此段引文中，就可以看出張爾岐認爲《老子》一書所說的思想，主要的立意，還是爲了治身與平天下，反對《老子》教人遺世獨立的說法。其次，張爾岐接著說：「先儒審辨源流，每有論駁，至清靜不爭之旨，則莫或異議，彼好之者，欲以先六經，固不可若，概以浮屠神仙之屬等斥之，不已過乎。」〔註 14〕由此段文字，可以得知張爾岐完全反對將《老子》一書列爲神仙浮屠之屬，而張爾岐這樣的態度也可以視爲張爾岐對《老子》的基本態度。

在嚴靈峰《無求備齋集成續編》所收錄的《老子說略》中，亦有大略說明當時《老子說略》收藏的狀況。吳照識在《老子說略・序》中云：「張蒿庵先生《老子說略》，余購求廿餘年，未得一見，癸亥〔註15〕春荷澤劉約園爲南

〔註13〕〔民〕嚴靈峰編輯：《無求備齋續編・老子說略》（臺北：藝文印書館，民國53 年初版）。

〔註14〕〔民〕嚴靈峰編輯：《無求備齋續編・老子說略》（臺北：藝文印書館，民國53 年初版）。

〔註15〕清仁宗嘉慶八年（1800 年）。

康令，余過其離垢軒中，出舊鈔本相示，且曰：『是書山左向無刻本，子曷梓以行世。』余遂藏之。巾箱連年，客游吳楚，未暇校書。今秋適攜此書來章門，復與約園，相見因檢討剞劂以質世」，由此段引文，亦可以看出《老子說略》一開始是藏在離垢軒中，後來因為吳照識，才在嘉慶十三年戊辰九月出版，而這也是嚴靈峰《無求備齋》的版本，亦是現今流傳最廣的版本。

目前《老子說略》現存的版本有四庫全書版，收錄於《四庫全書》中，以及嘉慶十三年（1808）小蓬萊館刊本，收錄於嚴靈峰《無求備齋集成續編》中。《老子說略》現存於臺灣大學、國立臺灣師範大學、東吳大學、佛光人文社會學院、國立成功大學、國立屏東教育大學、國立清華大學、國立交通大學、國立臺中圖書館、東海大學、國立中興大學、臺北市立圖書館、新竹教育大學、靜宜大學、、國立東華大學、國立高雄師範大學等。

四、集　部

張爾岐的文集總共有三種，分別為《蒿庵集》、《蒿庵閒話》與《蒿庵集捃逸》，目前皆有留存，以下分別說明之。《蒿庵集》為張爾岐最主要的文集，而《蒿庵集》沒有收錄到的文集，就會集中在《蒿庵閒話》與《蒿庵集捃逸》之中，而張翰勳在 1991（民 80）年將《蒿庵集》、《蒿庵閒話》、《蒿庵集捃逸》三本書集結成一冊，並且為其點校，稱為《蒿庵集、蒿庵閒話、蒿庵集捃逸》，以下論述之。

（一）《蒿庵集》（3 卷）（存）

《蒿庵集》，為張爾岐最主要的文集，張爾岐絕大部分的文章皆收錄於此，主要分為論說、序跋、紀傳、墓誌、墓表、雜著、銘、詩詞等，其文章內容較為完整。在論說一類中，其文章內容涉及天道、中庸、禮俗、立志等議題，由此可以看出張爾岐對天道等抽象議題的概念。而禮俗等篇章，亦可以看出張爾岐對於當時禮俗的看法。序跋一類的文章中，包含張爾岐自己的著作以及張爾岐為其他人的作品所寫的著作，由此可以得知兩個訊息，在張爾岐自己著作的序跋中，可以看出張爾岐對自己作品的想法，以及創作的緣由，以及窺看張爾岐所往來的師友。

《蒿庵集》一書目前現存的版本有清乾隆 38 年（1773）胡德琳刻本，目前收錄於許多叢書，其中包括《清代詩文集彙編》，藏於國家圖書館、國立臺

灣大學圖書館、國立清華大學圖書館、國立暨南國際大學圖書館、國立成功大學圖書館;《四庫全書存目叢書》,藏於國家圖書館、國立清華大學圖書館、國立彰化師範大學圖書館、南華大學圖書館、國立成功大學圖書館、靜宜大學蓋夏圖書館、國立東華大學圖書館,此版本是根據天津圖書館藏清乾隆 38 年（1773）胡德琳的刻本;《山東文獻集成》,藏於國立暨南國際大學圖書館等。

（二）《蒿庵集捃逸》（1 卷）（存）

《蒿庵集捃逸》是張爾岐的詩集,主要收錄張爾岐 93 首的詩、6 篇序文、2 篇墓誌銘與 2 篇賦。大體而言,《蒿庵集》為張爾岐的文集,論述性文章較強,較能看出張爾岐的思想;而《蒿庵集捃逸》則偏重於張爾岐文學性的作品,較能看出張爾岐的情懷。

《蒿庵集捃逸》收錄於《叢書集成續編》,藏於國家圖書館、國立臺灣大學圖書館、國立清華大學圖書館、國立中正大學圖書館、國立成功大學圖書館;《羅振玉學術論著集》,藏於臺灣大學圖書館、政治大學圖書館、國立清華大學圖書館;《金石粹編校字記》,藏於國立中正大學圖書館;《羅雪堂合集》,藏於國立成功大學圖書館、東海大學圖書館等。

（三）《蒿庵閒話》（2 卷）（存）

《蒿庵閒話》的性質又比《蒿庵集》與《蒿庵集捃逸》雜駁,若說《蒿庵集》是張爾岐的文集,《蒿庵集捃逸》是張爾岐的詩集,那麼《蒿庵閒話》就是張爾岐的筆記,其中收錄張爾岐讀書的心得和筆記,裡面各篇皆比《蒿庵集》所收錄的短,而且也不如《蒿庵集捃逸》所收錄的完整。

《蒿庵閒話》目前版本為清道光元年至三十年（1821～1850）吳江沈氏世楷堂刊昭代叢書本與臺一版兩個版本,目前皆收錄於叢書之中,沒有單獨出版。

《蒿庵閒話》收於錢謙益所撰的《降雲樓書目》,收錄於臺灣大學圖書館;王士禎著、周亮工輯的《香祖筆記》,收錄於臺灣大學圖書館;閻若璩、何焯、全祖望等人所校的《校訂困學紀聞集證》,收錄臺灣大學圖書館、國立清華大學圖書館、國立中正大學圖書館、中國文化大學圖書館、逢甲大學圖書館;《清代學術筆記叢刊》,由徐德明、吳平主編,收錄於靜宜蓋夏大學圖書館、淡江大學圖書館、成功大學圖書館;《叢書集成初編》,由譎觚、顧炎武合刊,收

錄於國立成功大學圖書館、國立中山大學圖書館、國立高雄師範大學圖書館、國家圖書館、國立中正大學圖書館、東吳大學圖書館；《百部叢書集成》，收錄於臺灣大學圖書館、國立政治大學圖書館、國立東華大學圖書館、東海大學圖書館、國立中山大學圖書館、國立中興大學圖書館、靜宜蓋夏大學圖書館、國立屏東教育大學圖書館、臺東大學；由尹元瑋所輯的《谿上遺聞集錄》，收錄於國立成功大學圖書館等。

（四）《蒿庵集‧蒿庵閒話‧蒿庵集捃逸》（存）

《蒿庵集、蒿庵集捃逸、蒿庵閒話》是目前張爾岐的詩文集中最完整的一個版本，由張翰勳點校，齊魯書社出版發行，並由山東新華印刷廠印刷，收錄於《山左名賢遺書》，而《蒿庵集、蒿庵集捃逸、蒿庵閒話》是其中一本。本套書原本是山東齊魯書社編輯部所編輯，後在 1985 年起，開始由山東齊魯書社與山東師範大學古籍整理研究所一起合作，並由全國高等校院古籍整理研究工作委員會、山東省教育廳、山東省古籍整理規劃小組給予資助，收錄山東省清代以來的知名學者文集，目前藏於國家圖書館、國立清華大學圖書館、國立中正大學圖書館等地。

（五）風角書（8 卷）（存）

《風角書》，為張爾岐 28 歲時所撰。那時張爾岐還沒經歷過家變，因此所學較為雜駁，善於術數，所著《風角書》，說明如何以天之象占人事。此書目前藏於國家圖書館、臺灣大學圖書館、國立清華大學圖書館、國立成功大學圖書館、國立高雄師範大學圖書館、淡江大學圖書館、中國醫藥大學圖書館、國立公共資訊圖書館、國立高雄應用科技大學圖書館、國立中正大學圖書館、輔仁大學圖書館、東吳大學圖書館、國立臺北藝術大學圖書館、東海大學圖書館、國立臺灣師範大學圖書館等地。

《風角書》目前收錄於《增補四庫未收術數類古籍大全》叢書、《珍本術數》叢書、《叢書集成續編》等叢書。《風角書》目前版本有正覺樓叢刊刻本、刻鵠齋叢書本（光緒戊戌孟冬刊於杭州印）刻本等版本。

第三章 《儀禮鄭註句讀》體例說解

　　在說明《儀禮鄭註句讀》的之前，要先了解作者書寫此書的動機，才能掌握本書的精要，看出作者隱藏在字裡行間的用心。在本書的序文中，可以看出張爾岐之所以著《儀禮鄭註句讀》，乃是因為《儀禮》一書為聖賢之說，然因苦其難讀，此書遂無法流傳，張爾岐見此狀況，興起感慨之心，其云：

> 在昔周公制禮，用致太平，據當時施於朝廷鄉國者，勒為典籍，與天下共守之，其大體為《周官》，其詳節備文則為《儀禮》。周德既衰，列國異政，典籍散亡，獨魯號秉禮，遺文尚在。孔子以大聖生乎其地，得其書而學焉。與門弟子脩其儀，定其文，無所失墜。子思曰：「仲尼祖述堯舜，憲章文武。」孔子亦自謂曰：「吾學周禮，今用之，吾從周。文王既沒，文不在茲乎。」竝謂此也。秦氏任刑廢禮，此書遂息。漢初高堂生傳《儀禮》十七篇，武帝時有李氏得《周官》五篇。河間獻王以考工補冬官，共成六篇。秦之後復得古經五十六篇於魯淹中，其中十七篇與高堂生所傳同，餘三十九篇無師說，後遂逸。漢志所載，傳禮者十三家，其所發明皆《周官》及此十七篇之旨也。十三家獨小戴大顯，近代列於經以取士，而二禮反日微。蓋先儒於《周官》疑信各半，而《儀禮》苦其難讀故也。夫疑《周官》者，尚以新莽荊國為口實，《儀禮》則周公之所定，孔子之所述，當時聖君賢相士君子之所遵行，可斷然不疑者，而以難讀廢，可乎？〔註1〕

〔註 1〕　〔清〕張爾岐注：《儀禮鄭註句讀》（臺北：育民書局出版，西元 1979 年初版），頁 21～22。以後本論文皆以此書為版本，以後若再引用《儀禮鄭註句讀》，皆以此書為主，並且在引文後面加上頁數，不再多做說解。

細讀張爾岐此段序文，一開始先點明《儀禮》一書，乃是周公所訂，用於當代，爲古聖先賢所創之書。春秋戰國，禮崩樂壞，孔子以一聖賢，與弟子重新修訂儀文，並加以捍衛，使《儀禮》得以保存。至秦朝以法家治國，焚書坑儒，《儀禮》一書遂不受重視。張爾岐細數《儀禮》從周公一直到漢朝的發展，就是爲了證明《儀禮》一書確實爲古聖先賢的手澤，並得到孔子的重視與修訂，進而確立《儀禮》的重要性。張爾岐在確立《儀禮》一書的地位之後，話鋒一轉，開始說明三禮之學唯《禮記》受到後人重視，立爲學官，然而《周官》與《儀禮》卻被世人所忽略，忽略《周官》者，尚可說是因爲王莽實施新政失敗，然而張爾岐認爲《儀禮》確實爲周公所定，並獲得古聖先賢的傳承，卻只是因爲難讀而屏棄，由張爾岐序言所說「而以難讀廢，可乎？」雖是詢問，卻可以看出張爾岐對於世人忽略《儀禮》的痛心。

張爾岐強調《儀禮》的重要性，亦說明世人不讀乃是因爲難讀，張爾岐在了解世人的難處以及《儀禮》之學的重要性之後，興起書寫《儀禮鄭註句讀》的動機，其云：

> 愚三十許，時以其周孔手澤，慕而欲讀之，讀莫能通，旁無師友可以質問，偶於眾中言及，或阻且笑之。聞有朱子《經傳通解》，無從得其傳本。坊刻考註解詁之類，皆無所是正，且多謬誤，所守者，唯鄭註賈疏而已。註文古質，而疏說又漫衍，皆不易了，讀不數繙輒罷去。至庚戌歲〔註2〕，愚年五十九矣，勉讀六月乃克卒業焉。於是取經與註章分之，定其句讀，疏則節錄其要，取足明註而止。或偶有一得，亦附於末，以便省覽。且欲公之同志俾世之。讀是書者，或少省心目之力，不至如愚之屢讀屢止，久而始通也。（頁22～23）

張爾岐在序中延續前面所說世人皆不重《儀禮》的狀況，並舉出自己研讀《儀禮》的經驗當例子。張爾岐在三十多歲時，認爲《儀禮》乃古聖先賢所制定，非常仰慕，想要閱讀，然而時人閱讀《儀禮》者甚少，無人可以討論學習。若要，以文本爲依歸，當世文本又有許多謬誤，雖然聽說有朱子《儀禮經傳通解》一書，卻因得不到傳本而無法研讀。唯一能夠當作文本閱讀研究的，僅有鄭註與賈疏而已。然而張爾岐在閱讀鄭註與賈疏時，感覺鄭註古質，賈疏漫衍，皆不易了解。直到張爾岐年至五十九，重新閱讀《儀禮》，才眞正了

〔註2〕清聖祖康熙九年（1670）。

解《儀禮》的意義。也因為自己在閱讀《儀禮》時是這麼辛苦，所以張爾岐決定寫出《儀禮鄭註句讀》，按照經文分章析節，抄錄鄭註並為其句讀，而賈疏則按照經注節錄其要，去其雜蕪，並在文末附註自己的想法。最後，張爾岐亦明白說明之所以書寫此書，乃是希望可以讓後世想閱讀《儀禮》者，可以藉由此書入門，無須再像自己這般辛苦，由此也可以看出張爾岐孺慕聖賢手澤的努力，以及極力想推廣《儀禮》的用心。

張爾岐除了推廣《儀禮》之外，亦說明何以要閱讀《儀禮》，其云：

> 因自嘆曰：方愚之初讀之也，遙望光氣，以為非周孔莫能為已耳。
> 莫測其所言者，何等也？及其矻矻乎讀之，讀已又默存而心歷之，
> 而後其俯仰揖遜之容如可睹也，忠厚藹惻之情如將遇也。周文郁郁，
> 其斯為郁郁矣。君子彬彬，其斯為彬彬矣。雖不可施之行事，時一
> 神往焉，彷彿戴弁垂紳，從事乎其間，忘其身之喬野鄙儜，無所肖
> 似也。使當時遇難而止，止而竟止，不幾於望辟廱之威儀而卻步不
> 前者乎。噫！愚則幸矣，願世之讀是書者，勿徒憚其難也。（頁 21
> ～22）

張爾岐在此有感而發，認為《儀禮》雖然已經是古禮，無法行於當世，然而讀過《儀禮》，其儀文禮節自然會記在心中，性情自然會受到陶冶，成為一個彬彬君子，故張爾岐亦在序文之中勉勵世人閱讀《儀禮》，不要因為困難而放棄。

最後由張爾岐的序文，可以得出一個結論：張爾岐書寫此書，最主要的目的是為了讓世人接受《儀禮》，不因《儀禮》困難而放棄，所以他在書寫本書時力求簡潔淺顯，而這樣的努力也會顯現在張爾岐的凡例中，除了張爾岐在序文所說「取經與註章分之，定其句讀，疏則節錄其要，取足明註而止。或偶有一得，亦附於末，以便省覽」（頁 23）外，亦可以在張爾岐選擇賈疏以及文末所附的案語看出。

以下將分成格式的說明、張爾岐整理賈疏的特色、以及張爾岐對於其他經典的引用三個部分，仔細探討張爾岐《儀禮鄭註句讀》的書寫特色。

第一節 論述特色

張爾岐在《儀禮鄭註句讀》中，根據內容為各禮分段，並在經文體例右

方下一個簡單扼要的標題，讓《儀禮》能夠綱舉目張，條目清晰，是《儀禮鄭註句讀》很重要的特色，亦可看出張爾岐讓《儀禮》更爲淺顯所做的努力。從張爾岐的分段之中，又可以看出三個特色，第一、張爾岐會將較爲複雜的禮節細分爲各種條目，以求讓讀者能夠一眼即能通曉。第二、張爾岐會在重要語句旁加頓點強調。第三、除了爲經文析分章節外，還會在條目之下另加註解，而這個註解並不會出現在目次之中，可以視爲張爾岐對此段禮儀的額外解說。以下將根據這三點逐一說解。

一、依經註內容分章析節

張爾岐《儀禮鄭註句讀》一書中，根據《儀禮》內容下分許多條目，而這樣的形式事實上並非張爾岐所獨創，早在朱子《儀禮經傳通解》一書中就已經採取這樣的作法，然而張爾岐在序中已經明言未見朱子《儀禮經傳通解》一書，雖未見卻不約而同爲《儀禮》分章析節，且分章段落與章節名稱皆有若干相似之處，可以說是張爾岐與朱子兩人有異曲同工之妙。而爲《儀禮》分章析節的作法也被清代中葉的胡培翬所繼承，其書《儀禮正義》的分段方式就是參看朱子《儀禮經傳通解》與張爾岐《儀禮鄭註句讀》，再加上自己的想法書寫而成，其中的差異與繼承亦有許多可以探討的地方。有關《儀禮經傳通解》、《儀禮鄭註句讀》與《儀禮正義》之間的繼承與發揚將於後章探討，在此筆者先說解張爾岐《儀禮鄭註句讀》的分段特色。

張爾岐在爲《儀禮》析章分節時，爲了使其書綱舉目張，使後人閱讀時容易通曉，他在標示章節時總是寧繁勿簡，寧詳勿略，務求讀者能夠從條目中一眼看出儀文的脈絡。除此以外，張爾岐還會在內文條目下加上解說，其內容與鄭註、賈疏並無直接的繼承關係，可以視爲張爾岐對於條目更進一步的闡揚，在此列出張爾岐爲《儀禮》訂條目時的兩個特色：第一、條目寧繁勿簡，寧詳勿略。第二、張爾岐不只爲內文分章析節，亦會在條目下加入自己的說解。由張爾岐爲《儀禮》所分的條目，可以看出張爾岐爲了能夠達到序文中所言，使後世學者「或少心目之力」的目的，其分類大多寧繁勿簡，寧詳勿略，對於一些較爲複雜的儀文，多是再詳加細分，而不以簡略標示爲滿足，以下將舉〈士昏禮〉中的親迎之禮、〈鄉飲酒禮〉中的獻賓之禮，以及〈鄉射禮〉爲例。

（一）士昏禮

〈士昏禮〉，爲古代士大夫的婚禮，其中分爲納采、問名、納吉、納徵、請期、親迎六禮，而又以親迎之禮最爲隆重，張爾岐對此亦特別著墨。在《儀禮鄭註句讀》一書中，將親迎一禮分爲「將親迎預陳饌」（頁79）、「親迎」（頁82）、「婦至成禮」（頁86）三個部分，筆者將其經文與分段節錄引下：

> 期，初昏，陳三鼎于寢門外，東方，北面，北上。其實特豚，合升，去蹄，舉肺脊二，祭肺二，魚十有四，腊一肫，髀不升，皆飪，設扃鼏。設洗于阼階東南。饌于房中，醯醬二豆，菹醢四豆，兼巾之，黍稷四敦，皆蓋。大羹湆在爨。尊于室中北墉下，有禁，玄酒在西，綌幂，加勺皆南枋。尊于房戶之東，無玄酒，篚在南，實四爵合巹。
> （頁77～79）

右將親迎預陳饌

此段是在說解親迎之前所有陳列的器具。由親迎當日接近傍晚開始，在新郎屋外門外陳列三個鼎，並在鼎中擺放豬肉、魚、兔子等食物。其次，經文繼續說明在在堂的東階放洗手的盤子，以及在房內設下饌席，其中包括醯醬、菹醢等，以及黍稷、祭祀用的肉羹等。並在室中北邊的窗戶下放酒杯以及相關的器具。細讀此段與後面一段「主人爵弁，纁裳，緇袘」相比，可以很明顯看出此段主要在說解各式物品，而下段在說解新郎的行爲，故張爾岐在此段設置條目「**右將親迎預陳饌**」，將器物擺設與人的儀式分開。

上段說解完各種器物的擺設之後，緊接著經文就要開始說解親迎當天有關於人的各種儀文，其云：

> 主人爵弁，纁裳，緇袘，從者畢玄端，乘墨車〔註3〕，從車二乘，執燭前馬。婦車亦如之，有裧。至于門外。主人筵于戶西，西上，右几。女次，純衣纁袡，立于房中，南面。姆纚笄宵衣，在其右。女從者畢袗玄，纚笄，被顈黼，在其後。主人玄端迎于門外，西面再拜，賓東

〔註3〕墨車，黑色不加彩繪的車子。此爲大夫的乘車，士在這裡被允許使用大夫的乘車，取其攝盛之意。周何在《古禮今談》（萬卷樓圖書有限公司，臺北，民國91年3月初版五刷，頁49～50）一書中曾經對此有特別說解，其云：「新郎頭戴的『爵弁』，身穿的『纁裳』，乘用的『墨車』，也都是大夫身分才能用的東西。關於這一點，鄭玄註說是『攝盛也』，意思是婚禮是人生大事，衣著行頭方面應該風光體面一些，所以特許新人可以超越等級地穿戴和使用。」

面答拜。主人揖入，賓執鴈從，至于廟門，揖入，三揖至于階，三讓，
主人升，西面，賓升，北面，奠鴈，再拜稽首。降，出，婦從，降自
西階，主人不降送。壻御婦車，授綏，姆辭不受〔註4〕。婦乘以几，
姆加景，乃驅，御者代。壻乘其車，先，俟于門外。（頁79～82）

右親迎

此段專門說解新郎至新娘家親迎的所有過程，包括新郎出門時所穿的衣服，
新郎到新娘家的所有禮節，一直到新郎接到新娘，返回自己的家等一連串的
過程。此段與上段器物擺設，以及下段新娘到新郎家的總總禮儀有顯著的差
異，所以張爾岐在此分段，並為其設置一個「**右親迎**」的條目。

下一段經文主要說解新娘上轎，啟程到新郎家的所有禮節，其云：

婦至，主人揖婦以入，及寢門，揖入，升自西階，媵布席于奧，夫
入于室，即席，婦尊西，南面，媵御沃盥交。贊者徹尊冪，舉者盥，
出，除鼏，舉鼎入，陳于阼階南，西面，北上，匕俎從設。北面載，
執而俟，匕者逆退，復位于門東，北面，西上。贊者設醬于席前，
菹醢在其北，俎入，設于豆東，魚次，腊特于俎北。贊設黍于醬東，
稷在其東，設涪于醬南。設對醬于東。菹醢在其南，北上，設黍于
腊北，其西稷，設涪于醬北，御布對席，贊啟會，郤于敦南，對敦，
于北。贊告具，揖婦即對筵，皆坐，皆祭，祭薦黍稷肺。贊爾黍，
授肺脊，皆食，以涪醬，皆祭舉，食舉也。三飯，卒食。贊洗爵，
酳主人，主人拜受，贊戶內北面答拜，酳婦亦如之，皆祭。贊以
肝從，皆振祭，嚌肝，皆實于菹豆。卒爵，皆拜。贊答拜，受爵，
再酳如初，無從，三酳用卺，亦如之。贊洗爵，酌于戶外尊，入戶，
西北面奠爵，拜，皆答拜，坐祭，卒爵拜，皆答拜，興。主人出，
婦復位。乃徹于房中，如設于室，尊否。主人說服于房，媵受，婦
說服于室，御受，姆授巾。御衽于奧，媵衽良席在東，皆有枕，北
止。主人入，親說婦之纓，燭出，媵餕主人之餘，御餕婦餘，贊酌
外尊酳之，媵侍于戶外，呼則聞。（頁83～86）

〔註4〕新郎為新娘駕車，把韁繩交給新娘。因新娘與新郎尚未成親，為遵守男女大
防，故在此由保姆代為接受。然而授綏為僕人之禮，若是保姆接受，代表視
新郎為僕人，所以在此姆辭不受。

　　右婦至成禮

此段說解新婦親迎，到夫家之後的所有禮節，包括如何使用之前新郎所擺設
的各種禮具，新郎與新娘之間如何行禮，以及新娘的女僕與贊者如何協助行
禮的事宜，所以張爾岐爲此段設立一個「**右婦至成禮**」的條目。

　　由上述經文與張爾岐的分段，可以看出張爾岐按照時間順序，將親迎一
禮分爲「將親迎預陳饌」、「親迎」、「婦至成禮」三個部分。所謂「將親迎預
陳饌」，即是親迎前所做的準備，著重當日迎親時車子的細節，器物的說明，
以及擺設時應該注意的方位，較偏重於物品的說明。而「親迎」的內容則著
重於在迎娶新娘的過程中，所有人應該有哪些合宜的禮節，較偏重於人的行
爲的說明。最後，就是「婦至成禮」一節，主要在說解新婦到夫婿家中後，
應該如何使用在親迎前就準備好的物品，以及人在其中如何應對，與先前「親
迎」一禮皆在戶外又有顯著的不同。由上述的段落，可以看出張爾岐在「親
迎」一禮中，又根據時間的層遞與性質的不同，將其分爲三個細目。

（二）鄉飲酒禮

　　〈鄉飲酒禮〉，乃是古代諸侯爲了對賢德與有能力的人表達敬意，特別準
備宴席與音樂，與其飲酒，稱之爲〈鄉飲酒禮〉。在〈鄉飲酒禮〉中，最重要
的禮節就是主人與客人之間在宴會中的相互敬酒，在其中充分表達出〈鄉飲
酒禮〉對於賢者、老者、尊者的尊敬，以及因身份不同而對應出不同的行爲
方式，可以說飲酒的禮節正是展現〈鄉飲酒禮〉禮義最重要的禮節。而張爾
岐在《儀禮鄭註句讀》中，將〈鄉飲酒禮〉分爲飲酒第一段、飲酒第二段、
飲酒第三段、飲酒第四段，以下再細分各種條目。如飲酒第一段中，包含主
人與賓客之間複雜的獻禮（主人持酒杯至主賓的席前獻酒，稱之爲獻禮）、酢
禮（主賓持酒杯，到主人面前回敬，稱之爲酢禮）與酬禮（主人先喝，再勸
所有的賓客隨意飲用，稱之爲酬禮），還有主人先敬主賓，再敬介，以表尊卑
的順序差別。這樣複雜的內涵，不是簡單一個條目就可以清楚說明，所以張
爾岐將其細分爲「主人獻賓」（頁 130）、「賓酢主人」（頁 132）、「主人酬賓」
（頁 133）、「主人獻介」（頁 135）、「介酢主人」（頁 136）、「主人獻眾賓」（頁
137）等階段，如此一來，讀者就可以在條目中對於宴客時的所有步驟一目了
然，不至於產生混亂之感。

　　以下引用〈鄉飲酒禮〉中有關第一次對飲的經文，並以此說解張爾岐所

分出的條目：

> 主人坐，取爵于篚，降洗。賓降，主人坐，奠爵于階前，辭。賓對。
> 主人坐，取爵，興，適洗，南面坐奠爵于篚下，盥洗。賓進，東北
> 面辭洗。主人坐奠爵于篚，興對，賓復位，當西序，東面。主人坐
> 取爵，沃洗者西北面。卒洗，主人壹揖，壹讓，升。賓拜洗，主人
> 坐奠爵，遂拜，降盥。賓降，主人辭，賓對，復位，當西序，卒盥，
> 揖讓升，賓西階上疑立。主人坐取爵，實之，實之席前，西北面獻
> 賓。賓西階上拜，主人少退。賓進受爵，以復位。主人阼階上拜送
> 爵，賓少退。薦脯醢，賓升席自西方，乃設折俎，主人阼階東疑立，
> 賓坐，左執爵，祭脯醢。奠爵于薦西，興，右手取肺，卻左手執本，
> 坐，弗繚，右絕末以祭，尚左手，嚌之，興，加于俎。坐挩手，遂
> 祭酒。興，席末坐，啐酒。降席，坐奠爵，拜‧告旨，執爵興，主
> 人阼階上答拜。賓西階上北面坐卒爵，興，坐奠爵，遂拜，執爵興。
> 主人阼階上答拜。（頁 128～130）

　　右主人獻賓

此段為〈鄉飲酒禮〉中，飲酒第一段的第一個部分，其中包括主人為主賓洗
酒杯，以表達主人對主賓的尊敬。主人為主賓洗杯時，主賓跟著主人下堂，
表示對主人的謙讓之意。其次，就是主人與主賓在堂下洗手、主人持酒杯到
主賓面前敬酒，主賓謙讓迴避，以示對主人的尊敬，故不敢接受主人的拜禮
等各種禮節。此段主要以主人為主，說明主人執行獻禮的各種儀文，與下段
主賓持杯到主賓席前的禮儀有很大的差異，所以張爾岐在此為此段設立一個
「右主人獻賓」的條目。

　　張爾岐說解完獻禮之後，緊接著要說解酢禮，其云：

> 賓降洗，主人降，賓坐奠爵，興辭。主人對，賓坐取爵，適洗南，
> 北面。主人阼階東，南面辭洗，賓坐奠爵于篚，興對，主人復阼階
> 東，西面。賓東北面盥，坐取爵，卒洗，揖讓如初升。主人拜洗，
> 賓答拜，興，降盥，如主人禮。賓實爵主人之席前，東南面酢主人。
> 主人阼階上拜，賓少退，主人進受爵，復位，賓西階上拜送爵，薦
> 脯醢。主人升席自北方設折俎，祭如賓禮。不告旨。自席前適阼階
> 上，北面坐卒，爵，興，坐奠爵，遂拜，執爵興，賓西階上答拜，

主人坐奠爵于序端，阼階上北面再拜崇酒，賓西階上答拜。（頁131
～132）

右賓酢主人

此段主要在說解主賓回敬主人的各項禮節，其中包含主賓走到堂下爲主人清
洗酒杯，爲表謙讓，主人陪主賓下堂，主賓辭謝，以及主賓回敬主人酒的種
種禮節。此段跟上段相比，完全在說解主賓回敬主人的禮節，與上下段相比
有明顯的差異，所以張爾岐在此定下「**右賓酢主人**」的標題，爲此段做出一
個扼要的說解。

酢禮完成之後，緊接著是酬禮，其經文云：

主人坐取觶于篚，降洗，賓降，主人辭降，賓不辭洗，立當西序，
東面。卒洗，揖讓升，賓西階上疑立，主人實觶酬賓，阼階上北面
坐奠觶，遂拜，執觶興，賓西階上答拜。坐祭，遂飲，卒觶，興，
坐奠觶，遂拜，執觶興，賓西階上答拜。主人降洗，賓降辭，如獻
禮，升不拜洗。賓西階上立，主人實觶，賓之席前，北面，賓西階
上拜，主人少退，卒拜，進，坐奠觶于薦西。賓辭，坐取觶，復位，
主人阼階上，拜送，賓北面，坐奠觶于薦東，復位。（頁132～133）

右主人酬賓

此段主要在說解酬禮的過程，其中包括主人坐著，從竹篚裡取出酒杯，走到
堂下去洗杯，以示對客人的尊重。客人下堂，表示謙讓，主人勸阻客人下堂，
以示對賓客的禮讓。賓對主人去洗酒杯的動作並不推辭，並且站在正對堂的
西牆，面對東方。主人洗完酒杯，和客人互相揖讓，一起登堂。賓客在西階
上站立，主人爲客人倒酒，回敬客人。在東階上，面向北方站立，放好酒杯
拜揖，然後拿起酒杯站起身。賓客在西階上答拜。主人坐下祭神，接著飲酒，
把酒杯裡的酒喝完，站起身，坐下放好酒杯，接著再拜。再拿起酒杯站起身。
賓客在西階對主人答拜。主人下堂清洗酒杯，賓客走下堂勸阻，接下來的禮
節與第一次像賓客敬酒時相同。賓客走下堂，不因爲主人洗酒杯而行拜禮。
賓在西階的上方站立，主人在賓的席前，把酒舀倒酒杯裡，面向北方，賓客
在西階上方行拜禮。主人後退，表示謙遜退讓，喝完酒杯中的酒，再行拜禮，
往前走，坐下把酒杯放在坐墊的西邊，賓客勸阻，坐著拿起酒杯，回到原位。
主人在東階行拜禮，送賓客走回原位。賓客面向北方坐下，將酒杯放到脯醢

的東邊，回到原位。

上述這一段完全在說解主人如何酬賓，以及賓客如何回應主人的種種禮節，因此張爾岐在此定一個「**右主人酬賓**」的標題來說解這一段。

主人酬賓完成後，接下來就是主人獻介，介，為眾賓之意，上述禮節，皆是主人與主賓之間的敬酒，敬完主賓之後，接下來就要敬眾賓，其經文云：

> 主人揖降，賓降，立于階西，當序，東面。主人以介揖讓升，拜如賓禮，主人坐取爵于東序端，降洗。介降，主人辭降，介辭洗，如賓禮。升不拜洗。介西階上立，主人實爵，介之席前，西南面獻介。介西階上北面拜，主人少退，介進北面受爵，復位，主人介右北面拜送爵，介少退。主人立于西階東，薦脯醢，介升席自北方，設折俎，祭如賓禮，不嚌肺，不啐酒，不告旨，自南方降席，北面坐，卒，爵興‧坐奠爵，遂拜，執爵興，主人介右答拜。（頁 134～135）

右主人獻介

主人拱手，對賓客作揖，走下東階。主賓也下堂，立於西階，面向東邊。主人與介互相揖讓升堂，互相揖拜的禮節就像主人獻賓的禮儀。主人坐下，從堂上東邊牆端處取出酒杯，下堂清洗酒杯。介下堂相陪，主人辭謝，介辭謝主人為自己清洗酒杯，就像主人獻賓的禮節。清洗完後，主人與介登階升堂，介不用感謝主人為自己清洗酒杯。介站在西邊的階梯上，主人把酒杯盛滿，端到介的席前，面向西南，獻給介。介在西階上，面對北方拜謝，主人退避表示謙讓。介走向前，面向北方，接受主人的獻禮，然後回到座位上。主人站在介的右邊，面向北方拜，送酒杯給介，介稍微退避表示謙讓。主人站在西階東側，屬吏進獻乾肉，肉醬等食物，介從北面入席，擺設盛有牲體的俎，祭祀如同賓禮，但介不會品嚌肺的滋味，也不會品嚌酒的滋味，也不會稱讚酒的甘美。祭祀完後，從南方離開座位，面向北方坐下，把酒喝光，起立，再坐下，放下酒杯，行拜禮，拿著酒杯站起，主人在介的右邊答拜。

上述皆是主人對介行獻禮的種種禮節，所以張爾岐在此段經文結束後，為其訂立一個「**右主人獻介**」的條目。

在主人獻介的禮節完成以後，接下來就是介回酢主人，其經文云：

> 介降洗，主人復阼階，降辭如初。卒洗，主人盥，介揖讓升，授主人爵于兩楹之間。介西階上立，主人實爵，酢于西階上，介右坐奠

爵，遂拜，執爵興，介答拜，主人坐祭，遂飲，卒爵，興，坐奠爵，遂拜，執爵興，介答拜，主人坐奠爵于西楹南，介右再拜崇酒，介答拜。（頁 135）

右介酢主人

在此段中，主要在說明介回酢主人的禮節，首先從介降階，將酒杯洗乾淨，而主人也到東階，降階辭謝介幫忙洗酒杯。介洗完酒杯之後，換主人洗手，之後介與主人互相揖讓，登階，升堂。介在兩個楹柱之間，將酒杯遞給主人。介站在西邊的階梯上，由主人把酒杯盛滿，並在西階上向介敬酒，然後坐下，放下酒杯，跟介拜謝。介回拜。主人坐下，用酒祭祀，接著把酒喝乾，起立。主人坐下，放下酒杯，接著行拜禮，拿起酒杯站起來，介答拜。主人坐下，把酒杯放在堂上西邊楹柱的南邊，站在介的右邊，對介再行拜謝禮，介答拜。

此段主要在說解介對主人行酢禮的儀文，所以張爾岐為此段經文列出一個「**右介酢主人**」的條目。

完成介酢主人的禮節以後，接下來就是主人獻酒給眾賓的禮節，其經文云：

主人復阼階，揖降，介降立于賓南。主人西南面三拜眾賓，眾賓皆答壹拜。主人揖升，坐取爵于西楹下，降洗，升實爵，于西階上獻眾賓，眾賓之長，升拜受者三人。主人拜送。坐祭，立飲，不拜既爵，授主人爵，降復位。眾賓獻，則不拜受爵，坐祭，立飲。每一人獻，則薦諸其席，眾賓辯有脯醢，主人以爵降，奠于篚。（頁 136～137）

右主人獻眾賓（自初獻賓至此為飲酒第一段）

在此段經文中，主要說解主人獻眾賓的禮節。首先從主人回到東階自己的位置，然後拱手作揖下堂。介也下堂，站在主賓的南邊。主人面向西南，向眾賓拜三拜，而所有的賓客皆回主人一拜。主人向眾賓拱手作揖，登階升堂，坐下，在堂的西邊楹柱下拿起酒杯，走下堂清洗酒杯，接著上堂，盛滿酒杯，在西階上向眾賓進獻禮。眾賓中最年長的三人上堂，接受主人的獻禮，主人拜送。三人坐下行禮，站起來飲酒，不拜謝，把主人所獻的酒喝乾。然後把酒杯還給主人，降階下堂回到原位。主人向眾賓獻酒時，眾賓不會一一站起來向主人回禮，只是坐下來行祭祀禮，並站起來喝酒。主人對眾賓的三位代

表獻酒時，屬吏就把各種佐酒食物端到席前，使各個賓客的席位上都有乾肉、肉醬等食物。然後主人拿著酒杯下堂，把酒杯放在圓竹筐中。

張爾岐爲此段做出一個「主人獻眾賓」的條目，並在此條目後面，將上述所說的「主人獻賓」、「賓酢主人」、「主人酬賓」、「主人獻介」、「介酢主人」、「主人獻眾賓」等條目做一個統合的說解，認爲此爲飲酒第一段。

上段經文乃是〈鄉飲酒禮〉中第一次對飲的經文，由經文內容與條目來看，可以看出張爾岐在分解此段時，主要是以身分爲最大的分類依據。首先主人與賓之間的獻禮、酢禮與酬禮，之後是主人與介之間的獻禮與酬禮，最後是主人獻眾賓，爲第一次飲酒的結束。在張爾岐的分段之下，後世文人在閱讀此段時，就可以依照條目，清楚看出《儀禮》中對於身分尊卑不同所做出的應對，且隱含了「來而不往，非禮也」的規則。

（三）鄉射禮

〈鄉射禮〉，爲鄉大夫和士在鄉學中舉行的習射禮儀，除了習射以外，亦跟音樂做結合，爲〈鄉射禮〉增添更重要的教化功能。整個〈鄉射禮〉可以分爲三個部分：第一、是射禮前的準備，其中包括主人獻禮、酢禮與酬禮，以及請樂工奏樂等部分。第二、射禮，即是習射本身。第三、射禮後的送賓禮儀。而射禮是〈鄉射禮〉最重要的部分，又分爲三個部分，第一射爲鄉弟子，不記分，僅說明射中與否，爲預演性質；第二射參與的對象有主人、主賓、眾賓客等，會統計射中次數，分出勝負，輸的人要罰酒；第三射參與的人與第二射大致相同，儀式也差不多，唯一的差別就是要求射者與音樂配合，而這三個階段通稱爲射禮。以下將引第一番射事爲例。

在第一番射事的部分，首先要說解的是司射請射的禮節，其云：

> 三耦〔註5〕俟于堂西，南面東上，司射適堂西，袒決遂，取弓于階西，兼挾乘矢，升自西階，階上北面，告于賓曰：「弓矢既具，有司請射。」賓對曰：「某不能，爲二三子許諾。」司射適阼階上，東北面告于主人，曰：「請射于賓，賓許。」（頁178～179）

> 右司射請射

此段主要在說解〈鄉射禮〉中司射請射的禮節。從三對射者在堂下的西側等

〔註5〕三耦，三對參射者，只要是射箭，皆是兩人一組，稱一耦。天子六耦，諸侯四耦，大夫、士則三耦。

候，他們面向南方，以東方爲上位。司射來到堂下西側，他袒露左臂，右手大拇指套上輔助射箭的戒指，左臂套上臂套，在西邊階梯的西側取弓，左手持弓，右手拉弦，夾四支劍於二三指間，由西階升堂。在西階上面，面向北北方，對主賓報告說：「弓矢已經齊備，執事請求開始射箭。」主賓回答說：「本人雖不善射箭，但代替眾賓答應射箭。」司射來到東階上方，面朝東北向主人報告說：「向主賓請射，主賓已經答應射箭。」

本段是第一番射事的開頭，主要內容是準備要射箭的事宜，並且向主賓請射，所以張爾岐爲此段立出「**司射請射**」的條目。

在得到主賓的允許之後，接下來就要開始準備射箭，其經文云：

> 司射降自西階，階前西面，命弟子納射器。乃納射器，皆在堂西，賓與大夫之弓，倚于西序，矢在弓下，北括，衆弓倚于堂西，矢在其上。主人之弓矢，在東序東。（頁 179）

右弟子納射器

此段主要在說解司射由西階下堂，在階前，面向西邊，命令眾賓中的年輕人搬入射箭用具。年輕的眾賓就把射箭用具搬入，都放在堂下西側。主賓和大夫所用的弓靠放在西間牆西側，矢放在弓下，矢尾朝向北方。眾射者的弓靠放在堂下西側，矢放在弓上面，主人的弓放在東間牆東側。此段主要在說解眾賓中的年輕人將射箭的用具放好，所以張爾岐在此段設一個「**弟子納射器**」的條目。

射箭用具準備好後，接下來就要請司射挑選三耦，其經文云：

> 司射不釋弓矢，遂以比三耦于堂西，三耦之南北面，命上射曰：「某御於子。」命下射曰：「子與某子射。」（頁 179）

右司射比三耦

司射不放下弓箭，就在堂下西邊，挑選六人，將他們編爲三組。司射在三組人的南側，面向北方，命令上射說：「某人待射於先生。」命令下射說：「先生與某先生射。」〔註6〕而張爾岐在此設下「**司射比三耦**」的條目。

司射挑選完射箭的人後，緊接著就要張設箭靶，其經文云：

> 司正爲司馬，司馬命張侯，弟子說束，遂繫左下綱。司馬又命獲者，

〔註 6〕分爲上射、中射、下射，上爲尊，立在右側，下爲卑，立在左側。

倚旌于侯中。獲者由西方，坐取旌，倚于侯中，乃退。（頁 180）

右司馬命張侯倚旌

此段經文先說解司正行司馬的工作，命令張設箭靶，眾賓中的年輕人解開綁住射侯的粗繩，接著把射布左下端的粗繩繫牢，司馬又命令報靶人把旌旗拉平，放在射布中央。報靶的人由西邊走來，坐下來拿起旗子，走到靶布中間把旗子靠好，然後退回。而張爾岐在此設下「司馬命張侯倚旌」的條目。

在張設好箭靶後，接著就要將樂工所需要的樂器放到適宜的地方，其經文云：

樂正適西方，命弟子贊工，遷樂于下。弟子相工，如初入，降自西階，阼階下之東南，堂前三笴，西面北上坐。樂正北面立于其南。（頁 180～181）

右樂正遷樂

樂正走到西邊，命令自己的弟子協助樂工，幫忙把樂器遷到堂下。這些弟子幫助樂工時的規矩和樂工剛進來的規矩一樣。樂工從西階下來，站在東階下的東南，離堂約三枝箭長度的距離，面向西邊，以北方為上位，坐下。樂正面向北邊，站在樂工的南面。而張爾岐在此段立下一個「樂正遷樂」的條目。

樂正將樂器就定位後，接下來就要命令三耦開始射箭，經文云：

司射猶挾乘矢，以命三耦，各與其耦，讓取弓矢，拾。三耦皆袒決，遂有司左執弣，右執弦而授弓，遂授矢，三耦皆執弓，搢三而挾一个，司射先立于所設中之西南，東面。三耦皆進，由司射之西，立于其西南，東面，北上而俟。（頁 181）

右三耦取弓矢俟射

司射仍然持弓，挾矢，命令三耦各自和自己的搭檔互相謙讓來取弓箭。三對射者皆袒露左臂，在大拇指上套上扳指，左臂套上臂衣。有司左手持弓，右手持弓弦，向三對射者授弓，接著授箭。三對射者皆持弓，將三矢插於右側帶中，挾一支箭於二、三指之間，司射先站在將要放置「中」之處的西南，面向東邊，三組人都往前走，由司射的西邊走過，站在他的西南，面向東邊，以北面為上，站立等候著。而張爾岐將此段三耦準備要射箭的經文設下一個「三耦取弓矢俟射」的條目。

當三耦準備好後，接下來就是司射在三耦射箭時先行射箭，其經文云：

> 司射東面立于三耦之北，搢三而挾一個。搢進，當階，北面搢，及階搢，升堂搢，豫則鉤楹內，堂則由楹外，當左物，北面搢。及物，搢左足履物，不方足還，視侯中，俯正足。不去旌。誘射。將乘矢。執弓不挾，右執弦，南面搢，搢如升，射，降，出于其位南，適堂西，改取一個，挾之。遂適階西，取扑，搢之，以反位。（頁182～183）

右司射誘射

此段在說解三組人射箭之前，要由司射先示範。首先是司射面向東邊，站立在三對射者的北方，將三矢插於右帶中，夾一矢於二、三指間，搢而後前進。至臺階對面，面向北方一搢，到臺階前，又搢。上堂，再搢。射禮在州學學堂舉行，則射者繞楹柱東側北行；若射禮在鄉學學堂舉行，射者則繞楹柱南側向東行。至左射位對面，面向北方一搢，到達射位，又搢。左腳踩在射位十字標誌上，兩腳不併攏，轉身注視箭靶正中央，然後俯視兩足，使其端正，不撤去靶中央的旗子。司射教導射箭，要射完四支箭，然後左手持弓，不挾箭，右手持弦，面向南搢，其搢如上堂射箭時的禮儀。司射下堂，從其原位南面過來，到堂下西側，取一支箭，夾於二、三指中間，接著來到西階西面，取教鞭插在腰帶間，返回原位。而張爾岐在此設立「**司射誘射**」的條目來說解司射教導三組人射箭的過程。

在司射教導完如何射箭之後，接下來就是三組人射箭，其經文云：

> 司馬命獲者，執旌以負侯。獲者適侯，執旌負侯而俟。司射還當上耦，西面作上耦射。司射反位，上耦搢進，上射在左，並行，當階，北面搢，及階搢，上射先升三等，下射從之，中等。上射升堂，少左，下射升，上射搢，並行。皆當其物，北面搢，及物搢皆左足履物，還，視侯中，合足而俟。司馬適堂西，不決遂‧袒執弓。出于司射之南，升自西階，鉤楹，由上射之後，西南面，立于物間，右執簫，南揚弓，命去侯。獲者執旌許諾，聲不絕，以至于乏坐，東面偃旌，興而俟。司馬出于下射之南，還其後，降自西階，反由司射之南，適堂西，釋弓，襲，反位，立于司射之南。司射進，與司馬交于階前，相左，由堂下西階之東，北面視上射，命曰：無射獲，

無獵獲，上射揖，司射退，反位。乃射，上射既發，挾弓矢，而后下射射，拾發，以將乘矢。獲者坐而獲，舉旌以宮，偃旌以商。獲而未釋獲。卒射，皆執弓，不挾，南面揖，揖如升射。上射降三等，下射少右，從之，中等並行，上射於左。與升射者相左，交于階前，相揖。由司馬之南，適堂西，釋弓，說決拾，襲而俟于堂西，南面東上，三耦卒射，亦如之，司射去扑，倚于西階之西，升堂，北面告于賓，曰：三耦卒射。賓揖。（頁183～186）

右三耦射

司馬命令報靶人手拿旗子，背對箭靶站立，報靶人來到靶前，持旗背對箭靶等候。司射向左轉，面向西，對著第一組人，使的第一組人開始射箭。射完之後，司射返回原位，第一組人揖，然後往前行，第一個射箭的人在左側，二人併列而行，至臺階對面，面向北方作揖，到達臺階，又作揖。第一個射箭的人先往上爬三級臺階，第二個射箭的人隨著第一個射箭的人登上台階，二人之間空一級臺階。第一個射箭的人登堂，稍微靠向左邊站立，第二個射箭的人亦登堂，第一個射箭的人對第二個射箭的人一揖，二人併排而行，走至射位對面處，二人皆面向北行揖，到達射位，再揖。都用左腳踩住貼在射位上的十字標誌，轉身，注視箭靶中央，然後兩足併攏，站立等候。司馬來到堂下西側，不戴扳指，不著臂衣，袒左臂持弓，從司射南側走出，由西階上堂，繞西楹柱，由西往北走，再轉向東邊，由第一個射箭的人身後過來，面向西南，站在左右射位中間。右手持弓的末端，向南揚起弓，命令報靶人離開箭靶下。報靶人手持旗子，答應司射，聲音不停，一直到報靶人走到掩體之處。報靶人進入掩體後坐下，面向東，把旗幟放倒，再起立等候。司馬從下射南面走出，轉向其身後，由西階下堂。又由司射南面返回，至堂下西側，放下弓，穿好衣服，返回原位。站在司射南面，司射向前行，和司馬在階前相交錯走過，各自在對方左側，由堂下西階向東走，面向北，注視上射，命令說：「不要射到報靶人，不要射到掩體旁邊，驚嚇到報靶人。」上射對司射作揖，司射退下，返回原位。於是射箭開始。第一個射箭的人已經發射一矢，又挾第二支箭，然後第二個射箭的人開始射箭，接著兩人交替發射，直到四支箭都射完。報靶人坐著喊射中，舉旗時喊聲高亢，與宮聲和諧，放旗時喊聲低沈，與商聲和諧，雖喊射中，但不計算射中多少支箭。射事完畢，

都持弓，不拿箭，面向南揖，如登堂射箭時的禮節。第一個射箭的人降三級
臺階，第二個射箭的人稍靠向右側，跟隨他走，中間隔一級臺階。二人併排
而行，第一個射箭的人在左側，與第二組上堂的射者相互從左側交錯而過，
在階前交錯時，四人互相拱手一揖，他們從司馬之南面來至堂下西側，放下
弓，脫掉扳指和臂衣，穿好衣服在堂下西側等候，面向南方，以東方為上位。
三對射者射畢，亦如上述禮節。司射抽下教鞭，倚放在西階西面，上堂，面
朝北方，向主賓報告說：「三對射者已經射完。」主賓對司射一揖。此段為第
一番射事的重點，主要在說解三組射箭時的種種禮儀，而張爾岐在此段設立
「**三耦射**」的條目。

　　三組人射完之後，接著就是準備第二番的射事，其經文云：

　　　　司射降，搢扑，反位，司馬適堂，西袒執弓，由其位南，進，與司
　　　　射交于階前，相左，升自西階，鉤楹，自右物之後，立于物間，西
　　　　南面揖弓，命取矢。獲者執旌許諾，聲不絕，以旌負侯而俟。司馬
　　　　出于左物之南，還其後，降自西階，遂適堂前，北面立于所設楅之
　　　　南，命弟子設楅。乃設楅于中庭，南當洗，東肆，司馬由司射之南，
　　　　退，釋弓于堂西，襲，反位，弟子取矢，北面坐委于楅，北括，乃
　　　　退，司馬襲進，當楅南，北面坐，左右撫矢而乘之。若矢不備，則
　　　　司馬又袒執弓，如初，升命曰：取矢不索。弟子自西方，應曰：諾，
　　　　乃復求矢，加于楅。（頁186～187）

　　右取矢委楅第一番射事竟

此段在說解司射下堂，把教鞭插在腰帶間，返回原位。司馬來到堂下西側，
袒露左臂，持弓，由其位南側向北行進，與司射在階梯前交錯而過，各在對
方左側。再由西階上堂，繞西楹柱而行，從右射位後面過來，站在兩射位中
間，面向西南，推弓向外，命令取下第一組所射中的箭。報靶人手拿旗子，
答應司馬，由掩體至靶下，答應的聲音不停，然後背對箭靶，站立等候。司
馬從左射位南側走出，轉到左射位後面，由西階下堂，接著到堂前，站在將
要放置插箭處之南，面向北，命眾賓中的年輕人在中庭設置插箭器具，其位
置南面，面對洗，朝東陳放。司馬由司射南面退下，放弓在堂下的西側，穿
好衣服，返回原位。眾年輕人取矢，面朝北方坐下，把箭矢放在插箭器上，
箭的尾端朝北方，然後退下。司馬不袒臂，走到插箭器的南側，面朝北方坐

下，用兩手撫拍箭矢，按四支一組將其分開。如果箭矢不夠，則司馬又袒露左臂，持弓，像起初上堂那樣命令說：「再取箭，不可以把箭用完。」眾年輕人從西面回答，然後再次取箭，放在插箭器上。此段主要是爲第一次的射箭做一個收尾與整理，並爲第二次的射箭做準備，張爾岐在此設立一個條目爲「取矢委福」，並在條目後又加註「**第一番射事竟**」，爲第一次的射事做一個統整。

第一番射事，主要以弟子習射爲主，不計分，僅說明射中與否。剛開始先由司射選出德性道藝較高的弟子，以三射爲限，主要是希望能夠讓弟子有學習禮節的意義，故除了分數計算不同以外，其他禮節皆與賓客習射相同。而張爾岐在整理射禮中的第一射時，就將其分爲「司射請射」（頁 179）、「弟子納射器」（頁 179）、「司射比三耦」（頁 180）、「司馬命張侯倚旌」（頁 180）、「樂正遷樂」（頁 181）、「三耦取弓矢俟射」（頁 182）、「司射誘射」（頁 183）、「三耦射」（頁 186）、「取矢委福第一番射事竟」（頁 188）等九點。稱得上鉅細靡遺，將第一番射禮的所有動作都交代清楚。

上述三例有一個共同的特色，他們在《儀禮》中都是一個完整而複雜的禮節，所以張爾岐在爲這些儀文做條目時，都以一種務求詳盡的態度，將每一個儀文標示於條目之後，使後人在閱讀《儀禮》時都能綱舉目張，並且以最短的時間內就能明白此段儀文的意義。張爾岐對於此段儀文的用心，恰好可以呼應序文中所言，希望能讓後世學者在閱讀《儀禮》時能「少省心目之力，不至如愚之屢讀屢止」。

二、在條目下加入自己的說解

張爾岐除了爲儀文做條目，以求能讓讀者用最短的時間內理解儀文的意思外，亦會在內文的條目下加上自己的說解或案語，而這些說解多是此段儀文中重要的禮義，可以視爲張爾岐對整段儀文的重點提示。在《儀禮鄭註句讀》中，可以看到這個現象的有〈鄉飲酒禮〉、〈士喪禮〉、〈特牲饋食禮〉、〈既夕禮〉與〈有司徹禮〉，以下將舉〈鄉飲酒禮〉與〈士喪禮〉爲例說明。

（一）鄉飲酒禮

〈鄉飲酒禮〉是《儀禮鄭註句讀》中第一篇有在內文條目下出現解說的篇章，其內容也有固定性，主要著重於飲酒之禮的分段，屬於此凡例中較爲

特殊的部分。以下將以表格呈現〈鄉飲酒禮〉的條目，並在表格後以文字加以說解。

	謀賓戒賓	陳設	速賓迎賓拜至	主人獻賓	賓酢主人
鄉飲酒禮第四	主人酬賓	主人獻介	介酢主人	主人獻眾賓（自初獻賓至此，為飲酒第一段。）	一人舉觶
	升歌三終及獻工	笙奏三終及獻笙	間歌三終	合樂及告樂（備此作樂樂賓，是飲酒禮第二段，並上段鄭氏以為禮樂之正是也。）	司正安賓
	司正表位	賓酬主人	主人酬介	介酬眾賓眾賓旅酬（此飲酒禮之第三段。）	二人舉觶
	徹俎	坐燕（此飲酒第四段，飲禮始畢。）	賓出	尊者入之禮	賓拜賜
	記	鄉服及解不宿戒	器具牲羞之屬	禮樂儀節隆殺面位次序	

此表格為〈鄉飲酒禮〉的所有條目，括號內的文字即是目次無，但是在內文裡附於條目後加以說解的部分，分別是主人獻眾賓（自初獻賓至此為飲酒第一段）、合樂及告樂（備此作樂樂賓，是飲酒第二段，並上段鄭氏以為禮樂之正是也）、介酬眾賓，眾賓旅酬（此飲酒禮之第三段）、坐燕（此飲酒第四段，飲禮始畢），觀察括號裡面的文字，可以看出張爾岐在此禮的註解主要是在為飲酒禮分段，而不多做說解。在此體例中，除了〈鄉飲酒禮〉是單純為儀文做分段外，其餘都是根據段落內文提出自己的見解，以下舉例說明之。

（二）士喪禮

〈士喪禮〉，為《儀禮》中非常重要的一章，也是張爾岐為條目做注最多的一章，共計十條。有直接提出自己的看法、有以賈疏、《儀禮》後記為說解的、亦有為儀文內容做簡單分解的。在直接提出自己看法的部分原文如下：

> 士喪禮，死於適室，幠用，斂衾。復者一人，以爵弁服，簪裳于衣，左何之，扱領于帶。升自前東榮，中屋，北面招以衣，曰皋某復，三，降衣于前。受用篋，升自阼階以衣尸。復者降自後西榮。（頁540～541）

> 右復魂（復者猶冀其生，復而不生，始行死事。）

復魂，為古代家屬不忍心死者過世，希望能夠招回死者而舉行的招魂儀式。鄭註則在經文「復者一人，以爵弁服簪裳于衣左何之，扱領于帶」（《阮本儀禮》，頁408）下說明「有司招魂復魄也」（《阮本儀禮》，頁408），而賈疏則對此說解「復者庶其生氣，復既不蘇，方始為死」（《阮本儀禮》，頁408），然而張爾岐在復魂的儀式中，認為「復既不蘇，方始為死」為其最重要的禮義，因此張爾岐在此特別將其提到條目下，以明眉目，其餘關於禮服、禮器的說解才附於經文之後。而從張爾岐將禮義特別提到條目之後，也可以看出張爾岐禮義重於儀文的態度。

在復魂後，確認死者已死，此時就需以死者之禮祭祀，而第一個禮節就是楔齒與綴足，其經文云：

> 楔齒用角柶，綴足用燕几，奠脯醢醴酒，升自阼階，奠于尸東，帷堂。（頁541）

> 右事死之初事。（喪禮凡二大端，一以奉體魄，一以事精神，楔齒綴足，奉體魄之始，奠脯醢，事精神之始也。）

經文在此說明楔齒與綴足的禮節，楔齒，就是用角柶將死者的嘴撐開，防止死者嘴巴緊閉，無法執行後續的儀式。而綴足就是將死者的腳放在燕几上，使雙足端正，便於穿鞋。鄭註在說解楔齒時，其云「為將含，恐其口閉急也」（《阮本儀禮》，頁409），明白點出楔齒的功能就是為了防止死者的嘴巴緊閉。說解綴足時，其云「綴，猶拘也，為將屨，恐其辟戾也」（《阮本儀禮》，頁409），明白點出綴足的功能就是為了能夠讓雙足端正，便於穿鞋。而賈疏在說解此段時，是根據鄭註之說，更進一步解釋禮服器物。張爾岐在說解此段時，除了保留鄭註，精簡賈疏外，又特別根據鄭註說楔齒與綴足的功用、衍生出張爾岐自己的看法，認為喪禮最重要的兩個目的，就是為了要能夠供奉死者的身體、祭祀死者的靈魂。張爾岐將喪禮的目的扼要分成這兩點之後，接著馬上點出之所以要楔齒綴足，乃是為了要供奉死者的身體，而奠脯

醮，就是爲了要供奉死者的靈魂。張爾岐在此，用一種簡單明確的方式，在鄭註、賈疏明白說解外在形式的基礎下，更進一步展開此儀文的禮義，使單純的儀式昇華成對死者的安頓與崇敬。

張爾岐除了提出自己的看法外，亦會將重要的疏放到條目之後，如〈士喪禮〉中「君使人襚」的禮節，其經文云：

> 君使人襚，徹帷，主人如初。襚者，左執領，右執要，入，升致命。
> 主人拜如初，襚者入，衣尸，出主人拜送如初。唯君命出，升降自
> 西階，遂拜賓，有大夫，則特拜之，即位于西階下，東面，不踊，
> 大夫雖不辭，入也。（頁 544）

> 右君使人襚（疏云：君襚雖在襲前，襲與小斂，俱不得用，大斂乃
> 用之。）

君使人襚，即是國君派遣使者送衣被到喪家時的各種禮節。鄭註在解說此段經文時，僅簡單解釋「襚」與「致命」的意思。而賈疏在說解此段時，引《左傳》、《穀梁》之說，證明此一禮節，其次，就是說解「襚」所使用的時機，其原文冗長，而張爾岐將其簡化，並提到條目下，以清眉目。

張爾岐除了在條目下加入自己的說解、將重要注疏提到條目之下，還會在條目中爲儀文分節，如〈士喪禮〉中有一段專門說解小斂時所需要的物品，其經文云：

> 厥明，陳衣于房，南領，西上，綪，絞橫三縮一，廣終幅，析其末。
> 緇衾，赬裏，無紞。祭服次。散衣次。凡十有九稱。陳衣繼之，不
> 必盡用。（頁 557）

> 右陳小斂衣

死後次日天明，在房內陳設小斂時所需要用的衣服，衣領朝向南方，以西方爲上位，由西向東依序擺放。如果一行放不下，就轉過來，由東而西陳放。收束衣被的絞帶橫向三條，縱向一條，寬度爲一幅布寬，絞帶兩端撕開成三條，用以打結。黑衣衾被，裏子是紅色的布做成的。放在絞衾下面的爲祭服，祭服下爲散衣，共陳列十九套。而在此以下，還接著陳放親者、庶兄弟朋友所贈的衣服，但都不必穿用。此段主要在說解家屬陳放所有小斂的的衣服，所以張爾岐在這段加上「陳小斂衣」的條目。

在陳列完小斂的衣服之後，接下來就是陳列祭品，其經文云：

饌于東堂下，脯醢・醴酒，冪奠用功布，實于簞，在饌東。設盆盥于饌東，有巾。（頁 558）

右饌小斂奠及設東方之盥

此段在說解為死者所陳列的祭品，皆陳列於東堂之下的祭品有乾肉、肉醬和醴酒，遮蓋祭品用的功布，放在簞中，擺在祭品東側，還在祭品東側設盆以為洗手之用，並配有擦手的手巾。而張爾岐在此段設下「饌小斂奠及設東方之盥」的條目。

擺放完小斂的衣物與祭祀用的物品後，接下來就要準備衣物，其經文云：

苴絰，大鬲，下本在左，要絰小焉。散帶垂，長三尺，牡麻絰，右本在上，亦散帶垂，皆饌于東方。婦人之帶，牡麻結本，在房。（頁 558～559）

右陳小斂絰帶

此段在說解喪服的大小、配件與穿法，並且特別說明婦人的衣帶不垂於帶下，並且需要陳列在房中。因為此段主要在說解小斂服的大小、長度、穿法與陳列的方式，所以張爾岐為此段立下一個「陳小斂絰帶」的條目來說解。

說解完小斂服的絰帶後，接下來說解停尸床的說法，其經文云：

牀笫，夷衾，饌于西坫南。西方盥，如東方。（頁 559）

右陳牀笫夷衾及西方之盥

停尸之牀和床板、覆尸的單被，陳放在西坫的南方。在西堂上為舉尸者設置盥洗用具，與東堂下所設的相同。此段主在說解陳放尸牀上的物品與盥洗的用具，所以張爾岐為此設立一個「陳牀笫夷衾及西方之盥」的條目。

說解完尸牀的擺設之後，接下來就要說解陳放的祭品，其經文云：

陳一鼎于寢門外，當東塾，少南，西面，其實特豚，四鬄，去蹄，兩胉，脊，肺，設扃鼏，鼏西末，素俎在鼎西，西順・覆七，東柄。（頁 559）

右陳鼎實（以上小斂待用衣物計五節）

在正寢門外陳放一個鼎，對著東塾，稍微靠像南邊，面對西方，鼎內陳放一隻肢解的小豬，分割開的前肢和後肢四塊，除去豬蹄，兩塊骨頭，一塊脊股

和肺，並配鼎杠和鼎蓋，鼎蓋上端朝西，陳放死者平日食品之俎擺放在鼎西，東西向擺放，匕倒扣折放到俎上，匕之柄朝向東方。此段主要在說解擺放在寢門外的鼎，以及在鼎內的食物，所以張爾岐爲此段設立一個「陳鼎實」的條目。

　　以上五段，皆是在說明小斂時所需要的衣物與禮器，張爾岐在此爲求清楚，將不同的物品各設一個條目，使後人在閱讀此段時不致於混淆。然而張爾岐在爲不同物品設條目時，又擔心讀者忽略其一致性與完整性，因此在最後一節條目後特別加註，說明上面五節皆爲小斂時待用的衣物，如此一來，既顧全到各個儀文，又顧全其完整性，使讀者不致混淆。

　　最後，張爾岐亦會在條目後加註儀文使用的時間，如〈士喪禮〉中有一段專門說解朝夕哭奠的禮儀，其經文云：

> 朝夕哭，不辟子卯。婦人即位于堂，南上，哭，丈夫即位于門外，西面北上，外兄弟在其南，南上，賓繼之，北上，門東，北面西上，門西，北面東上，西方，東面北上，主人即位，辟門。婦人拊心不哭。主人拜賓，旁三，右還，入門哭，婦人踊。主人堂下，直東序，西面兄弟皆即位，如外位，卿大夫在主人之南，諸公門東，少進，他國之異爵者，門西，少進，敵則先拜他國之賓，凡異爵者，拜諸其位。徹者盥于門外，燭先入，升自阼階，丈夫踊。祝取醴，北面，取酒立于其東，取豆籩俎，南面，西上，祝先出，酒豆籩俎序從，降自西階，婦人踊。設于序西南，直西榮醴酒北面西上，豆西面錯，立于豆北，南面，籩俎既錯，立于執豆之西，東上，酒錯，復位，醴錯于西，遂先，由主人之北，適饌。乃奠，醴酒脯醢，升丈夫踊，入如初設，不巾。錯者出，立于戶西，西上，滅燭出，祝闔門，先降自西階，婦人踊，奠者由重南東，丈夫踊，賓出，婦人踊，主人拜送。衆主人出，婦人踊，出門哭止，皆復位，闔門，主人卒拜送賓，揖衆主人，乃就次。（頁 576～578）

　　右朝夕哭奠（自第四日至葬前竝用此禮）

此段經文主要在說解哭祭的禮儀，其中包括哭的時間、哭的方位、以及相關的禮器、祭品、擺設等，張爾岐在面對此段經文時，亦在內文條目下標註此禮實行的時間乃是死後第四日一直到葬前皆適用，將其重點明白標示，而其

餘較爲細節的部分則附於經文之後，足見張爾岐對於禮節實行時間的重視。

在張爾岐《儀禮鄭註句讀》一書中，除了〈鄉飲酒禮〉與〈士喪禮〉外，尚有〈既夕禮〉、〈少牢饋食禮〉與〈有司徹禮〉皆出現在條目下加注的情況，然而不脫提出自己的看法、引疏說解、爲儀文分節、爲儀文加註時間等四個範疇，筆者藉著〈士喪禮〉說明這四個情況，其他儀文則不再贅述。

三、在條目重要語句中加頓點強調

張爾岐條目重點處加頓點強調，這個現象在《儀禮鄭註句讀》中總共出現 23 次，主要集中在〈鄉飲酒禮〉之後，〈鄉射禮〉出現 1 次，〈大射禮〉出現 8 次，〈既夕禮〉出現 7 次，〈士虞禮〉出現 2 次，〈有司徹禮〉出現 5 次，其餘則無。在加頓點的內容中，大致可以分爲對於儀式的強調，以及對時間分段的強調，而其中又以對儀式的強調爲最大宗，以下將根據此二點分別說明之，並在張爾岐特別加頓點強調的地方以底線標註。

（一）對儀式的強調

張爾岐在《儀禮鄭註句讀》中，常常會在條目上加頓點強調儀式，多是對此禮所針對的人、或是此禮較爲特殊的部分，如〈既夕禮〉中有一段專門說解葬日所需的物品，其經文云：

> 厥明，陳鼎五于門外，如初，其實，羊左胖，髀不升，腸五胃五，離肺，豕亦如之，豚解，無腸胃。魚，腊，鮮獸，皆如初。東方之饌，四豆，脾析，蜱醢，葵菹，蠃醢，四籩棗糗栗脯，醴酒，陳器，滅燎，執燭，俠輅，北面。實入者拜之。徹者入，丈夫踊，設于西北，婦人踊。徹者東，鼎入，乃奠，豆南上綪，籩蠃醢南，北上綪。俎二以成，南上，不綪，特鮮獸。醴酒在籩西，北上，奠者出，主人要節而踊。（頁 600～602）

右葬日陳大遣奠

此段經文專門說解葬日所需要的物品，前段說解祭祀的食物，後段則說明賓客、主人、婦人之方位與動作儀文，張爾岐爲此段做條目時，亦是以時間爲主，直接點出此爲下葬之日所需的物品，然而張爾岐除了強調時間，又特別標註「遣奠」二字，強調這些物品都是爲了葬日當天奠祭而準備，如此一來，除了標註出時間外，亦可以強調其用途，使後人閱讀時不致忽略。

《儀禮》經文闡釋完葬日當天需要準備的物品之後，緊接著就要說明出葬的順序與禮節，其中一段經文專門說解出發前的種種禮節，其經文云：

> 甸人抗重，出自道，道左倚之。薦馬，馬出自道，車各從其馬，駕于門外，西面而俟，南上。徹者入，踊如初，徹巾，苞牲，取下體。不以魚腊。行器。茵苞器序從，車從，徹者出，踊如初。（頁602～603）

> 右將葬，抗重出，車馬苞器，<u>以次先行鄉壙</u>

此段經文主要在說解出葬當天，棺木與祭品如何移動、如何行走，以及如何攜帶的禮節，張爾岐為此經文加上條目，將重要的儀文與其中所蘊含的禮義以最簡單的字句點出，說明將葬之時，會以重木先行，其次車馬，最後苞器。然而細觀此段經文，並沒有明確說明要去哪裡，所以張爾岐在此特別在條目後加頓點強調「先行鄉壙」，明白點出此行的地點。

在〈既夕禮〉文末後記中，有說明筮宅的禮節，其經文云：

> 筮宅，冢人物土。卜日吉，告從于主婦，主婦哭，婦人皆哭，主婦升堂，哭者皆止。（頁620）

> 記筮宅卜日<u>首末事</u>

在此說明所謂筮宅，乃是筮人卜筮合適的墓穴，並在卜筮完畢後告知主婦。在這裡不說婦人皆哭，乃是因為其中隱含了需節制哭禮的禮節，而張爾岐在此將節制哭禮的禮節附於經注之後，而在條目上頓點強調「首末事」，以此說明筮宅之禮盡在此。

（二）對時間的強調

張爾岐在《儀禮鄭註句讀》的條目下，會用頓點特別強調儀文在時間上的進行與分段，以下將以〈大射儀〉為例。

〈大射儀〉為天子與諸侯會集群臣舉行習射之禮，其內容大致上與〈鄉射禮〉相同，只是〈鄉射禮〉與〈大射儀〉的對象不同，〈大射儀〉比〈鄉射禮〉更為隆重。事實上，〈大射儀〉並非單純只是習射，而是古代考核群臣很重要的儀式。《禮記・射義》就有明白指出，其云：「古者天子以射選諸侯、卿大夫、士」（阮本禮記，頁1015），賈公彥整理鄭玄《三禮目錄》附於各禮之下，亦云：「名曰大射者，諸侯將有祭祀之事，與其羣臣射，以觀其禮，數

中者得與於祭，不數中者不得與於祭」（《阮本儀禮》，頁 187），由這兩條文獻就可以看出〈大射儀〉不只是習射，亦是考核群臣是否可以參與祭祀很重要的依據。而在〈大射儀〉的射前準備就可以看出張爾岐在條目上強調時間分段的用心，他將其分為「戒百官」（頁 274）、「前射三日，戒宰，視滌，量道，張侯」（頁 276）、「射前一日，設樂縣」（頁 278）、「射日，陳燕具席位」（頁 280）四點，其中就有三段有特別強掉時間，在此將此三段特別說明時間的經文條列如下：

> 前射三日，宰夫戒宰，及司馬，射人宿視滌，司馬命量人量侯道，與所設乏，以貍步，大侯九十，參七十，干五十，設乏，各去其侯西十北十。遂命量人巾車張三侯，大侯之崇，見鵠於參，參見鵠於干干不及地，武‧不繫左下，綱設乏，西十北十，凡乏，用革。（頁 275～276）

> 右前射三日戒宰視滌量道張侯

此段主要在說解射禮舉行前三日的準備，其中包括射禮前三日，宰夫通知司徒與司馬。射箭的人在射前一日，應該到射箭的場所檢查所有的器具，還有射箭處洗滌掃除的狀況。司馬命令量人測量侯道距離及掩體的位置，以步寬為計算單位。以熊皮為裝飾的箭靶，侯道長九十步。以豹皮為裝飾的箭靶，侯道長七十步，用犴皮裝飾箭靶，侯道長五十步；都要設置躲避的掩體，掩體的位置各離箭靶西十步，再北十步之處。接著命令量人、巾車準備架設三種箭靶。大侯的高度要以豹侯上緣可以看到準心為主；豹侯的高度要以從犴侯上緣可以看到準心為主，犴侯下緣到地面不到一尺二寸，射事還沒開始時，就不需要把射侯左下端的粗繩子繫牢，設掩體在射侯西十步，再往北十步的地方，凡是避箭掩體都要用皮革製成。此段主要在說解三個箭靶的設置、材質與擺放的位置，所以張爾岐在此設立一個「前射三日戒宰視滌量道張侯」的條目。

射前一日除了要設置箭靶以外，還有樂工要設置當天所需要的樂器，其經文云：

> 樂人宿縣于阼階東，笙磬西面，其南笙鐘，其南鑮，皆南陳，建鼓在阼階西，南鼓，應鼓在其東，南鼓。西階之西，頌磬東面，其南鐘，其南鑮，皆南陳，一建鼓在其南，東鼓，朔鼙在其北。一建鼓

在西階之東，南面。鼗在建鼓之間，鞉倚于頌磬西紘。（頁276～277）

右<u>射前一日設樂縣</u>

射前一日，樂人在東階東側把樂器懸掛好，笙磬朝向西邊，笙鐘在笙磬的南面，再往南爲鎛，都面向南邊陳列。一個建鼓在東階西側，鼓面朝向南邊。應鼓在它的東側，鼓面朝向南方。頌磬在西階西側，朝向東方，它的南側是鐘，再南是鎛，都向南陳列，一建鼓在它們的南側，鼓面朝向東方，朔鞞在鼓的北方，另一個鼓在西階東側，朝向南方。笙簫類的樂器在東西階的中間，鞉鼓倚放在頌磬西側編磬繩的旁邊。此段主要在說解射前一日，樂工擺放所有樂器的方向和位置，所以張爾岐在此段設置一個「<u>射前一日設樂縣</u>」的條目。

講解完箭靶與樂器的擺設後，接下來就要說解射日當天擺放各種筵席器具的位置與方位，其經文云：

> 厥明，司宮尊于東楹之西，兩方壺，膳尊兩甒在南，有豐，冪用錫若絺，綴諸箭，蓋冪，加勺，又反之，皆玄尊，酒在北。尊士旅食于西鎛之南，北面，兩圓壺。又尊于大侯之乏東北，兩壺獻酒。設洗于阼階東南，罍水在東，篚在洗西，南陳，設膳篚在其北，西面。又設洗于獲者之尊西北，水在洗北，篚在南，東陳。小臣設公席于阼階上，西鄉，司宮設賓席于戶西，南面，有加席，卿席賓東，東上，小卿賓西，東上，大夫繼而東上，若有東面者，則北上，席工于西階之東，東上，諸公阼階西，北面，東上，官饌，羹定。（頁278～279）

右<u>射日陳燕具席位</u>

設置樂器的第二天，司宮在堂上東楹柱西側設置酒杯，有兩個方壺，有盛放君用的酒兩甒在南方，放置在豐上，蓋酒器的巾布用細麻或細葛巾，聯綴在小竹棍上，使其可以平展蓋住酒器。蓋住巾布之後，就在巾布上面放舀酒勺，又撩起巾布垂下的部份，把酒勺蓋住。兩尊酒杯中都有一尊盛玄酒，盛酒的那個酒杯放在北邊。若是入仕爲官，但還未獲得正式爵位的庶人所用的酒尊就放在西鎛南側，爲朝北的兩個圓壺。又在大侯避箭掩體的東北側，設置酒杯和兩壺酒。在東階東南設置洗酒杯的用具，盛放髒水的容器在洗的東方，盛放酒杯的圓竹筐在洗的南方，面向東邊陳列。小臣在東方的階上爲君設置

坐席，朝向西方。司宮在堂下室門西側為主賓設坐席，面向南方。卿的席位設在主賓的東方，以東方為上位。小卿之席設在主賓西側，以東方為上位。大夫席接續小卿的席位，也以東方為上位。如果有面向東方者就以北方為上位。樂工的席位設在西階的東方，以東方為上位。其他諸公的席位在東階西側，面向北方，以東方為上位。百官各自陳設所供的食品。狗肉要煮熟。此段主要說解射禮當天所有人的位置擺設，所以張爾岐在此段設立「射日陳燕具席位」為條目。

上述三段經文皆是在說明射禮前的所有準備，張爾岐根據經文內容，將每一天要做的事情以最扼要的文字呈現，以前面標註此禮實行的時間，後面加上該做的禮節來說明，就此產生「前射三日戒宰視滌量道張侯」、「射前一日設樂縣」、「射日陳燕具席位」三個條目，並用頓點強調實行的時間。

除了明白強調時間外，還有另外一種強調時間的做法，就是對於分段的強調，以下將列出〈大射儀〉的條目，便在表格下說明之。

	戒百官	前射三日戒宰視滌量道張侯	射前一日設樂縣	射日陳燕具席位	命賓納賓
	主人獻賓	賓酢主人	主人獻公	主人受公酢	主人酬賓
	二人滕觶將為賓舉旅酬	公取滕觶酬賓遂旅酬	主人獻卿	二人再滕觶	公又行一觶為卿舉旅
	主人獻大夫	作樂娛賓射前燕禮備	將射立司正安賓祭儀	請射納器誓射比耦	司射誘射
大射儀第七	三耦射	三耦射後取矢射禮第一番竟	將射命耦	三耦拾取矢于福	三耦再射釋獲
	君與賓耦射	公卿大夫及眾耦皆射	射訖取矢	數左右獲算多少	飲不勝者
	獻獲者	獻釋獲者第二番射事竟	將以樂射射者拾取矢	以樂節射	樂射或取矢數獲
	樂射後飲不勝者	樂射後拾取矢	三番射竟退諸射器將坐燕以終於	為大夫舉旅酬	徹俎安坐
	主人獻食及旅食	賓舉爵為士旅酬	坐燕時或復射	主人獻庶子等獻禮之終也	燕末盡歡
	賓出公入				

在〈大射儀〉中，射禮分為三個部分，第一番射不放算籌計算射中次數，

不定勝負。第二番射，與第一番射相比，增加放算籌計算射中次數以及獻酒之禮。而第三番射的特色就是「以樂節射」，其射需與音樂合拍，若不合拍則不計分。由此可知〈大射儀〉中的三番射皆有其特殊之處，張爾岐就在三番射後面標註「三耦射後取矢，射禮第一番竟」（頁 305）、「獻釋獲者，第二番射事竟」（頁 323）、「三番射竟，退諸射器，將坐，燕以終於」（頁 329）等字樣，以說明三番射的分段與差別。

　　上述三段，大致說解張爾岐在《儀禮鄭註句讀》中為經文分章析節，並標其條目的體例與特色，以下將探討張爾岐《儀禮鄭註句讀》分析條目的缺失。

四、分章析節之缺失探討

　　張爾岐在《儀禮鄭註句讀》一書中為儀文分章析節，其優點在於眉目清晰，便於後人閱讀，然而其中亦有些小瑕疵，以下將分為體例不統一以及有所闕漏兩點說明之。

（一）體例不統一

　　體例不統一，就是類似的內容，張爾岐有時將其擺放在內文條目之後，有時又將其擺放在目次之中，而這個狀況主要發生在張爾岐為儀文內容分段的部分。在條目下為儀文分段的狀況主要發生於〈鄉飲酒禮〉、〈鄉射禮〉、〈大射儀〉等，而將分段內容列於內文條目之下，而目次無的有〈鄉飲酒禮〉，將分段內容列於目錄之後的有〈鄉射禮〉與〈大射儀〉，以下先將此三禮的條目列出，並在文後說明之。

	謀賓戒賓	陳設	速賓迎賓拜至	主人獻賓	賓酢主人
鄉飲酒禮第四	主人酬賓	主人獻介	介酢主人	主人獻眾賓（自初獻賓至此，為飲酒第一段。）	一人舉觶
	升歌三終及獻工	笙奏三終及獻笙	間歌三終	合樂及告樂賓（備此作樂樂賓，是飲酒禮第二段，並上段鄭氏以為禮樂之正是也。）	司正安賓

鄉飲酒禮第四	司正表位	賓酬主人	主人酬介	介酬眾賓眾賓旅酬（此飲酒禮之第三段。）	二人舉觶
	徹俎	坐燕（此飲酒第四段，飲禮始畢。）	賓出	尊者入之禮	賓拜賜
	記	鄉服及解不宿戒	器具牲羞之屬	禮樂儀節隆殺面位次序	

　　由〈鄉飲酒禮〉的條目，可以看到張爾岐特別標註於條目之後並加以分段的有「主人獻眾賓（自初獻賓至此，為飲酒第一段。）」、「合樂及告樂（備此作樂樂賓，是飲酒禮第二段，並上段鄭氏以為禮樂之正是也。）」、「介酬眾賓眾賓旅酬（此飲酒禮之第三段。）」、「介酬眾賓眾賓旅酬（此飲酒禮之第三段。）」、「坐燕（此飲酒第四段，飲禮始畢。）」，由內容觀之，可以看出張爾岐加上這些註解，主要是為了將四段飲酒禮分別標示。

　　而與〈鄉飲酒禮〉類似，卻將其說解直接標於目錄的儀文有〈鄉射禮〉與〈大射儀〉，筆者將其目次條列如下：

鄉射禮第五	戒賓	陳設	速賓	迎賓拜至	主人獻賓
	賓酢主人	主人酬賓	主人獻眾賓	一人舉觶	遵入獻酢之禮
	合樂樂賓	獻工與笙	立司正	司射請射	弟子納射器
	司射比三耦	司馬命張侯倚旌	樂正遷樂	三耦取弓矢俟射	司射誘射
	三耦射	取矢委福第一番射事竟	司射請射比耦	三耦拾取矢	眾賓受弓矢序立
	司射作射請釋獲	三耦釋獲而射	賓主人射	大夫與耦射	眾賓繼射釋獲告卒射
	司馬命取矢乘矢	數獲	飲不勝者	司馬獻獲者	司射獻釋獲者第二番射事竟
	司射又請射命耦反射位	三耦賓主人大夫眾賓皆拾取矢	司射請以樂節射	三耦賓主人大夫眾賓以樂射	樂射取矢數矢
	樂射視算告獲	樂射飲不勝者	拾取矢授有司	退諸射器射事竟	旅酬

鄉射禮第五	司正使二人舉觶	請坐燕因徹俎	坐燕無算爵無算樂射後飲酒禮	賓出送賓	明日拜賜
	息司正	記			

大射儀第七	戒百官	前射三日戒宰視滌量道張侯	射前一日設樂獻	射日陳燕具席位	命賓納賓
	主人獻賓	賓酢主人	主人獻公	主人受公酢	主人酬賓
	二人媵觶將爲賓舉旅酬	公取媵觶酬賓遂旅酬	主人獻卿	二人再媵觶	公又行一觶爲卿舉旅
	主人獻大夫	作樂娛賓射前燕禮備	將射立司正安賓祭儀	請射納器誓射比耦	司射誘射
	三耦射	三耦射後取矢射禮第一番竟	將射命耦	三耦拾取矢于福	三耦再射釋獲
	君與賓耦射	公卿大夫及眾耦皆射	射訖取矢	數左右獲算多少	飲不勝者
	獻獲者	獻釋獲者第二番射事竟	將以樂射射者拾取矢	以樂節射	樂射或取矢數獲
	樂射後飲不勝者	樂射後拾取矢	三番射竟退諸射器將坐燕以終於	爲大夫舉旅酬	徹俎安坐
	主人獻食及旅食	賓舉爵爲士旅酬	坐燕時或復射	主人獻庶子等獻禮之終也	燕末盡歡
	賓出公入				

　　由〈鄉射禮〉的條目觀之，可以看出張爾岐在條目下加註，並爲儀文分段的有「取矢委福，第一番射事竟」與「司射獻釋獲者，第二番射事竟」，而〈大射儀〉中在條目下加註，並爲儀文分段的有「三耦射後取矢，射禮第一番竟」、「獻釋獲者，第二番射事竟」與「三番射竟，退諸射器將坐燕以終於」，仔細觀察〈鄉飲酒禮〉、〈鄉射禮〉與〈大射儀〉條目下的註解，皆是爲經文分節分段，而同樣的內容應該以同樣的體例處理，然而張爾岐在〈鄉飲酒禮〉中將其放在內文條目之下，而在〈鄉射禮〉與〈大射儀〉中卻將其放在目錄之中，此爲張爾岐在體例中不統一的部份。然而張爾岐不管將條目下的註解放在何處，皆有爲儀文分節分段，以清眉目

　　吾人讀書，應求其用心與功用，而張爾岐爲《儀禮》分節，其用心與功

用皆有達成，所以就算體例不統一，亦不算大錯。

（二）目次或內文條目有所闕漏

在張爾岐《儀禮鄭註句讀》中，除了體例不統一外，尚有另外一個缺失，就是張爾岐在書寫目次時，偶爾會有某些條例是目次有而內文無、亦或是目次無而內文有。在整本《儀禮鄭註句讀》中，目次有而內文無的總共 2 例，而目次無而內文有的共 1 例，以下分別舉出說明。

在〈燕禮〉經文最後一段，專門說解國君與四方各國派來的使者宴飲，其目次條列如下：

	告誡設具	君臣各就位次	命賓	請命執役	納賓
燕禮第六	主人獻賓	賓酢主人	主人獻公	主人自酢于公	主人酬賓
	二人滕爵於公	公舉滕爵酬賓遂旅酬病燕盛禮成	主人獻卿或獻孤	再請二大夫滕觶	公又行爵為卿舉旅燕禮之再成
	主人獻大夫兼有肴薦主人之事	升歌	獻工	公三舉旅以成獻大夫之禮	奏笙
	獻笙	歌笙間作遂合鄉樂而告樂備	立司正命安賓	主人辯獻士及旅食	因燕而射以樂賓
	賓滕觶于公，公為士舉旅酬	主人獻庶子以下于酢階	燕末無算爵無算樂	燕畢賓出	公與客宴（內文無此條目）
	記				

由目次順序可以看出張爾岐在為《儀禮鄭註句讀》做目錄時，是先「燕畢賓出」，其次「公與客宴」，最後是「記」，然而翻查《儀禮鄭註句讀》之原文如下：

> 宵，則庶子執燭於阼階上，司宮執燭於西階上，甸人執大燭於庭，閽人為大燭於門外。賓醉，北面坐取其薦脯以降，奏陔，賓所執脯，以賜鐘人於門內霤，遂出，卿大夫皆出，公不送。

> 右燕畢賓出

此段在說解燕禮結束，賓客離開時的情景。到了夜晚，則由庶子拿著火炬站

在東邊的臺階上，司宮在西階上方拿著火炬，甸人〔註7〕在中庭拿著大型火炬，守門的官吏也拿著火炬在門外。賓客已經醉，面向北方坐下，取自己的那一份乾肉下堂。樂人演奏〈陔〉之樂，主賓在門內屋檐下把所持的乾肉賜給鐘人，接著出門，卿大夫也隨後出門，國君不送行。此段主要在說解燕禮結束，所有賓客離開的儀文，所以張爾岐在此段加上一個「燕畢賓出」的條目。

在說解完〈燕禮〉後，《儀禮》經文接著說解國君招待外來使節的儀文，其經文云：

> 公與客燕。曰：寡君有不腆之酒，以請吾子之與寡君須臾焉，使某也以請。對曰：寡君，君之私也，君無所辱賜于使臣，臣敢辭。寡君固曰不腆，使某固以請，寡君，君之私也。君無所辱賜于使臣，臣敢固辭。寡君固曰不腆，使某固以請，某固辭，不得命，敢不從。
>
> 致命曰：寡君使某，有不腆之酒，以請吾子之與寡君須臾焉。君既寡君多矣，又辱賜于使臣，臣敢拜賜命。

（公與客宴）

國君與四方各國使臣燕飲，先派卿大夫去跟客人說：「寡君有不醇厚的酒，想請先生與寡君短暫的見面，派我前來相請。」使臣的副手回答說：「敝國國君是貴國國君的私屬，貴國國君不可以賜酒給我們，所以冒昧辭謝。」卿大夫說：「寡君還是說酒不夠醇厚，仍舊派我來相請。」使臣副手回答說：「敝國國君是貴國國君的私屬，貴國國君不可以賜酒給我們，所以冒昧辭謝。」卿大夫說：「寡君有不醇厚的酒，想請先生與寡君短暫的見面，派我前來相請。」回答說：「我再三辭謝，皆沒有得到您的允許，豈敢不聽從。」接著卿大夫向使臣轉達國君辭命說：「寡君有不醇厚的酒，派我來請先生與敝國國君在此短暫會面。」使臣回答說：「貴國國君加惠敝國國君太多，又蒙屈尊賜予本使臣酒宴，臣請拜謝賜燕飲之命。」

在此段中，目錄有「公與客宴」的條目，然而在內文中卻沒有此條目，反而接續《儀禮》後段的記，由目次比對原文觀之，可以很明顯發現內文中少了「公與客宴」的條目，而內文中條目「燕畢賓出」與條目「記」中間尚有一段經文，詳細觀察此段經文，確實是在說解國君邀請使臣燕飲的內容，

〔註7〕甸人，古代的官名，掌管薪柴之事。

因此應該在內文中補上「公與客宴」的條目。

另一個目次有而內文無條目的例子是〈覲禮〉，其條目條列如下：

	王使人郊勞	王賜侯氏舍	王戒覲期	受次于廟門外	侯氏執瑞玉行覲禮
覲禮第十	覲已即行三享	侯氏請罪天子辭乃勞之	王賜侯氏車服	王辭命稱謂之殊	略言王待侯氏之禮以上廟受覲禮竟
	諸侯覲於天子（此段內文無）	記			

由上述表格可知，在目次中的最後三個條目應該爲「略言王待侯氏之禮以上廟受覲禮竟」、「諸侯覲於天子」與「記」，然而在內文中，卻看不到「諸侯覲於天子」的條目，其經文如下：

　　饗禮乃歸。

　　右畧言王待侯氏之禮以上廟受覲禮竟

此段主要爲前面的禮節做一個結束，所以經文只有一句：饗禮結束，諸侯返回本國。而張爾岐在此段設置一個「畧言王待侯氏之禮以上廟受覲禮竟」的條目，爲前段做一個總結。

在說解完饗禮以後，《儀禮》接下來說解諸侯會面天子的禮節，其經文云：

　　諸侯覲於天子，爲宮方三百步，四門，壇十有二尋，深四尺，加方明于其上，方明者，木也，方四尺，設六色，東方青，南方赤，西方白，北方黑，上玄下黃，設六玉，上圭，下璧，南方璋，西方琥，北方璜，東方圭。上介皆奉其君之旂，置于宮，尚左，公侯伯子男，皆就其旂而立。四傳擯，天子乘龍，載大旂，象日月升龍降龍，出拜日於東門之外，反祀方明。禮日於南門外，禮月與四瀆於北門外，禮山川丘陵於西門外。祭天，燔柴，祭山丘陵，升祭川，沈祭地瘞。

　　（諸侯覲於天子）

此段在說解諸侯覲見天子的禮節。從諸侯在時會同時覲見天子，要在王城門外堆土而成縱橫皆三百步之短牆爲宮，四面各設一個們，裡面建壇，四邊皆九十六尺，高四尺，加方明於壇頂。方明是用木料製作而成，四尺見方，六

面塗六種顏色，朝向東方為青色，南方為赤色，西方為白色，北方為黑色，上面玄色，下面黃色，在六種顏色木面上分別嵌入六種玉器，上面為圭，下面為璧，南方為璋，西方為琥，北方為璜，東方為圭。諸侯的副使都舉著代表自己國君的旗幟，樹立在宮中，以天子坐位之左側為上位，公、侯、伯、子、男五等諸侯都會到各自旗下站立，擯者四次傳呼諸侯上壇行禮，天子乘坐駕龍馬之車，車上樹立大常之旗，旗上繪有日月、升龍、降龍等圖案，率眾出王城，如果是春季則在東門之外拜日神，然後返回祭祀方明。如果是夏季就在南門之外禮日，如果是秋季就在北門之外拜四瀆和月亮，如果是冬季就在西門之外祭拜山川丘陵。而張爾岐在目次中為此段設立一個「諸侯覲於天子」的禮節，然而在內文中卻沒有看到。

　　《儀禮》補充完諸侯覲見天子的禮節之後，接下來就是後記的部份，其經文云：

　　　　記

　　　　几俟于東箱，偏駕不入王門，奠圭于繅上。

此段附於《儀禮》經文之後，主要補充一些物品的擺放。玉几放在東夾室，諸侯所乘的金路、象路、革路、木路不入王城之門，放圭在地面的墊板上。

　　統整《儀禮鄭註句讀》中的內文與條目，可以很明顯看出張爾岐在內文中少寫「諸侯覲於天子」的條目，而觀其內文的排序，在條目「右畧言王待侯氏之禮以上廟受覲禮竟」以及「記」上的一整段經文，在開宗第一句就點出此段在說解「諸侯覲於天子」，並且馬上跟著說解覲於天子時需要遵守的禮節與器物，以其內容觀之，應是標示目次有而內文無的「諸侯覲於天子」條目無疑。

　　在〈少牢饋食禮〉中，所呈現的則是另外一個狀況，即是在內文中有顯現條目，然而目次闕漏，其經文如下：

　　　　賓長洗爵獻于尸，尸拜受爵，賓戶西北面拜送爵，尸祭酒，卒爵，
　　　　賓拜，祝受尸爵，尸答拜。

　　　　右賓長獻尸

此段主要在說解賓長對尸的獻禮，主要從賓長為尸清洗酒杯，並且舀滿酒獻給尸，尸行拜禮接受賓長的獻禮，賓長在室門西側面向北方拜送，尸用酒祭祀，並把酒喝光，賓長對尸行拜禮。祝接過尸的空爵，尸對賓長行禮回拜。

在說解完賓長對尸的獻禮之後，接下來是尸對賓長的回禮，其經文云：

> 祝酌授尸，賓拜受爵，尸拜送爵，賓坐奠爵，遂拜，執爵以興，坐祭，遂飲，卒爵，執爵以興，坐奠爵，拜，尸答拜。

右尸醋賓長

此段由祝舀酒到酒杯當中，並把裝滿酒的酒杯拿給尸，用來回敬賓長。賓長對尸行拜禮受爵。尸行拜禮送爵。賓長坐下，放下爵，接著行拜禮，然後持爵站立，再坐下用酒祭祀，接著飲酒，把爵酒喝完，持爵站立，又坐下，放下酒杯，行拜禮，尸回禮答拜。

在說解完尸對賓長的回禮後，接下來就是賓長對祝的獻禮，其經文云：

> 賓酌獻祝，祝拜，坐受爵，賓北面答拜，祝祭酒，啐酒，奠爵于其筵前。

右賓長獻祝終獻禮竟

此段從賓長舀酒獻給祝開始，祝行拜禮，坐下受爵，賓長面向北方答拜，祝用酒來祭祀，嘗酒，然後把酒杯放在自己的席前。

對照此段經文與條目，可以發現在此的條目應爲「賓長獻尸」、「尸醋賓長」與「賓長獻祝終獻禮竟」然而對比目次上的條目內容，卻發現「尸醋賓長」並未列在上頭，其目次條目如下：

	筮祭日	筮尸宿尸宿諸官	爲祭期	祭日視殺視濯	羹定實鼎饌器
少牢饋食禮第十六	將祭即位設几加勺載俎	陰厭	迎尸入妥尸	尸十一飯是謂正祭	主人獻尸
	尸酢主人命祝致嘏	主人獻祝	主人獻兩佐食初獻禮竟	主婦獻尸	尸酢主婦
	主婦獻祝	主婦獻兩佐食亞獻禮竟	賓長獻尸	（尸醋賓長）（此段目次無內文有）	賓長獻祝終獻禮竟
	祭畢尸出廟	餕			

在此對照內文與目次的條目，可以發現目次確實短少「尸醋賓長」，應如表格補上爲是。〔註8〕

〔註8〕以上表格皆爲各禮之條目，若欲見《儀禮鄭註句讀》完整的條目狀況，請詳

第二節　句讀分明，並在重要語句旁加頓點強調

在《儀禮鄭註句讀》一書的序文「俾世之讀是書者，或少省心目之力，不至如愚之屢讀屢止，久而始通」（頁 23）可以得知，張爾岐在書寫此書的最大用意，其實是爲了能夠讓後人在讀《儀禮》時無須像自己一樣辛苦，爲了能讓《儀禮》書淺顯易懂，張爾岐做了一件很重要的事情，不管是經文、鄭註、或是張爾岐自己整理的條目、賈疏，甚至是自己的看法，張爾岐都仔細爲其句讀，以求文句淺顯易懂。李斯孚曾爲本書作序，裡面就有對張爾岐句讀之事做出評論，其云：

> 濟北張蒿庵先生《儀禮鄭註句讀》一書，憫學者無路問津，而示以
> 寶筏，不辭下學離經章句之務。（頁 18）

李斯孚在此肯定張爾岐句讀《儀禮》一書的用心，並認爲張爾岐不以句讀爲小道，只爲了讓後代讀者能夠了解《儀禮》。

張爾岐除了爲《儀禮》句讀以外，還有一個很重要的特色，就是他會在重要的條目與文句上加頓點強調。在條目上加頓點強調的部分已經在前文說解完畢，現在所要談的是內文中裡的狀況。在內文中，張爾岐會特別加頓點強調的情況有以下幾點，第一、對於服飾禮器的強調，第二、對於禮義的強調，以下分段說明之。

一、對禮器的強調

張爾岐在書寫《儀禮鄭註句讀》一書時，對於服飾禮器原本特別強調，這個現象在張爾岐抄錄賈疏時表現的最爲明顯，而頓點強調也是張爾岐強調服飾禮器的另外一個方式，其中例子不勝枚舉，張爾岐大多藉著強調服飾禮器來強調其中的差異，或是隱含的禮義等，以下將舉〈士冠禮〉爲例。

在〈士冠禮〉中冠日陳設的部分，有仔細說明三冠三服的陳設，而在陳設爵弁的部分，其經文云：「爵弁服，纁裳，純衣，緇帶，韎韐」（《阮本儀禮》，頁 15），而張爾岐在此特別標點強調的有鄭註專門說明此服所穿的場合，其云：「此與君祭之服」（頁 41）。其次，則是在張爾岐整理賈疏時，有關爵弁服的禮義，其云：

> 此士助祭於公之服，**服之尊者**，云爵弁者，冕之次者，謂諸冕之下，

見附件。

即次數爵弁，亦言其尊也。疏云：「凡冕以木爲體，長尺六寸，廣八寸，績麻三十升布，上以玄，下以纁，前後有旒，其爵弁制大同，唯無旒，又爲爵色，爲異，又名冕者，俛也，低前一寸二分，故得冕稱。其爵弁則前後平，故不得冕名，其尊卑次於冕，故云冕之次也。」又云：陳服則於房，緇布冠皮爵弁在堂下，**是冠弁不與服同陳**，今以弁在服上並言之者，**以冠弁表明其服耳**，不謂同陳之也。愚按此服，**第三加所服也**。（頁42）

對照此段引文，加上鄭註的部分，可以看到張爾岐總共在此段經文中特別強調四個部分，而且都與禮服有關。一爲鄭玄在注中特別說明爵弁在當時社會中是非常隆重的服裝，僅有在陪君主祭祀時才可以穿著，故張爾岐特別加頓點強調。其次，就是張爾岐在整理賈疏時，特別將賈疏中有關服飾禮義的部分加頓點強調，其中又分爲整理賈疏時所強調的重點，分別爲「冠弁不與服同陳」與「以冠弁表明其服耳」兩句，最後，則是張爾岐自己對於自己案語的強調，說明爵弁服在加冠儀式中乃是「第三加所服也」。由此可以看出張爾岐對於禮服的用心，而且也可以看出張爾岐重視的並非禮服本身，而是這些用品下所隱藏的禮義，而這樣的情況在皮弁與緇衣中也是如此。

除了專講服飾的經文是如此外，張爾岐對於經文中沒有特別說明的服飾細節也特別重視，如〈士冠禮〉中專門說明主人與主賓在加冠時所站定的位置，其中有一段專門說明擯者的位置，其經文云：「擯者玄端，負東塾」（頁46），此段原本只是單純在說解擯者所穿的衣服與位置，而賈公彥則在疏中亦強調「玄端」之意，其云：

釋曰：擯者不言如主人服，**別言玄端，則與主人不同可知主人與兄弟不同**，故特言玄端，與下贊者玄端從之。同言玄，則此擯者是主人之屬，中士若下士也，故直舉玄端，不言裳也。注釋曰：知是擯者，是主人擯相事在門內，故知在門內東塾，負之北面，向主人也。

（《阮本儀禮》，頁19）

在此可以看出賈公彥在說明此段經文時，主要解釋在說明擯者玄端之意，其中又分爲幾層意思：第一、認爲由經文中不直接說擯者的衣服與主人相同，而是另外說明擯者著玄端，就可以知道擯者的衣服與主人不同。第二、賈公彥衍生說明擯者是主人的從吏，身份較主人低一等，所以經文只說明擯者的帽子，而不說明擯者的衣服。最後賈公彥再爲鄭註做疏，說明主人與擯者所

站的位置。

張爾岐在賈公彥的基礎下，直接對經文做出說解，重點也在說明擯者的玄端，其云：

> 擯者立此以待傳命，疏謂別言玄端，不言如主人服，則與主人不同
> 可知**當衣冠同而裳異也**，下文贊者別言玄端亦然。（頁46）

張爾岐繼承賈公彥之說，針對玄端對經文做出簡單說解，認爲擯者之所以不直接說穿得和主人一樣，反而說「玄端」，就可以看出擯者所穿著的衣服與主人不同。張爾岐除了闡述賈疏之說，亦對此做出衍生說解，認爲擯者與主人乃是衣冠相同而裳不同。張爾岐除了對於玄端做出衍生說解以外，還用頓點特別強調，就可以看出張爾岐對於服飾的重視。

張爾岐除了針對服飾本身說解外，亦對於服飾出現的場合，以及其他問題非常重視，如〈士冠禮〉其中一段經文在說明爵弁之屨，其云：「爵弁纁屨，黑絇繶純，純博寸」（《阮本儀禮》，頁32），而賈疏亦在此提出說解，其云：

> 釋曰：案此三服見屨不同，何者？玄端以衣見屨，以玄端有黃裳之
> 等裳，不得舉裳見屨，故舉玄端見屨也。皮弁以素積見屨，屨裳同
> 色，是其正也。爵弁既不舉裳，又不舉衣，而以爵弁見屨者，上陳
> 服已言纁裳，裳色自顯以與六冕同玄衣纁裳，有冕服之嫌，故不以
> 衣裳而以首服見屨也。注釋曰云：爵弁屨以黑爲飾，爵弁尊其屨，
> 飾以繢次者，案冬官畫繢之事云：青與白相次，赤與黑相次，玄與
> 黃相次。鄭云：此言畫繢六色所象及布采之第次，繢以爲衣，又云：
> 青與赤謂之文，赤與白謂之章，白與黑謂之黼，黑與青謂之黻。鄭
> 云：此言刺繡采，所用繡以爲裳，此是對方爲繢次，比方爲繡次，
> 案鄭註屨，人云複下曰舄，禪下曰屨，又注云：凡舄之飾，如繢之
> 次，凡屨之飾，如繡之次也。此即上黑屨以青爲絇，繶純白，屨以
> 黑爲絇繶，純則白與黑，黑與青爲繡次之事也。今次爵弁纁屨纁，
> 南方之色赤，不以西方白爲絇繶純，而以北方黑爲絇繶純者，取對
> 方繢次爲飾，與舄同者，尊爵弁是祭服，故飾與舄同也。（《阮本儀
> 禮》，頁32）

賈公彥在此疏中，先說明三冠、三服與三屨的關係，認爲在《儀禮》裡會以冠當作衣服的代稱，並藉此說明對應的鞋子。所以在這段經文中會以爵弁來代表相對應的屨。其次，賈公彥亦在此疏中引鄭註之說，說明禮服在配色上

的規則。

而張爾岐在《儀禮鄭註句讀》一書的疏中，保留賈公彥對於顏色的說解，並在其中加入自己的想法，其云：

> **此三加所用之屨**。疏云：爵弁尊其屨飾以纁次者，案冬官畫繢之事云：青與白相次，赤與黑相次，玄與黃相次，繢以爲衣，青與赤謂之文，赤與白謂之章，白與黑謂之黼，黑與青謂之黻，繡以爲裳，是對方爲繢次，比方爲繡次，又鄭註屨人云：複下曰舃，禪下曰屨，凡舃之飾，如繢之次，凡屨之飾，如繡之次，上文黑屨青飾，白屨黑飾，皆繡之次。此爵弁纁屨而黑飾，**不取比方之色而以對方黑色爲飾，是用繢次與舃同**，故云爵弁尊也。朱子曰：三屨經不言所陳處，疑在房中，既冠而適房改服，并得易屨也。（頁64〜65）

張爾岐在此段疏文中，完全保留賈疏中有關禮服中用色的敘述，然而除此之外，張爾岐亦對爵弁之屨提出自己的註解，並用頓點強調此爲第三加所用的鞋子。除此之外，張爾岐亦在此段後面強調爵弁之屨如此用色的原因。

張爾岐在《儀禮鄭註句讀》一書中，對於服飾禮器的解說特別詳細，然而由張爾岐加頓點強調的文句可知張爾岐所重視的並非服飾禮器本身，而是中間所蘊含的禮義、使用的場合，或是特殊情況的展現，之所以集中在服飾禮器，應該是因爲《儀禮》一書原本就是說明儀節的書，其中蘊含許多服飾禮器，而在張爾岐的時代，許多禮節早已與《儀禮》所記載的不同，而很多服飾禮器也已經與當時流通的禮器不同，使許多人在閱讀時造成隔閡。張爾岐在序中已經說明書寫《儀禮鄭註句讀》一書的目的，就是爲了要使後世閱讀《儀禮》時能夠少省心力，不像張爾岐初閱讀時這般辛苦，在這樣的目的下，張爾岐會對於書中較爲難懂的禮器服飾多做說明也是可以想見的了。而且張爾岐對於服飾禮器的強調不只表現在加頓點強調，亦可以從張爾岐對於賈疏的取捨看出，而此段在下文中將會詳細說明，在此不再贅述。

二、對禮義的強調

張爾岐在《儀禮鄭註句讀》一書中，除了在服飾禮器中對於禮義的強調外，亦在其他地方闡揚禮義，其中包含對於禮儀的進一步闡發，以及張爾岐自己的看法。如〈士冠禮〉有一段經文在說解冠義，認爲加冠之禮乃是爲了能使後代子孫能效法先祖的賢能，使這個禮義能夠流傳後世，其原文云：「繼

世以立諸侯，象賢也」（《阮本儀禮》，頁34），而賈疏在此也多有著墨，其云：

> 釋曰記此者，欲見上言天子之子冠，行士禮，此諸侯之子冠，亦行
> 此禮，以其士之子恆爲士，有繼世之義。諸侯之子亦繼世，象父祖
> 之賢，雖繼世象賢，亦無生而貴者，行士冠禮，故記之於此也。注
> 釋曰：云能法先祖之賢者，凡諸侯出封，皆由有德，若《周禮》典
> 命云：三公八命，其卿六命，大夫四命，及其出封皆加一等，出爲
> 五等，諸侯即爲始封之君，是其賢也。於後子孫繼立者，皆不毀始
> 祖之廟，是象先祖之賢也。（《阮本儀禮》，頁34）

在此賈公彥對鄭註更進一步闡發，說明天子與諸侯加冠仍行士冠禮，乃是爲了使天子與諸侯的子孫都能記得自己仍爲士的兒子，而非一生下來就非常尊貴，以求能讓子孫感念並效法先祖的賢能，並以此傳於後代。賈公彥除了說解這一部份的禮義外，又另外引《周禮》，更進一步證成此說。而張爾岐在註解此段時，用一種更爲簡練的方式說解，但是對於其中的重點禮義則以頓點強調，其云：

> 諸侯繼世而立，疑其生而貴矣，實以其象賢，乃立之天子元子，亦
> 以象賢，乃享天位，**均非生而貴者也，故其冠皆用士禮也**。（頁68）

張爾岐在說解此段時，用非常直接而簡練的字句點出諸侯之所以能夠成爲諸侯，乃是因爲先祖的賢能，而天子之所以能成爲天子，也是因爲先祖的庇蔭，這一切都不是與生俱來就擁有的，所以天子和諸侯皆行士冠禮，使天子與諸侯的後代都能夠效法先祖的德性，不至於忘本。而張爾岐在此亦用頓點強調「均非生而貴者」，所以「其冠皆用士禮」，一句話點出此禮的要義。

張爾岐除了重述與強調經文之意外，也會對於禮義提出自己的看法，並用頓點強調。如〈士相見禮〉中有一段經文云「非以君命使，則不稱寡，大夫士，則曰寡君之老」（《阮本儀禮》，頁76），而賈疏云：

> 釋曰：云非以君命使則不稱寡者，此則玉藻云：大夫私事，使私人擯，
> 則稱名，以其非聘問之禮，則爲私事，使私人擯也。聘禮云：若有
> 言，則以束帛，如享禮引春秋晉侯使韓穿來，言汶陽之田歸於齊。
> 玉藻注：亦引之是也。注釋曰：鄭云謂擯贊者辭也者，以玉藻自諸
> 侯之於天子以下，至大夫皆云擯者曰，故知不自稱是擯贊之辭也。
> 云其使則皆曰寡君之某者，釋經大夫士則曰寡君之老，爲公事使者
> 也。此則玉藻云：公士擯則曰寡大夫寡君之老，大夫有所往，必與

公士爲賓亦一也。彼注云：謂聘也。大聘使上，大夫小聘使下，大
夫則曰寡君之某。故鄭總云某也。若然經直云：大夫鄭兼云士者，
經本文是士，則云非以君命使，可以兼士也。但士無特聘問或作介
往，他國亦有稱謂，而云寡君之士某也。云檀弓曰仕，而未有祿者，
謂試爲大夫士直有試功之祿，未有正祿，云君有饋焉。曰獻者，謂
有饋物于君與有正祿者，同稱獻云使焉。曰寡君之老者，於他國君
邊自稱寡君之某，此文亦兼士大夫引之者，證公事，使稱寡君之某
也。（《阮本儀禮》，頁76）

賈公彥在此引用《禮記・玉藻》之說，說明大夫若是爲了私人之事派遣擯者，
則不算是聘禮，所以應自稱名。若是奉國君之命出使，則應自稱爲寡君之某。

　　而張爾岐在賈公彥的理論基礎下，除了闡釋賈公彥的說解外，亦提出自
己的創見，其云：

此經**當有脫文**，註引檀弓，**亦多之老二字**。玉藻云：大夫私事，使
私人擯，則稱名。公士擯則曰：寡大夫，寡君之老，與此經相發明，
謂非以君命而有事他國，**則擯辭**不得稱曰寡君之**某，稱名而已**。若
以君命出聘公，士爲擯下大夫，則曰寡大夫，上大夫則曰寡君之老。
（頁121）

張爾岐在此段說解中，開宗明義指出經文的缺失，認爲此段經文應有脫文，
然而脫文應該是什麼？則沒有多做說明，應是因爲張爾岐的時代沒有過多的
文獻可以佐證，所以張爾岐提出疑問，卻不妄加推測說解。張爾岐除了指出
經文應該有脫文外，亦認爲鄭註引《禮記・檀弓》，亦多「之老」二字，而這
都是鄭註和賈疏沒有說出來的。由張爾岐可以發現此問題，並在《儀禮鄭註
句讀》一書中點出，可知張爾岐治學之嚴謹。張爾岐在說解完自己的看法後，
亦根據賈疏，扼要點出經文之意，清楚說解若奉君命出使，會因爲身份不同
而有不同的名稱。

　　在〈鄉飲酒禮〉中，一開始經文即言「鄉飲酒第四」（《阮本儀禮》，頁80），
賈疏爲此花費許多篇幅，引用鄭目錄之說，去解說〈鄉飲酒禮〉的要義與用
途，其云：

鄭目錄云：諸侯之鄉大夫三年大比，獻賢者、能者於其君，以禮賓
之，與之飲酒，於五禮屬嘉禮，大戴此乃第十，小戴及別錄，此皆
第一。釋曰：鄭知此鄉飲酒是諸侯之鄉大夫獻賢能法者，案春官小

胥掌樂縣之法，而云凡縣鍾磬半爲堵全爲肆，注云鍾磬者，編縣二八十六枚，而在一虡，謂之堵鍾一，堵磬一，堵謂之肆半之者，謂諸侯之卿大夫士也。諸侯之卿大夫，半天子之卿，大夫西縣鍾，東縣磬，士亦半天子之士，縣磬而已。今此下唯縣磬而無鍾，故以爲諸侯鄉大夫也。若然謂諸侯鄉大夫是大夫爲之，亦應鍾磬俱有，而直有磬者，鄭彼注云：賓鄉人之賢者，從士禮也，故縣磬而已，若然天子鄉大夫賓賢能，從士禮，亦鍾磬俱有，不得獨有磬也。知諸侯之鄉大夫非士者，案鄉射記云：士則鹿中，大夫則兕中，又經有堂則物當楣序，則物當棟則非直州射，兼有諸侯鄉大夫以五物尋眾庶行射之禮，則知諸侯鄉大夫是大夫爲之可知也。凡鄉飲酒之禮，其名有四，案此賓賢能謂之鄉飲酒，一也。又案鄉飲酒義云：六十者坐，五十者立侍，是黨正飲酒，亦謂之鄉飲酒，二也。鄉射州長春秋習射於州序，先行鄉飲酒，亦謂之鄉飲酒，三也。案鄉飲酒義又有鄉大夫士飲國中賢者，用鄉飲酒，四也。其王制云：習射尚功，習鄉尚齒，還是鄉飲酒黨飲酒決。（《阮本儀禮》，頁80）

賈公彥在說解此經文時，將其分爲三個部份：第一、說明〈鄉飲酒禮〉在五禮中的分類，以及在大、小戴禮以及別錄的順序。第二、賈公彥引《周禮·春官》的說法，額外說解鍾、磬在各個禮節中用法。第三、賈公彥按照〈鄉飲酒義〉說解會使用鄉飲酒禮節的四個場合。

張爾岐在賈疏的基礎下，並未全數抄錄賈疏，而是用自己的話語節錄賈疏中重要且直接與〈鄉飲酒禮〉相關的部份，並且在其中加頓點強調，其云：

疏曰：凡鄉飲酒之禮，其名有四，案此**賓賢能**，謂之鄉飲酒，一也。又案鄉飲酒酒義云：六十者坐，五十者立侍，**是黨政飲酒**，亦謂之鄉飲酒二也。鄉射州長春秋習射於州序，先行鄉飲酒，亦謂之鄉飲酒，三也。案鄉飲酒義，又有鄉大夫**士飲國中賢者**，用鄉飲酒，四也。疏言鄉飲酒有四，此篇所載**三年大比賓賢之禮也**，常以正月行之，將射而飲，下篇所列是也。於**春秋行之**，黨正正齒**位於季冬蜡祭**，鄉大夫飲國中賢者，**則無常時**。（頁123）

張爾岐在此主要整理出〈鄉飲酒禮〉的四個用途：第一、此賓客是賢能之人，故特別以鄉飲酒之禮表達對賓客的尊敬，這是第一種會舉行鄉飲酒禮的狀況，而這樣的情況亦表現出古人對於賢者的禮遇。第二、在〈鄉飲酒禮〉中

有說明，遇到六十歲以上的長者，則要請他入座，若是有五十歲以上的長者，則要請僕役隨侍在旁邊，並使用〈鄉飲酒禮〉的禮節，這是第二種狀況，而這樣的狀況也表現出古人對於老者的尊敬。第三種情況，當州長在地方要習射時，會先行鄉飲酒之禮，而這樣的狀況也表現出古人對於尊者的尊敬。第四種情況，當鄉大夫要請國內賢者飲酒時，為了表達對於賢者的尊敬，也會採用〈鄉飲酒禮〉。張爾岐以賈疏為基礎，整理出〈鄉飲酒禮〉四種會用的的場合後，又進一步說明在經文中所用的狀況。

在此段引文中，可以看到張爾岐特別用頓點強調的地方皆是此禮中禮義突出之處，如張爾岐在說解四種〈鄉飲酒禮〉使用的場合時，就特別強調了「賓賢能」、「黨政飲酒」、「春秋習射」，以及「士飲國中賢者」，細觀這四組，都是〈鄉飲酒禮〉要實行時重要的情境因素，並且也在其中隱含尊賢、尊尊、以及尊老的觀念。而在原文後段，張爾岐說明經文如何表現這四種〈鄉飲酒禮〉會出現的情況時，又在其中強調了「三年大比賓賢之禮也，常以正月行之」、「春秋行之」、「位於季冬蜡祭」，以及「則無常時」等，由第二部份張爾岐所標注的重點，則可以看出四種〈鄉飲酒禮〉的特色。

由上述三個例子，可以為張爾岐加頓點強調的行為歸納出幾個特性：第一、張爾岐用許多篇幅說解《儀禮》中較為困難的禮服、禮器；第二、張爾岐特別強調禮節中所隱含的禮義、使用場合、特殊情況等狀況。在張爾岐強調禮具的部份，由內容觀之，可以知道張爾岐所著重的並非禮服、禮器本身，而是禮服、禮器所隱含的禮義、所實行的場合、禮服、禮器所使用的共通場合、或是特殊狀況的闡釋等。由此可知張爾岐雖然強調禮具，但絕非不關心現實，只著重文本的腐儒，既非腐儒，卻又在書中遇到禮具特別說解，應是因為在《儀禮》中，禮具原本就是比較困難的部份，而張爾岐致力於推廣《儀禮》，使當代文人與後代讀書人皆能透過熟讀《儀禮》而成為君子，對於《儀禮》中較為困難的禮具，理所當然會花費較多的篇幅說解，以達到推廣《儀禮》的功效，而強調禮義的部份，也與張爾岐其他特別加頓點強調的部份不謀而合，而此點可以說正是張爾岐在《儀禮鄭註句讀》中的一貫特色。

第三節　為生難字詞標音注釋

張爾岐在書寫《儀禮鄭註句讀》時，除了上述兩個特色外，還有最後一

個特色，就是張爾岐會爲難字注音。爲《儀禮》的難字注音並非張爾岐首創，在東漢鄭玄爲《儀禮》做注時，就已經有爲難字標音的先例，然而東漢距清初已經非常遙遠，張爾岐在鄭玄的基礎之下，重新爲《儀禮》的難字標音，其標音範圍也不限於經文，而是連鄭註都在標音範圍內，間或在標音下標註字義。節錄賈疏時則盡量不使用冷僻的字彙，使當代與後代讀者在閱讀時能減少阻礙，也切合張爾岐書寫本書以推廣《儀禮》的用心。

推敲張爾岐爲《儀禮》所標註的字音，對比鄭玄的標音，可以歸納出三個類型，第一、鄭玄未言字音，張爾岐標註；第二、鄭玄解釋字形，張爾岐補充字音；第三、鄭玄已言字音，而張爾岐加上反切，讓其音更爲清楚。以下將以此三點爲綱要，逐一說解其內容。

一、鄭玄未言其音，張爾岐標示字音

張爾岐繼承唐宋標音方式的演變，其注音方式主要可以分爲反切與直接標音兩種，而其中又以反切爲最大宗。以下將以〈士冠禮〉爲例，根據張爾岐有標音的字詞，對照鄭玄所標音的字詞，列出鄭玄與張爾岐注音的字彙，並在表格下說解之。

	經文	鄭註	張爾岐標音	鄭玄標音
士冠禮第一	主人玄冠、「朝」服、「緇」帶、素「韠」，即位于門東西面。（《阮本儀禮》，頁3）	主人，將冠者之父兄也。玄冠，委貌也。朝服者，十五升布衣而素裳也。衣不言色者，衣與冠同也。筮必朝服，尊蓍龜之道也。緇帶，黑「繒」帶也。士帶博二寸，再「繚」四寸屈，垂三尺，素韠，白韋韠也，「長」三尺，上「廣」一尺，下廣二尺，其頸五寸，肩革帶博三寸，天子與其臣玄冕以視朔，皮「弁」以日視朝，諸侯與其臣，皮弁以視朔，朝服以日視朝，凡染黑五入爲「緅」，七入爲緇，玄則六入與。（《阮本儀禮》，頁3）	朝直遙反 緇側其反 韠音畢蔽膝也 繒自陵反 繚音了 長直亮反 廣古曠反 弁皮彥反 緅側留反	—

張爾岐在爲本段難字注音時，主要就是從經文與鄭註中挑出困難的字標音，其云：

　　朝，直遙反。緇，側其反。韠，音畢，蔽膝也。繒，自陵反。繚，音了。長，直亮反。廣，古曠反。弁，皮彥反。緅，側留反。（頁

35）

在此例中可以看到幾個特色。第一、張爾岐在為難字注音時，主要是以反切
為主，直接標音次之，在標音時參雜使用，如此段引文，張爾岐以反切方式
標音「朝」、「緇」、「繢」、「長」、「廣」、「弁」、「紃」等字，而在中間穿插直
接標音的「韡」與「繚」。第二，張爾岐標音的範圍主要集中於經文與鄭註的
難字，並照順序排列，如此段引文中，前三個「朝」、「緇」、「韡」為經文中
的難字，而後六個「繢」、「繚」、「長」、「廣」、「弁」、「紃」等為鄭註中的難
字，由此亦可知張爾岐在標音時不拘經注，以求後人閱讀《儀禮》時能夠淺
顯通曉的苦心。第三、張爾岐在標音之餘，也會針對一些字辭加以解說。如
此段引文中，張爾岐就針對「韡」的字義做出說解。第四、張爾岐在為《儀
禮》標音時，仍是按照寧繁勿簡原則，在鄭玄的基礎下又多加標音，以求後
人閱讀時不至於被難字所苦。

二、鄭玄解釋字形，張爾岐補充字音

張爾岐除了標註鄭玄未言的字音外，亦會在鄭玄原有的基礎下多做衍
生，如〈士冠禮〉中說解筮日時所需要的擺設與器物，其經文與鄭註如下表：

	經文	鄭註	張爾岐	鄭玄
士冠禮第一	布席于門中，「闑」西「閾」外，西面。（《阮本儀禮》，頁4）	闑，門「橜」也。閾，閫也，古文闑為「槷」，閾為「蹙」。（《阮本儀禮》，頁4）	闑魚列反	古文闑為槷
			閾音域	
			橜其月反	閾為蹙
			槷魚列反	
			蹙子六反	

此段經文主要說解筮日所需要的陳設，鄭玄在註解此段時，有對幾個比
較重要的文字做出說解，認為闑在古文應該寫做槷，閾應該寫做蹙，張爾岐
在鄭玄的基礎下，對一些生難字詞加以衍生說解，其云：

　　闑，魚列反。閾，音域。橜，其月反。槷，魚列反。蹙，子六反。（頁
36）

在《儀禮鄭註句讀》中的原文，可以看出張爾岐為經文中的「闑」、「閾」，以
及鄭註中的「橜」、「槷」、「蹙」字標音，而對於鄭玄對難字的說解則沒有更
進一步的著墨，由此可以看出張爾岐雖然為難字標音，但是只要鄭玄有說解，

原則上還是尊重鄭註，不隨意更動的態度。

三、鄭玄標註字音，張爾岐補上反切

在《儀禮》的鄭註中，除了為難字分辨字形外，亦有為難字標音者，其經文與鄭註如下表：

	經文	鄭註	張爾岐	鄭玄
士冠禮第一	緇布冠，「缺」項，青組纓「屬」于缺，緇「纚」，廣終幅，長六尺，皮弁笄，爵弁笄，緇組紘，纁邊，同篋。（《阮本儀禮》，頁16）	「缺」，讀如有頍者，弁之頍，緇布冠無笄者，著頍，圍髮際，結項中，隅為四綴，以固冠也。項中有「綑」，亦由固頍為之耳。今未冠笄者著「卷」幘，頍象之所生也。滕薛名「蔮」為頍屬，猶著，纚今之幘梁也，終充也，纚一幅，長六尺，足以韜髮而結之矣，笄，今之「簪」，有笄者，屈組為紘，垂為飾，無笄者，纚而結其條，纁邊，組側赤也，同篋．謂此以上凡六物，「隋」方曰篋。（《阮本儀禮》，頁16）	缺依註音頍 去藥反 / 屬章玉反 / 纚山綺反 / 綑紀屈反 / 卷去圓反 / 蔮古內反 / 簪側金反 / 隋他果反	缺讀如有頍者

由此段引文，可以得知鄭玄在此有為「缺」字標音，其原文云「缺，讀如有頍者」，而張爾岐在《儀禮鄭註句讀》一書中，則在鄭玄的基礎下多做衍生，其云：

> 缺，依註音頍，去藥反。屬，章玉反。纚，山綺反。綑，紀屈反。
> 卷，去圓反。蔮，古內反。簪，側金反。隋，他果反。（頁43）

由此可以知道張爾岐除了為經文與鄭註的難字標音外，亦尊重鄭玄之說，故在疏文下保留鄭玄的標音，並在標音下加上反切，以明眉目。

第四節　節錄賈疏的特色

在上一節已經說明《儀禮鄭註句讀》一書在書寫體例上的特色，而接下來的這一節將會針對張爾岐整理賈疏的部分做出說解。張爾岐在書中抄錄經文與鄭註，不做任何更動，所以無法在其中看到張爾岐的用心，然而賈疏就不同了，張爾岐會擷取賈疏中他認為重要的部分，或原文引述，或用更精鍊的字句重新說明，並視情況加入他認為重要的文本，必要時在文末以案語點出自己的看法，張爾岐的思想也因此表露無遺。在此節，筆者先扒梳張爾岐

整理賈疏的原則，為張爾岐整理出幾個原則，至於其中透露的思想則留待下一章一起說解。

一、根本《儀禮》經文與鄭註說解

在張爾岐《儀禮鄭註句讀》一書中，可以發現張爾岐在取捨賈疏時有一個很大的原則，就是張爾岐以經文與鄭註為最大依歸，所以在疏中，可以看到很多賈疏說解許多，然而張爾岐只針對經文或鄭註的意義，整理、節錄賈疏，使賈疏更切合經文與鄭註之意的狀況。如〈士冠禮〉中，其經文云：「主人以賓升，西面，賓升西階，當阿，東面致命，主人阼階上，北面再拜」（《阮本儀禮》，頁 40），而賈疏云：

> 釋曰：賓則使者也，禮之通例，賓主敵者，賓主俱升，若士冠與此
> 文是也。若鄉飲酒、鄉射，皆主尊賓卑，故初至之時，主人升一等，
> 賓乃升，至卒洗之後，亦俱升，唯聘禮，公升二等，賓始升者，彼
> 注云：亦欲君行一，臣行二也。覲禮，王使人勞侯氏，使者不讓先
> 升者，奉王命尊故也。主人阼階上，北面再拜者，主人不言當阿，
> 則如鄉飲酒，主人當楣再拜。釋曰：案鄉飲酒、聘禮皆云賓當楣，
> 無云當阿者，獨此云賓當阿，故云示親親也。凡士之廟，五架為之，
> 棟北一楣下有室戶，中脊為棟，棟南一架為前楣，楣前接簷為庪，
> 鄉射記云，序則物當棟堂，則物當楣，故云是制五架之屋也。鄉大
> 夫射於庠，庠則有室，故物當前楣，士射於序，序則無室，故物當
> 棟，此士之廟，雖有室其，棟在室外，故賓得深入當之也。（《阮本
> 儀禮》，頁 40）

賈公彥在此說明兩點，第一、在賓主地位的差別，所造成賓主揖讓的差異。當主人與賓客地位相等時，則賓主同時升堂，如同在〈士冠禮〉與〈士昏禮〉一般。若主尊賓卑，為表示主賓之間的地位差別，應主人先升一等，然後賓客才升堂，如〈鄉飲酒禮〉、〈鄉射禮〉等。除此以外，亦有較為特別的例子如〈聘禮〉中主人升二等，而賓升一等，這是因為〈聘禮〉是天子與諸侯、諸侯與諸侯之間互相聘問的禮儀，當聘問對象為天子與諸侯時，則須遵守天子行一，臣行二的道理，故主人升二等，而賓升一等。最後是〈覲禮〉，〈覲禮〉為諸侯朝見天子之禮，諸侯覲見天子時，使者不先謙讓即升堂，乃是因為使者身負天子的命令，代表天子，較諸侯尊貴，故不謙讓。第二，說明何

以〈鄉射禮〉、〈聘禮〉只說明賓客當楣,而士昏禮則云賓客當阿,事實上,楣與阿都是指士家禰廟的位置,楣是堂前二梁處,而阿則是堂上對著中脊之處,古代士的禰廟有五架,而阿是禰廟的深處,〈士昏禮〉請賓客至此,乃是為了表達親近之意。張爾岐在《儀禮鄭註句讀》一書中,亦說明賈疏所言的兩點,只是更為簡要,以一種較為保守的態度,只言鄭註所闡揚的部分,其云:

> 以賓升,與賓俱升也。疏云:凡士之廟,五架為之,中脊為棟,棟
> 北一楣,下有室戶,棟南一架為前楣,楣前接簷為庪,鄉飲酒、聘
> 禮皆云:當楣無當阿者,今使者當阿,是至中脊下近室處,故註云:
> 入堂深示親親。(頁72)

張爾岐在此說明解釋與賓升之意,乃是與賓客一起升堂,然而張爾岐並沒有追隨賈疏,持續闡明主賓之間地位不同時所造成的差異,反而接著說明士之禰廟的格局,並指出請使者當阿,乃是堂中深處,與〈鄉飲酒禮〉、〈聘禮〉不同只當楣不同,乃是為了表達親近之意。

除了此例外,同樣〈士昏禮〉中,主人將賓客迎至楹間之後,賓客對主人送出見面禮,其云:「賓降,出,主人降,授老鴈」(《阮本儀禮》,頁40),而賈疏云:

> 釋曰:授鴈,訖賓降自西階,出門,主人降自阼階,授老鴈於階,
> 立待後事也。注釋曰:大夫家臣稱老,是以喪服公食大夫以貴臣為
> 室老。春秋左氏傳云:執臧氏老。論語云:趙魏老。禮記大夫室老
> 行事皆是,老為家臣之貴者。士雖無君臣之名,云老,亦是群吏中
> 尊者也。(《阮本儀禮》,頁40)

在此賈公彥除了解釋經文之意外,更用大部分的篇幅說明所謂的「老」,乃是家臣、群吏中較為尊貴者,乃是一尊稱,並以〈喪服〉、《論語》與《左傳》為例佐證此一說法。然張爾岐就沒有對此做出任何說明,其云:

> 納采禮畢,故賓降自西階,出廟門,將行後禮,主人降自阼階,授
> 老鴈,立階下以待事。(頁73)

由張爾岐在《儀禮鄭註句讀》所做的說解比對賈疏,即可知張爾岐僅針對經文複述賈公彥之說,然而對於賈公彥額外博引其他經典說明「老」字的部分則隻字未提。

在親迎預陳饌的部分也是如此,此部分主要說明在親迎時男方所要準備

的東西，在此，張爾岐僅針對兩個部分做出說解，而這兩段的說解也對賈疏有若干的刪減與整理。經文云：「期，初昏，陳三鼎于寢門外，東方，北面，北上，其實特豚，合升，去蹄，舉肺脊二，祭肺二，魚十有四，腊一肫，髀不升，皆飪，設扃鼏」（《阮本儀禮》，頁 42）。

賈疏在解釋此段時，亦採逐一說解的方式，先說明鼎的陳列位置與方位，並舉〈士冠禮〉、〈喪禮〉、〈少牢饋食禮〉等為例，說明〈士昏禮〉的陳列並非特例，除此之外，賈公彥亦比較〈喪禮〉與〈士昏禮〉在陳鼎上的差別，以說明吉事與喪事的不同。第二，說明合升的意義。第三，說明豚去蹄，乃是因為蹄是踩在地上，古人認為不潔，所以不用。第四、說明肺脊的意義。第五，說明魚的意義。第六，說明腊的意義，然而張爾岐在解說此段時，僅點出肺脊、魚與腊的禮義，故以下將引賈公彥對於這三種祭祀物品的注疏，藉此與張爾岐的注疏做一個對照。賈疏云：

> 云舉肺脊者，食時所先舉者，案下文贊者告具揖婦，即對筵，皆坐祭，祭薦黍稷肺，即此祭肺也。下又云：贊爾黍稷授肺脊，皆食以湆醬，皆祭舉食舉也，即此舉肺脊也。祭時二肺俱有，生人唯有舉肺皆祭，今此得有祭肺者，禮記郊特牲論娶婦，玄冕齋戒鬼神陰陽也，故與祭祀同二肺也。據下文先用祭肺，後用舉肺，此經先言舉肺，後言祭肺者，以舉肺脊長大，故先言。是以特牲少牢入鼎時，舉肺脊在前。云肺者，氣之主也。周人尚焉者。案禮記明堂位云：有虞氏祭首，夏后氏祭心，殷祭肝，周祭肺，鄭註云：氣主盛也，但所尚不同，故云周人尚焉。云脊者，體之正也，食時則祭之者，對祭肺未食時祭也。云飯必舉之，貴之也者，但一身之上體總有二十一節，前有肩臂臑，後有肫胳脊，在中央有三脊，正脡橫脊而取中央正脊，故云體之正。凡云先以對後，案特牲舉肺脊，後食幹胳，注云：肺，氣之主也；脊，正體之貴者，先食啗之，所以導食通氣，此不言先食啗之，從彼可知也。云每皆二者，夫婦各一耳者，釋經多之義。云凡魚之正，十五而鼎，減一為十四者，據特牲記云：魚十有五。注云：魚，水物，以頭枚數陰中之物，取數於月，十有五日而盈。少牢饋食禮亦云：十有五而俎，尊卑同，則是尊卑同，用十五而同鼎也。云欲其敵偶也者，夫婦各有七也，此夫婦鬼神陰陽，故同祭禮，十五而去一，若平生人則與此異，故公食大夫一命者，

七魚再命者，九魚三命者，十有一魚，天子諸侯無文，或諸侯十三
魚，天子十五魚也。云腊兔，曰明視也。云肬，或作純。純，全也。
凡腊用全者，此或少牢文，案少牢腊一純，注云：純猶全也。凡牲
體則用一胖，不得云全，其腊則左右體脊相配，共爲一體，故得全
名也。特牲少牢亦用全，士喪大斂與士虞皆用左胖，不全者，喪禮
畧云：今文羃皆作密者，鄭以省文，故兼下紿羃，總疊之，故云皆
也。(《阮本儀禮》，頁 42)。

賈公彦在說明肺脊時，將其分爲兩個部分，第一、說明舉肺脊在儀式中的意
義，並且並陳其他禮儀，說明舉肺脊在祭祀的重要性。第二、賈公彥詳細說
明「肺」與「脊」的意義，他延續鄭玄的說法，認爲肺乃是氣之主，所以周
人崇尚，然而除此之外，賈公彥也做許多額外的說解，他舉《禮記》之說，
認爲虞氏祭祀時，會祭祀頭，而夏人會祭心，商人會祭肝，而周人祭肺，乃
是因爲周人崇尚的關係。除此之外，賈公彥亦順著鄭註，說明脊處於身體的
正中，所以有中正的意思，而祭祀時祭脊，乃是因爲脊可以導食通氣，除此
之外，賈公彥還跟隨鄭註，說明脊肺夫婦各一，並且強調此段乃是鄭玄闡揚
經典所沒有的意義。而在魚的部分，賈公彥則特別說明爲何魚要準備十四尾。
首先，賈公彥先說明祭祀時，若是使用水中的動物，則以十五爲標準，並舉
出〈特牲饋食禮〉經文末所附的記來補充魚在祭祀時確實以十五爲數，除此
之外，賈公彥亦引鄭註，說明之所以以十五爲數，乃是仿效月十五日而滿月。
除了〈特牲饋食禮〉外，還有〈少牢饋食禮〉，也是在祭祀時使用十五尾魚，
並且附註爲代表尊卑同，所以十五尾魚同鼎烹煮。在舉《儀禮》中的其他禮
節來說明十五這個數目的正當性後，再說明士昏禮之所以不與其他禮節相
同，只採用十四尾魚的原因，乃是爲了表示夫婦爲平等的關係，故夫婦各取
七，合而爲十四。最後，賈公彥在說明腊兔的時候，特別強調在這裡要使用
一整隻的腊兔，取其完整圓滿的意思，並舉特牲、少牢爲佐證，說明吉事皆
是此例。除此之外，亦舉喪禮、大斂、士虞等禮爲反例，以上幾禮皆是凶禮，
故在只用左半，而不以全隻祭祀，應也有凶事到此爲止，不再綿延之意。

　　而張爾岐在說解此段時，對於鄭註與賈疏皆有所取捨，他雖然抄錄鄭註，
然而對於鄭註中對經文禮義的臆測避而不談，僅以保守謹慎的態度說明經文
的文意，其云：

此下言親迎之禮，先陳同牢之饌，乃乘車往迎，婦至成禮，共三節。

> 舉肺脊，食時所祭之肺與脊也，祭肺，則未食時祭之，疏云：祭時
> 二肺俱有，生人唯有舉肺皆祭，今此得有祭肺者，郊特牲論娶婦，
> 玄冕齋戒，鬼神陰陽也，故與祭祀同二肺也。魚十有四，夫婦各七，
> 固取敵偶，亦合公食大夫一命七魚之數。凡他禮，牲體用一胖，腊
> 則左右體脊相配爲一，故得全名，唯大斂、士虞皆用左胖，不全，
> 反吉故也。（頁78）

張爾岐在一開始先界定親迎之禮的範圍，乃是從男方準備親迎之擺設，一直到新婦至夫家成禮，張爾岐將其分爲三個部份，也就是本文中親迎的小節。其次，張爾岐略過賈公彥詳細說解的陳鼎與方位的問題，直接說明食物的部分，其中被特別提出的，第一是脊肺，第二是魚，第三是腊兔。在脊肺的部分，張爾岐僅點出〈士昏禮〉與〈特牲饋食禮〉相同，祭祀時皆採二肺，然而對於鄭玄所說「肺者，氣之主，脊者，體之正」無任何的著墨，對於賈公彥談論夏人祭心、殷人祭肝、周人祭肺等說法沒有任何的闡揚，可以很明顯張爾岐在解說此段時，僅是解說經文之意，卻不多做文獻上的堆砌與衍生，而這樣的做法也可以在魚與腊兔的例子中看出。張爾岐在說明祭祀時用十四尾魚時，僅說明「魚十有四，夫婦各七，故取敵偶，亦合公食大夫一命七魚之數」，不似賈公彥以各種文獻先論證一般祭祀魚時以十五爲正數，再說明推論爲何此數要以十四爲數的作法，直接點出最後的結論，說明之所以採用十四尾魚，乃是爲了彰顯夫婦平等，故在祭祀時各取七尾魚，並說明此數目也合〈公食大夫禮〉中以七爲一命的規矩，但對於賈公彥額外衍生說明天子、諸侯魚數的部分則完全未提。在腊兔的部分，張爾岐點出在此需用一整隻腊兔，取其完整圓滿的意思，除此之外，亦簡單說明大斂與士虞等凶禮僅用左半，不用全隻，乃是因爲此事不吉的緣故。

　　由上述三個例子可以看出張爾岐在撰寫《儀禮鄭註句讀》一書時，忠於經文，而摒棄太過駁雜之說解的態度

二、重視儀節、禮器之說解

　　在張爾岐皆簡略擷取賈疏，僅以解說經文爲主，不做過多衍生的原則下，在經文必定會出現，且世人較爲陌生的儀節、禮器等，張爾岐皆會用最精簡而容易瞭解的文字說解，而這也成爲本書的另外一項特色。如〈鄉射禮〉前段中，先說解〈鄉射禮〉之擺設，其中有一段說解縣磬所擺設的位置，其經

文云：「縣於洗東北，西面」（《阮本儀禮》，頁 110），而賈公彥對此縣磬有詳細的說解，其云：

> 注釋曰云：此縣謂磬也者，對大射縣鍾磬鎛具有也。云縣於東方辟射位也者，此言射決鄉飲酒，無射事，縣於階間也。云但縣磬者，半天子之士。無鍾者，案周禮小胥職云：半爲堵，全爲肆，鄭云：鍾磬者，編縣之二八十六枚，而在一虡，謂之堵。鍾一堵，磬一堵，謂之肆。半之者，謂諸侯之卿大夫士也。諸侯之卿大夫，半天子之卿大夫，天子之卿大夫判縣者，東西各有鍾磬爲肆。諸矦之卿大夫判縣者，分一肆於兩廂，東縣磬，西縣鍾，若天子之士特縣者，直東廂有鍾磬，二虡爲一肆，諸矦之士分取磬而已。縣於東方爲特縣，故云無鍾，對大夫及天子士有鍾，若然此既兼鄉大夫詢衆庶當爲判縣宜有鍾，而總云無鍾者，方以禮樂化民，雖大夫亦同士，特縣也。若鄉飲酒方賓鄉人之賢者，從士禮也。其天子諸矦鍾磬鎛具卿大夫天子士已下，亦無鎛知者，以其諸矦卿大夫士，半天子卿大夫士，若有鎛添鍾磬，爲三半，不得故知卿大夫，已下皆無鎛也。（《阮本儀禮》，頁 110）

賈公彥在此說解此段經文時，將其分爲幾個部份：第一、解釋「縣」，在此是懸磬，並在後面補充〈鄉射禮〉懸磬，而在〈大射禮〉中則是鍾、磬、鎛都有。第二、舉〈周禮〉說解有磬而無鍾，乃是因爲〈周禮〉有說明半用堵，全用肆，而〈大射禮〉是諸侯的卿大夫與士所舉行的禮節，是天子的。第三、詳細說明鍾磬所擺放的方位、以及編磬的數量與名稱。第四，說解〈大射禮〉從士禮，以及磬、鍾與鎛所擺放的場合。

張爾岐在面對此段經文時，保留對於鍾、磬、鎛的說解，而更爲簡練，其云：

> 鍾磬編縣之十六枚在一簾，謂之堵。鍾一堵，磬一堵，謂之肆。天子之卿大夫判縣東西各一肆，士特縣，唯東一肆。諸侯之卿大夫士，半於天子之卿大夫士，卿大夫判縣者，分一肆於兩廂，東縣磬，西縣鍾，士特縣分取磬而已。州長諸侯之士，故但磬無鍾也。（頁 163）

張爾岐在賈疏的基礎下，簡單說解編鍾與編磬以十六爲單位，謂之堵。而鍾一堵，磬一堵，謂之肆。其次，張爾岐對於天子之卿大夫與諸侯之卿大夫之差別亦有所說明。他說解天子之卿大夫懸磬，乃是東西各一肆。士懸磬，只

能懸一肆於東邊。而諸侯之卿大夫較天子之卿大夫又低一級，只能算是天子半個卿大夫，故在東邊懸磬，在西邊懸鍾，而不能兩邊皆懸磬。對比賈疏與張爾岐的說解，可以發現他們雖然同樣在解釋禮器，然而其著重的地方與解釋的方式有其差異。賈公彥說解較爲詳細，並在其中引用鄭註說解，並以〈鄉飲酒禮〉做爲對照。而張爾岐在說解經文時，是以一種推廣《儀禮》，不希望後人閱讀時如自己一般辛苦，所以在說解時盡量簡單扼要，不做過多的衍生，將禮器本身說明清楚即止。

此例在〈鄉飲酒禮〉中亦可參見。在〈鄉飲酒禮〉中，有一段專門說解陳設洗具的經文，其云：「設洗于阼階東南，南北以堂深，東西當東榮，水在洗東，篚〔註9〕在洗西，南肆」（《阮本儀禮》，頁82），而其賈疏云：

> 釋曰：云南北以堂深者，堂深謂從堂廉北至房屋之壁堂，下洗北，去堂遠近深淺，取於堂上深淺，假令堂深三丈，洗亦去堂三丈，以此爲度。注釋曰云：榮屋翼者，榮在屋棟兩頭，與屋爲翼，若鳥之有翼故斯干。詩美宣王之室，云如鳥斯革，如翬斯飛，與屋爲榮，故云榮也。（《阮本儀禮》，頁82）

賈公彥在說解此段時，分爲幾個部分來說解。第一、他先說解放洗〔註10〕的位置，取決於堂深〔註11〕，而放洗的位置需與堂深相同，如今日堂深三尺，則洗離堂的位置也應三尺。第二、賈公彥解釋鄭註「榮，屋翼」（《阮本儀禮》，頁82）的意思，乃是因爲榮就像是房子的翅膀，故以此翼稱之。其次，賈公彥再舉《詩經》之說，證明此說。

張爾岐在說解此段經文時，除了繼承鄭註、賈疏之說，而對賈疏有所刪減外，亦有對鄭玄與賈公彥沒有說解的禮器額外加以說解，其云：

> 南北以堂深，謂以堂廉北至屋壁之遠近爲洗去堂之遠近也。疏云：假令堂深二丈，洗去堂亦二丈，以此爲度是也。堂上設篚，此復設篚者，上篚所貯三爵，每一爵行畢，即奠下篚，且貯餘觶也。（頁126）

張爾岐在此分爲三點說明，第一、繼承賈公彥之說，說解放洗的位置取決於堂深。其次，具賈疏爲例，說解何謂放洗的位置取決於堂深。第三，張爾岐

〔註9〕 圓竹筐，放酒杯用。
〔註10〕 裝水的盆子，用來清洗酒杯。
〔註11〕 堂深，就是堂南牆至北牆的距離。

比起賈疏，不言賈疏言《詩》的例子，由此可以看出張爾岐不做過多衍生的作法。第四，張爾岐特別解釋鄭註、賈疏皆沒有說明的「篚」，認爲在洗的西邊設篚，乃是爲了放置三爵（酒杯），除此之外，張爾岐還特別說明其用法，在每一個酒杯使用完畢後，主人與賓客就會下堂，將酒杯用回篚中，所以篚除了放置酒杯外，亦有放置使用過的酒杯的意思。而從張爾岐在註解中的書與不書，可以看出張爾岐對於禮器的重視。

綜觀張爾岐《儀禮鄭註句讀》一書的體例，可以得出兩個結論。第一、張爾岐在書寫此書之目的，都是圍繞著序文中所言「且欲公之同志，俾世之讀是書者，或少省心目之力，不至如愚之屢讀屢止」（頁 23），因此張爾岐在條例的整理中，多是把握寧繁勿簡，寧詳勿略的原則，以求能讓後世讀者閱讀此書時，能夠從條目一眼分辨其內容，以清眉目。

第二、在注疏的的整理中，張爾岐認爲「註文古質，而疏說又漫衍，皆不易了」（頁 23），所以張爾岐在注疏整理中，採取完全抄錄鄭註，然而對於賈疏則是以節錄的方式來處理，刪節過於衍生的部分，使賈疏能夠「取足明註而止」。最後，再對於《儀禮》中較爲困難的禮器、儀文詳細說解，定其句讀，使後人都能以最短的時間內讀懂《儀禮》，以達到「周文郁郁，其斯爲郁郁，君子彬彬，其斯爲彬彬」（頁 24）的教化結果。而這樣的用心，皆在張爾岐《儀禮鄭註句讀》一書的體例中表露無遺。

第四章 《儀禮鄭註句讀》解經特色

　　在《儀禮鄭註句讀》一書中，會完整抄錄《儀禮》經文與鄭註，然而他對於賈疏之說，卻認爲漫衍，所以他在書中會依據自己的意思節錄賈疏，並在後面加上自己的看法。在這取捨之中，隱含著張爾岐的思想。以下將整理張爾岐在《儀禮鄭註句讀》的解經特色。

第一節　以經解經

　　在《儀禮鄭註句讀》中，有一個很大的特色，就是以經解經，而且張爾岐在引用經典的選擇上有很明顯的規律，其中以三禮最爲常見，三傳次之，其餘最少。筆者根據張爾岐在《儀禮鄭註句讀》所引用的經典不同細分爲以下幾點：第一、《儀禮》的其他篇章解《儀禮》本文；第二、以《周禮》、《禮記》來解《儀禮》本文；第三、以《公羊傳》、《穀梁傳》、《左傳》裡面的史事來解《儀禮》；第四、以其他經典解《儀禮》。

　　以《儀禮》解經，多著重在不同篇章，卻有類似禮節的比較，如〈鄉飲酒禮〉與〈燕禮〉，皆是飲酒宴客之禮，而〈鄉飲酒禮〉爲諸侯、士大夫與士宴請賢人、長者的禮節，主人與賓客的地位是平等的，而在這樣的架構之下，〈鄉飲酒禮〉中又隱含著以客爲尊、敬老尊賢的概念。然而〈燕禮〉就與〈鄉飲酒禮〉完全不同，〈燕禮〉爲國君宴請臣下、使節的禮節，在宴會中完全以國君爲尊。張爾岐在《儀禮鄭註句讀》中，多以〈鄉飲酒禮〉與〈燕禮〉相互比較，一方面讓讀者得知〈鄉飲酒禮〉與〈燕禮〉之間儀文的差別，另一方面，則藉此更加凸顯《儀禮》對於尊卑地位不同的重視。

　　以《周禮》解禮，主要著重於官制的說解。《周禮》原本就是說解官制的

經典，在《儀禮》中，亦多有提到各種官制，張爾岐在《儀禮鄭註句讀》中，當有遇到各種官制時，多會引用《周禮》說明，一方面解釋經文，使讀者能夠容易了解《儀禮》中出現的各種官制，一方面，亦代表張爾岐在解說這些官制時皆有所本，不是隨意胡說。

以《禮記》解禮，又與以《儀禮》解禮不同；以《儀禮》解禮，著重於儀文之間的比較，以《禮記》解禮，則著重於先提出禮義的通例，再說解各別儀文的作法，或符合通例、或違反通例。張爾岐在符合通例的例子中，就會以《禮記》來說明，然而在違反通例的例子中，張爾岐就會特別說解何以此段儀文違反通例，在這正反的比對之下，呈現《儀禮》經文的禮義。

比起用三禮解《儀禮》的複雜用途，張爾岐用三傳解《儀禮》的用途就單純許多。張爾岐在《儀禮鄭註句讀》一書中，以三禮解釋經文本身，而以三傳中的史事來證呈《儀禮》經文，證明這些儀文皆確實發生過，而這也是《儀禮鄭註句讀》中第二多的用例。

在《儀禮鄭註句讀》中，張爾岐除了引用三禮、三傳解說《儀禮》經文外，亦會用前人說法與其他經典解釋《儀禮》，然而與引用三禮與三傳的例子相比，引用前人說法與其他經典的例子就明顯少了許多，多是張爾岐對於《儀禮》經文或是鄭註有其他不同的見解，所以援引前人說法或其他經典證明之。以下將根據引用三禮、引用三傳，以及引用前人說法與其他經典分別說明之。

一、以《儀禮》其他篇章解《儀禮》本文

張爾岐在《儀禮鄭註句讀》中，有許多部分皆是用《儀禮》的其他篇章解《儀禮》，在引用例子中，又可以細分為幾個狀況：第一、言其同；第二、辨其異；第三、更進一步說解經文。所謂言其同，就是在《儀禮》中，往往會有在不同的禮儀中出現相似的禮節，而張爾岐會在經文下加上案語說解，以證明其中相同的部分。所謂辨其異，就是雖然是類似的禮節，卻因為某些原因，導致某些禮節會有所不同，所以張爾岐會在經文下引用《儀禮》說解，以證明其中的差異。張爾岐在引用《儀禮》時，也不會完全引用全文，而是以自己的話語說解，以下將根據此二點分別說明。

（一）言其同

如〈士冠禮〉中，有一儀文專門說解筮日之禮，其中一段在討論筮日的

順序，其經文云：「若不吉，則筮遠日，如初儀」（阮本儀禮，頁 6），此段經文主要在說解〈士冠禮〉的筮人在占卜加冠日期時，以近日為主，除非近日不吉，才筮遠日。張爾岐在說解此段時，對此先筮近日或先筮遠日的體例有所說解，其原文云：

> 疏曰：「〈曲禮〉：『吉事先近日。』此冠禮是吉事，故先筮近日，不吉，乃更筮遠日。是上旬不吉，乃更筮中旬，又不吉，乃更筮下旬。」云如初儀者，自筮於廟門已下至告吉是也。愚案〈少牢〉云：「若不吉，則及遠日，又筮日如初。」此大夫諏日而筮，上旬不吉，必待上旬，乃更筮之。其云如初，乃自筮於廟門已下至告吉也。此〈士冠禮〉若筮上旬，不吉，即筮中旬，不更待他日。其云如初儀，止從進受命於主人以下至告吉而已，不自筮於廟門也。（頁 37）

張爾岐針對筮日之禮分為幾段說解：第一、張爾岐引用賈疏，說解《禮記‧曲禮》所說，筮日之禮若是吉事，則應以近日為先，若近日不吉，才筮遠日，此為《儀禮》的通例。第二、張爾岐在後段加上案語，引用《儀禮‧少牢饋食禮》的儀文，證明「吉事先近日」確實為《儀禮》裡的通則。〈少牢饋食禮〉，為諸侯之卿大夫祭祀禰廟之禮，屬於吉禮，故〈少牢饋食禮〉在筮日時，亦是先筮近日，若不吉，才筮遠日。而張爾岐在此舉〈少牢饋食禮〉為例與〈士冠禮〉做對照，正是張爾岐在《儀禮鄭註句讀》中，會將類似儀文提出做比較，而這也是張爾岐在說解《儀禮》的一大特色。

在〈鄉飲酒禮〉中亦有許多類似之例，如經文中有一段為說解司正輔正介與眾賓行旅酬〔註 1〕之禮，其經文云：「司正升相旅，曰：『某子旅酬』，受酬者降席」（阮本儀禮，頁 99），張爾岐解此經文云：

> 顧炎武云：「〈鄉射禮〉：『某酬某子』註某子者，氏云：『古人男子無稱姓者』，從鄉射禮註為得。」如《左傳》叔孫穆子子言叔仲子子服子之類。（頁 147）

在此可以看到張爾岐引用顧炎武之說，認為古代稱男子，不會稱其姓氏，所以經文中才會以「某子」稱之，而這樣的說法從〈鄉射禮〉中的註也可以看得很清楚。張爾岐引用顧炎武的說法，點出不管是〈鄉飲酒禮〉還是〈鄉射禮〉，都不會直接稱呼男子的姓氏，以表現其儀文中的一致性。最後，張爾岐

〔註 1〕旅酬，依照順序相酬之禮。酬，受酬者將酒杯斟滿，先自己喝，喝完再勸主賓隨意飲用，稱為酬。在此是介與眾賓按照順序一一行酬禮，稱為旅酬。

又引用《左傳》中的史事，以另外一種方式證明此說，亦可以看出張爾岐的用心。

〈燕禮〉，為君主宴請群臣之禮，隱含主尊客卑的關係，而這樣的關係也在〈大射儀〉中顯現，故張爾岐在《儀禮鄭註句讀》的〈燕禮〉中，常會拿〈大射儀〉與之比較，其經文云：「若君命皆致，則序進，奠觶于篚，阼階下皆再拜，稽首，公答再拜，媵爵者洗象觶，升實之，序進，坐奠于薦南，北上，降，阼階下皆再拜稽首送觶，公答再拜」（阮本儀禮，頁 164），此段主要說解在〈燕禮〉中國君與二位獻禮者之間的禮節。若國君命令送酒給二位獻禮者，則應該按照次序，將酒杯放在圓篚中，在階梯下拜，以頭觸地。國君再拜回禮，舉送酒杯者清洗象觶，升堂，盛滿酒，按照順序前進，坐下，把象觶放在佐酒食物的南方，以北方為上位，然後下堂，在階梯下再拜，以頭觸地，送上酒杯，國君再回禮。而張爾岐在說解此段時，亦是扼要說解其儀文，並對鄭註引〈大射儀〉之目的說解，其原文云：

> 疏云：前二人酌酒，降自西階，故交於西楹之北，此酌酒奠於君所故，交於東楹之北。先酌者東面酌訖，由尊北，又楹北，徃君所奠訖，右還而反，後酌者亦於尊北，又於楹北，與反者相交，先者於南西過，後者於北東行，奠訖，亦右還而反，相隨降自西階，凡奠爵，將舉者於右，今媵爵於公，為將舉旅，當奠薦右，而奠於薦左，是不敢必君之舉也。引〈大射禮〉者，見此二人阼階下拜訖，亦反門右北面位也。（頁 245）

在此段說解中，張爾岐以自己之意整理賈疏，節錄其中重要的部分，用以說解此段經文。在賈疏原文中，引用〈鄉射禮〉、〈鄉飲酒禮〉、〈大射儀〉等儀文，然而張爾岐在此僅保留〈大射儀〉，說明〈燕禮〉與〈大射儀〉的相同之處。

（二）辨其異

張爾岐除了引用《儀禮》其他篇章來說解類似的儀式，以證明《禮記》中所說明的通則外，亦會引用《儀禮》中的其他篇章來更進一步說解經文的意義。如在〈鄉射禮〉中，有一段專門說解主賓三射完畢後最後的飲酒宴客，其經文云：「主人以賓揖讓，說屨，乃升，大夫及眾賓皆說屨，升，坐」（阮本儀禮，頁 144），此段主要在說解三射之後，主人與賓客相互揖讓，脫鞋，然後上堂。大夫及其他賓客也脫鞋，升堂，入坐。張爾岐在解釋此段經文時，

特別舉賈疏之說，比較〈燕禮〉與〈大射禮〉的差異，其云：

> 疏云：「尊卑在室，則尊者說屨在戶內，其餘說屨於戶外。尊卑在堂，
> 則亦尊者一人說屨在堂，其餘說堂下。是以〈燕禮〉、〈大射〉，臣皆
> 說屨階下，公不見說屨之文，明公爲在堂，此〈鄉飲酒〉，實主人行
> 敵禮，故皆說屨堂下也。」（頁 213～214）

在此，張爾岐引用賈疏之說，舉〈燕禮〉、〈大射禮〉與〈鄉飲酒禮〉做比較，
詳細說解當主賓的尊卑地位不同時，鞋子該如何擺放的禮節。並說解在〈燕
禮〉、〈大射禮〉中，因爲尊卑地位明顯，所以尊者脫鞋在堂，卑者在堂下，
然而在〈鄉射禮〉中，主賓無尊卑之分，故在此皆言鞋在堂下。由張爾岐引
用賈疏此段，可以得知張爾岐在說解《儀禮》時，會以《儀禮》的不同篇章
來說解儀文中的通用的規矩，或是在不同情況下儀文的不同展現，如在此段，
張爾岐就沿用賈疏之說，針對主賓是否有尊卑之分來說明儀文的不同，而藉
由此段通例，也可以看出《儀禮》對於尊卑差別的份際。

在《燕禮》中有經文云：「司宮 〔註 2〕尊于東楹之西，兩方壺，左玄酒，
南上，公尊瓦，大兩，有豐冪，用綌若錫，在尊南，南上，尊士旅食于門西，
兩圜壺」（阮本儀禮，頁 159），此段主要在說解司宮爲燕禮準備酒杯等事宜，
而張爾岐爲此做出說解，並舉〈鄉飲酒禮〉爲例，比較其中的差別，其原文
云：

> 諸侯之司宮，與天子之小宰所掌同，公席阼階上西向，尊在東楹之
> 西，南北並列，尊面向君設之，與〈鄉飲酒〉賓主共之者不同，故
> 註云予君專此酒也，在尊南。註云在方壺之南，謂瓦大在方壺南，
> 疏以爲其冪未是，南上亦玄酒在左也，圜壺無玄酒。（頁 234～235）

〈燕禮〉與〈鄉飲酒禮〉最大的差別，就在於主賓地位的尊卑，〈燕禮〉的主
人是天子，而賓客是群臣，這是一種主尊客卑的狀況，然而在〈鄉飲酒禮〉
中，主人與賓客是對等關係，而這樣的差異，也造就了〈燕禮〉與〈鄉飲酒
禮〉在許多儀文上的差異，如此段引文中仔細說解酒杯擺放的位置，在〈燕
禮〉中以南方爲上位，國君的酒杯則特別用巾布遮蓋，明顯含有尊崇國君之
意，對比〈鄉飲酒禮〉中主賓地位相等時的禮節完全不同，而張爾岐亦在此
特別提示讀者明辨其中的差異。

〔註 2〕司宮，官名，掌管寢宮的事宜，包括掃除、執燭等。諸侯的司宮，與天子的
司宮比較起來，職掌相同，而地位稍低。

在〈燕禮〉中有「主人酬賓」之文，其經文云：「受爵于筵前，反位，主人拜送爵，賓升席，坐祭酒，遂奠于薦東」（阮本儀禮，頁164），此段經文說解主賓之間的飲酒的禮節，而張爾岐引賈疏之說，為主賓的身分特別說解，其云：

> 疏曰：「案〈鄉飲酒〉、〈鄉射〉主人酬賓，皆主人實觶，席前北面，賓始西階上拜，此及〈大射〉主人始酌膳時，賓已西階上拜者，以其〈燕禮〉、〈大射〉，皆是主人代君勸酒，其實是臣，急承君勸，不敢安暇，故先拜也。」（頁243）

張爾岐所引用的全都是賈疏之說。首先先說解在〈鄉飲酒禮〉、〈鄉射禮〉中，主人酬賓時，主人的酒杯皆是裝滿酒，且賓客會等主人到席前，面向北方時，賓客才到階梯上拜謝。然而在〈大射禮〉與〈燕禮〉中，主人是國君，賓客是群臣，主尊客卑，故國君不親自行禮，而由膳宰〔註3〕代替。張爾岐藉賈疏說明主賓之間的尊卑關係之後，又更進一步說明另一個〈燕禮〉、〈大射儀〉與〈鄉飲酒禮〉、〈鄉射禮〉的不同之處。在〈鄉飲酒禮〉與〈鄉射禮〉中，賓客皆等主人到席前後才回拜，然而在〈燕禮〉與〈大射儀〉中，主人剛開始倒酒，賓客就回拜，其中也隱含主尊客卑，故賓客不敢等主人到席前才回拜的禮義。

（三）小 結

仔細觀察張爾岐在《儀禮鄭註句讀》中，特別舉《儀禮》的其他篇章加以說解其中相異點的部分，可以發現就算同樣是主賓相飲之禮，也會因為身分地位的不同，而展現出完全不同的儀文，而這其中的變化正是《儀禮》的有趣之處，對於不同身分、不同情況，可以對應其不同而做出合宜的舉止，這就是禮的精神，也是今人閱讀《儀禮》時，可以學習的地方。張爾岐在序中云：「遙望光氣，以為非周孔莫能為己耳。莫測其所言者何等也？及其砣砣讀之，讀已又默存而心歷之，而後其俯仰遜之容，如可睹也。忠厚藹惻知情，如將遇也」（頁23），說明閱讀《儀禮》，可以「俯仰遜之容，如可睹也。忠厚藹惻之情，如將遇也」，應該也是此意無疑。

在《儀禮鄭註句讀》之書中，雖然用多種經典解經，然而以《儀禮》的其他篇章比較、說解《儀禮》，依舊是佔絕大部分。自古以經解經，是各代註

〔註3〕掌管國君飲食之官。

家常常使用的一種辦法，張爾岐也不例外，然而在這樣的情況下，依舊以《儀禮》註解《儀禮》爲最大宗，可以看出張爾岐力求簡練，不做過多衍生的解經特色。

二、以《周禮》經文解《儀禮》

　　《周禮》、《儀禮》、《禮記》被合稱爲三禮，其關係原本就深遠，《周禮》爲《儀禮》的統攝，而《禮記》爲《儀禮》的說解，所以不管是鄭玄、賈公彥或是張爾岐，在解說《儀禮》時，都有兼採《周禮》、《禮記》以說解《儀禮》的現象。然而張爾岐在書寫《儀禮鄭註句讀》時，以能讓後世文人能了解《儀禮》爲訴求，整理時以明白經文與鄭註爲原則，所以對於《周禮》、《禮記》的整理，也多以能明白經注爲止，不做過多衍生說解。

　　〈燕禮〉爲古代君臣宴飲的禮節，主要分爲四個情況，第一、諸侯沒有特別的事情，單純宴請群臣；第二、卿大夫對於政事有功，而君主宴請卿大夫；第三、卿大夫出使鄰國，完成使命，而君主宴請；第四、宴請各國來聘問的賓客，而《儀禮》中的〈燕禮〉是屬於第一種狀況，其經文云：「燕禮，小臣戒與者」（阮本儀禮，頁 158），此經文主要在說解禮官代表國君通知國內的群臣參加宴飲，而在張爾岐《儀禮鄭註句讀》中，引《周禮》對小臣有詳細說解，其原文云：

> 自此至公升就席，皆燕初戒備之事，有戒與、設具、有納諸臣立於
> 其位，有命大夫爲賓，有請命執役，有納賓，凡五節。疏云：《周禮・
> 太僕職》云：「王燕飲則相其法。」〈小臣職〉云：「凡大事佐太僕，
> 則王燕飲，太僕相小臣佐之。」此諸侯禮降於天子，故宜使小臣相。
> 下文小臣師一人在東堂下，師長也。諸侯，小臣之長，猶天子之有
> 太僕正君之服位者也。（頁 233）

張爾岐在此段，先點出儀文的內容，說解由此一直到國君入席，皆屬於燕禮剛開始準備的事情，分爲準備燕禮所需的器具、請群臣站在座位旁邊、任命卿大夫爲主賓、任命拿遮蓋酒尊用的巾布〔註4〕之人、請賓客入坐，總共九節。其次，《周禮》中有專門說解「小臣」的經文，故張爾岐特別引用，使經文更爲清楚，讓後人不致於有困惑之感。

〔註4〕其經文云：「冪用綌若錫」，冪，就是遮蓋酒尊；綌，粗葛巾；錫；細麻布。
　　　　古代禮法，在〈燕禮〉裡遮蓋酒尊的布，夏天用綌，冬天用錫，故言之。

〈士昏禮〉主要敘述六禮的進行，其納徵禮的經文云：「納徵，玄纁，束帛，儷皮如納吉禮」（阮本儀禮，頁 42），張爾岐對此引用《周禮》與《禮記》做出說解，其云：

> 疏云：此納徵無鴈者，以有束帛為贄故也。《周禮》：純帛，緇帛也。是庶人用緇，無纁。士大夫乃以玄纁束帛，天子加以穀圭，諸侯加以大璋，雜記云：納幣一束，束五兩，兩五尋，然則每端二丈，玄纁束帛者，合言之陽奇陰偶，三玄二纁也。鄭註《周禮》以純為緇，故疏以緇為庶人之禮，陳氏祥道云：「蘇秦傳錦繡千純。」裴駰註曰：「純，端名。」則《周禮》所云純帛者，匹帛也，鄭改純為緇，誤矣。庶人亦用玄纁，但不必五兩耳。（頁 76）

張爾岐在說解此段時，引用賈疏、陳祥道以及裴駰的說法，分為幾點說明之。第一、先說明納徵禮不送鴈，而以束帛為禮；第二、說明天子、諸侯、士之間禮物的差異；第三、引鄭註中《周禮》之說，特別說解為何賈疏認為緇是庶人所使用的禮節；第四、引用陳祥道、裴駰之說，評論《周禮》中所說的純帛，應該是匹帛，然而鄭玄改純為緇，連帶認為庶人不用玄纁，這是錯誤的看法。張爾岐認為庶人在納徵禮時亦是用玄纁為禮，只是數目不到五兩而已。而有上述引文，亦可知道張爾岐除了引用《周禮》、《禮記》來說解《儀禮》經文外，亦會根據《周禮》、《禮記》，修正鄭註、賈疏中錯誤之處，而非盲從鄭註、賈疏之說。

在〈燕禮〉一開始專門說解君臣各就其位，而其中一段經文在說明國君就位，其云：「小臣設公席于阼階上，西鄉，設加席，公升，即位于席，西鄉」（阮本儀禮，頁 160），此段經文主要在說解小臣〔註 5〕在東階為國君鋪席，面向西方，且國君的席是雙重席次。國君上堂，入席就位，面向西方。而張爾岐在《儀禮鄭註句讀》中以《周禮》經文說解《儀禮》經文，其云：

> 註引《周禮》司几筵文。阼，音義如酢，酢席，祭祀受酢之席也，引之者欲見燕席與酢席同。（頁 235）

在此段中，張爾岐說解鄭註，認為鄭玄引用《周禮》之文，乃是因為《周禮》在經文中有說解司筵席的官員，所以在註中加註。張爾岐在說解鄭玄引用《周禮》之意後，緊接著為「阼」字註明音義，並在最後註明鄭玄之所以引用《周

〔註 5〕小臣，為天子禮官的助手，亦是諸侯的禮官，在國君宴請群臣時為輔相，專職輔佐燕禮進行的各項事宜。

禮》，乃是因爲要說解燕席與酢席乃是同一個意思。

引用《周禮》經文來解釋《儀禮》，一直都是歷代文人在解釋《儀禮》時常用的方式，而張爾岐在鄭註與賈疏的基礎下，在《儀禮鄭註句讀》中整理《周禮》中與《儀禮》相關的經文並且加以說解。

三、以《禮記》解《儀禮》

〈鄉飲酒禮〉：「奠爵于薦西，興，右手取肺，卻左手執本，坐，弗繚，右絕末以祭，尚左手，嚌之，興，加于俎」（阮本儀禮，頁 84），此段經文主要在說解主賓在回應主人的敬酒時的一連串動作，其中包括將酒杯放在食物的西方，右手取肺，左手拿著肺部的尖端，坐下，不用繚祭。用右手割下肺的尖端來祭祀，左手放在右手的上方，品嘗一點肺，站起來，將肺放回俎裡，而張爾岐在此引用《禮記·少儀》與《儀禮·鄉射禮》的儀文去解說此段經文，其云：

> 〈少儀〉云：「取俎進俎不坐」，是以取時奠爵興，至加于俎又興也。
> 卻左手，仰其左手也。案〈鄉射禮〉取矢于楅卻手與覆手對，弗繚
> 者，直絕末以祭，不必繚也。繚祭以手從肺本循之，至末乃絕之，
> 絕祭不循其本，但絕末而已。大夫以上威儀多，乃繚，士則否。經
> 文言弗繚，以實固士也。他事皆從士禮。註疏獨於此處解作繚祭，
> 不敢從。（頁 130）

張爾岐在此段先舉出《禮記·少儀》之文，先祭祀時如何使用俎的儀文，做爲對此段經文的補充，然後再根據此段做進一步的說解，認爲祭祀時，不管是取俎升堂，亦或是將俎設在席前，人不坐下，所以在拿酒杯時人會站起來，到了取俎時人會再起身。其次，張爾岐解釋繚祭〔註6〕之意，並更進一步說解大夫以上使用繚祭，士則無。最後，張爾岐針對鄭註提出自己的看法，表示不同意鄭玄將「弗繚」解釋爲不用繚祭。

在〈鄉飲酒禮〉中，：「自席前適阼階上，北面坐，卒爵，興。坐，奠爵，遂拜，執爵興。賓西階上答拜」（阮本儀禮，頁 88），此段主要在說解主賓回敬主人，主人回禮時的種種禮節。首先，主人先從席前走到階上，面向北邊坐下，把酒杯裡的酒喝光，起立，再坐下，放下酒杯，對主賓行拜禮，再持

〔註 6〕 繚祭，《周禮》九祭之一，祭者以左者持肺根，右手持肺尖，繚繞旋轉，使其
斷，用以祭祀，故稱繚祭。

酒杯站起。此時主賓在西階上答拜。而張爾岐在說解此段時，舉出《禮記‧
曲禮》中的原文，針對方位的部分加以說解，其云：

> 案〈曲禮〉：「席，東鄉西鄉，以南方爲上，南鄉北鄉，以西方爲上」
> 〔註7〕，凡升席由下，降席由上，今主人當降自南方，以啐酒於席
> 末，遂因從席北頭降，由席前以適阼階，是由便也。（頁132）

張爾岐在此先舉〈曲禮〉原文，先說明禮節中的通例，若是東西向的席子，
則以南方爲尊位；若是南北向的席子，就要以西方爲上位。張爾岐引〈曲禮〉
原文，先說解席次的尊位後，緊接著說明主人自南方降席，並在席末謝酒，
並在席前走到東階，張爾岐並在後面對此段儀文做出一個結論，認爲儀文之
所以要這樣安排，乃是爲了方便。而由此段原文中，可以很清楚看出張爾岐
利用《禮記》的篇章說解《儀禮》的作法。

在〈鄉飲酒禮〉中，其中一段儀文專門說解：「賓升席自西方」（阮本儀
禮，頁84），賈公彥在說明此段時，引用《禮記‧曲禮》的篇章解釋，而張爾
岐在說明此段時，亦按照賈疏的作法，其云：

> 疏云：「案〈曲禮〉云：『席，南鄉北鄉，以西方爲上』，今升席自西
> 方，云升由下者，以賓統於主人，以東方爲上也。」（頁129）

在此段中，張爾岐完全引用賈疏之說，先引〈曲禮〉，說解在一般的禮節中，
擺放席次，若是南北向的席次，則應該以西方爲尊位。然而在此段《儀禮‧
鄉飲酒禮》中，卻是一個特例。因爲在〈鄉飲酒禮〉中，主人與賓客的地位
相等，而以客人爲尊，故在此以東方爲上位。

仔細觀察張爾岐引用《禮記》說解《儀禮》的條例，可以發現張爾岐多
是用《禮記》來提出一個發生在儀文之中的通例，然後再接下來敘述《儀禮》
中的禮節爲一個通例，亦或是爲一個特例。如上述段落，張爾岐在說解〈鄉
飲酒禮〉中「自席前適阼階上，北面坐，卒爵，興。坐，奠爵，遂拜，執爵
興。賓西階上答拜」（阮本儀禮，頁88）與「賓升席自西方」（阮本儀禮，頁
84）的兩段原文，就可以很明顯看出其中的差別。在「自席前適阼階上，北
面坐，卒爵，興。坐，奠爵，遂拜，執爵興。賓西階上答拜」（阮本儀禮，頁
88），張爾岐舉〈曲禮〉爲例，先說解在《禮記》之中席次擺放的通例與尊位，

〔註7〕 〈曲禮〉原文云：「南鄉北鄉，以西方爲上；東鄉西鄉，以南方爲上」，主要
　　　　在說明南北向的席位，要以西方爲尊位；東西向的席位，要以南方爲尊位。
　　　　張爾岐在此引用〈曲禮〉時前後顛倒，故在註解中說明。

再說解此段儀文符合通例的部分。然而在「賓升席自西方」（阮本儀禮，頁84）
的原文中，就是完全不一樣的作法，張爾岐一樣引用《禮記》，說解在儀文之
中的通則與尊位的方向，並且敘述此段儀文違反通則，不以西方爲尊位，而
是以東方爲尊位，最後再舉出此段儀文何以違反通例，乃是因爲在〈鄉飲酒
禮〉中，主賓地位相當，而以客爲尊的緣故。

四、以春秋三傳解《儀禮》

在《儀禮鄭註句讀》中，多有以春秋三傳解經的狀況，其例雖多，而用
法皆相似，就是以三傳中的史事來說解古人在使用《儀禮》時的種種狀況，
而這也是《儀禮鄭註句讀》中，除三禮之外，例證第二多的，以下舉例說明
之。

在〈士昏禮〉中，最重要的就是敘述婚禮中六禮的進行，其中分爲納采、
問名、納吉、納徵、請期、親迎等步驟，而納采爲男方使者至女方家提出欲
和親之意，其經文云：「昏禮，下達，納采，用鴈」（阮本儀禮，頁39），此段
主要在說解納采禮時，男方使者到女方家提出合昏要求時，應準備老鴈爲禮
物。張爾岐在說解此段經文時，先說解六禮，再舉《穀梁傳》爲例，說明莊
公二十二年（672B.C）時納采時的狀況，其云：

> 昏禮有六，納采、問名、納吉、納徵、請期、親迎是也。請期以上，
> 五禮皆遣使者行之。春秋莊公二十二年，《穀梁傳》曰：「納幣，大
> 夫之事也，公之親納幣，非禮也。」（頁71）

張爾岐在此段中，先說解昏禮分爲六禮，分別爲納采、問名、納吉、納徵、
請期、親迎等。其次，張爾岐說解這六禮中，除了親迎以外，其餘五禮皆是
派遣使者前往，男方家人不親自前往。張爾岐先大致說解六禮之後，接著舉
出莊公二十二年（672B.C）娶妻之事，《穀梁傳》譏之爲例。莊公二十二年
（672B.C），娶妻，親自跑到齊國納幣，而《穀梁傳》在傳中明白指出納幣一
事，應該是大夫的工作，莊公身爲一個諸侯，不應該親自前往，故《穀梁傳》
譏之。其次，《穀梁傳》在說解此段時，不言「納采」而言「納幣」，亦有譏
莊公在母喪的時候娶妻，不合禮節之意。張爾岐在此段引用《穀梁傳》，主要
是提出一個事例，說解六禮在歷史之中真正實行的狀況。

在〈士昏禮〉中，除了說解六禮外，亦在後段說解各式各樣的變禮，其

中有一段就在說解若是父母過世時該如何解決，其經文云：「宗子〔註8〕無父，母命之，親皆沒，已躬命之」（阮本儀禮，頁 64），此段主要在說明若長子的父親已經過世，則應該由母親來吩咐使者舉行前面的五禮，若是母親也過世，又沒有其他的親人，則應該由宗子親自命令使者執行前面的五禮。一般而言，婚姻多是父母之命，不該由新郎親自命令使節，然而在此禮中，新郎本身為嫡長子，父母長上又俱亡，才會由新郎自己命使執行禮節。而張爾岐在說解此段時，除說解此段禮義外，亦舉《公羊傳》為例，其云：

> 此因請期以上五禮，皆命使者行之，故言使命所出，必自其父，若無父者，則母命之，母命之者，亦但命子之父兄師友使之，命使不得稱母命，以通使也。親者沒，不得已，乃親命之，所以養廉遠恥也。註引紀裂繻逆女事，見春秋隱二年〔註9〕《公羊傳》，公孫壽事，見成八年，其昏禮不稱主人，母命不得通使之義，並見彼傳及何休註。（頁 106）

此段原文主要分為兩個部分，第一、張爾岐簡單說解宗子命使的情境，第二、引用《公羊傳》，舉例說解此段禮義。在說解宗子命使的部分，一開始先說解使節的重要性，明白說出婚禮的六禮之中，前面五禮皆需請使節進行。強調完使節的重要性之後，緊接著說解一般使節皆由父親命令，若是父親不在，則應由母親吩咐使節執行五禮，然而在外亦不能說是母親吩咐使節，而應該說是新郎的父兄師友。若是父母皆沒，逼不得已，才會由新郎親自命令使節。張爾岐說解完宗子命使的禮義後，緊接著舉《公羊傳》隱公二年（721B.C）為例，說解母命不得通使的禮義。

在《聘禮》中，有一段經文云：「擯者入告，出辭玉」（阮本儀禮，頁243），在這段經文中，主要說明使者到達被訪國時，與被訪國國君之間的禮節。使者見到被訪國國君時，會贈送被訪國玉圭，而此段經文就是在說解被訪國國君第一次推辭玉圭的禮節。張爾岐在說解此段時，引用《左傳》事例，其云：

> 疏云致尊讓，〈鄉飲酒〉義文，案文公十二年左氏傳云：秦伯使西，

〔註8〕嫡長子之意。在古代婚禮中，若是父母健在，則由父母命令使者執行禮節，若是父母俱亡，則庶子應由嫡長子命使執行禮節，然而若是嫡長子父母俱亡，又沒有其他長上，則由嫡長子自己命令使節執行禮儀。

〔註9〕此應為春秋隱公二年，而缺「公」字。在此尊重原文，並加註說明之。

　　乞術來聘，襄仲辭玉・賓對曰：「不腆敝器，不足辭也。」

在此段經文中，張爾岐在賈疏的基礎下，根據自己的意思有所簡省說解。在此說明賈疏說解「致尊讓」與〈鄉飲酒禮〉三揖三讓一樣，皆是展現禮讓的禮義。然而張爾岐在說解此段時，僅簡單點出「致尊讓」三字，正與〈鄉飲酒禮〉相同後，更進一點引用賈疏舉出的事例，以《左傳》文公十二年（615B.C）秦伯使西之例，說解〈聘禮〉中辭玉的禮節是曾經發生在歷史之中。

　　由上述三例，可以看出《儀禮鄭註句讀》在引用三傳說解《儀禮》時，多是引用三傳之中的事例，進一步證成《儀禮》中的禮節實行的狀況與結果，而這樣的用法與前段所述，以三禮解釋《儀禮》的用法相比簡單許多，其數量亦明顯較少。張爾岐言賈疏漫衍，故整理賈疏時，皆以能夠說明經文輒止，不會多做額外的說解，所以張爾岐在引用三傳時，亦不做過分衍生，僅在說解末段附註，供後人查考。

五、以其他經典或前人說法解《儀禮》

　　在《儀禮鄭註句讀》中，除了以三禮、三傳解《儀禮》外，亦有以其他經典與古人、今人之說法解說《儀禮》的事例，然而這樣的事例與三禮、三傳相比，數量明顯少了許多，多是補上後人之說，亦或是特殊情況的提點。而在取捨上也十分謹慎，多是補上鄭註未說解的部份。若是鄭註已經說解，張爾岐就不再贅述。而在經書類別上，以前人說法最多，其餘經典則零星幾例。以下將舉例說解之。

　　〈士冠禮〉中，主要說解三加冠的禮節，其中一段儀文專門說解冠日當天的陳設，其經文云：「緇布冠，缺項，青組纓屬于缺，緇纚，廣終幅，長六尺，皮弁笄爵弁笄緇組紘纁邊同篋」（阮本儀禮，頁 16），此段主要在說解加冠日當天有關緇布冠的陳設，而張爾岐在說解此段時，引用陳祥道的說法，其云：

> 此所陳者，飾冠之物，非謂冠也。缺項，青組纓，屬于缺共一物。緇纚一物，並緇布冠所用。皮弁笄一物，爵弁笄一物，緇組紘、皮弁、爵弁各有一，共二物，凡六物，同篋貯之，待冠時隨各冠致用也。註謂缺讀如有頍者，弁之頍。案詩自以頍為弁之貌，非弁上之物也。陳氏祥道云：鄭說缺項之制，蓋有所傳，讀缺為頍，無所經

見，今註及疏所言缺項之制，蓋謂緇布冠制小纚足容髮，又無笄，故別爲缺項，圍繞髮際，上有緌以連冠，下有纓以結頤，下緇纚韜髮之帛，加冠時，先以纚韜髮結之，乃加冠也。其緇組紘，則爲二弁，有笄者而設加弁，以笄橫貫之，以一條組於笄左頭繫定，遶頤下，自右向上，仰屬於笄，屈繫之，有餘，因垂爲飾。故註云有笄者屈組爲紘也。（頁43）

張爾岐在此說解此段時，先按照經文中所陳列的物品加以說明，他先說解在此處所陳列的物品，皆是裝飾帽子的物品。其次，張爾岐就依序說解經文中有提到的物品，說解完後，張爾岐提出《詩經》與陳祥道的說法，對鄭註的說法提出疑問。鄭玄說解緇布冠中的「缺」時，認爲應讀如「頍」，並認爲緇布冠無笄，故「缺」爲固定緇布冠的髮飾。然而張爾岐舉《詩經》之說，認爲「缺」不應該是固定緇布冠的髮飾，而應該是緇布冠上的裝飾品。其次，張爾岐舉陳祥道之說，認爲鄭玄所說「缺」，不應讀如頍，因此讀法無經可考。然而陳祥道與張爾岐不同的地方在於陳祥道同意鄭玄對於「缺」的解釋，認爲此應爲固定緇布冠的髮飾，並接著說明缺的使用方式。

而在〈士昏禮〉中，亦有引陳祥道的說法說解，其經文云：「納徵，玄纁，束帛，儷皮，如納吉禮」（阮本儀禮，頁42），此段爲〈士昏禮〉六禮中的納徵禮，經文說明應準備黑色與淺紅色的布帛〔註10〕以及鹿皮，而餘下的儀式則應與納吉禮相同。張爾岐在此云：

疏云：「此納徵無鴈者，以有束帛爲贄故也」。《周禮》純帛，緇帛也，是庶人用緇無纁。「士大夫乃以玄纁束帛，天子加以穀圭，諸侯加以大璋。雜記云納幣一束束五兩，兩五尋，然則每端二丈，玄纁束帛者，合言之陽奇陰偶，三玄二纁也。」鄭註周禮以純爲緇，故疏以緇爲庶人之禮。陳氏祥道云：「蘇秦傳錦繡千純。」裴駰註曰：「純端名。」則周禮所云純帛者，匹帛也。鄭改純爲緇，誤矣。庶人亦用玄纁，但不必五兩耳。（頁76）

張爾岐在此先說解賈疏之說，認爲賈公彥在此主張四點：第一、認爲納徵禮之所以不用老鴈，乃是因爲有束帛代替老鴈的關係。第二、賈公彥在疏中直接改《周禮》經文中的「純帛」爲「緇帛」，故張爾岐認爲賈公彥之意，乃是

〔註10〕布帛數量有二種說法，一爲黑色與淺紅色的束帛各五匹，一爲黑色布帛三匹，淺紅色布帛二匹。

《周禮》所言的純帛，實際上是緇帛。第三、賈疏中直接說明庶人婚禮只使用黑色的布帛，而不使用淺紅色的束帛，士大夫使用黑色與淺紅色的束帛，天子除了黑色與淺紅色的束帛外，再加上穀圭，諸侯則加上大璋。第四、賈公彥說解黑色布帛與淺紅色布帛的數量爲三玄二纁，此亦代表黑色爲陰，淺紅色爲陽，故數量爲陽奇陰偶的關係。張爾岐引完賈疏之後，緊接著說解自己對於賈疏的見解，認爲賈疏之所以將「純」解爲「緇」，乃是因爲延續鄭註之說。張爾岐說解完鄭註與賈疏對於「純」的說法後，緊接著舉出陳祥道之說，證明純帛並非緇帛，而是匹帛，並更進一步指出鄭玄改純爲緇乃是錯誤。既然改純爲緇爲錯誤，則庶人婚禮亦用黑色布帛。

在〈士昏禮〉中，有一段經文云「祝盥，婦盥于門外，婦執笲菜，祝帥婦以入，祝告稱婦之姓，曰某氏來婦，敢奠嘉菜于皇舅某子」（阮本儀禮，頁93），此段主要新婦嫁入夫家時，若公婆皆過世，則新婦入門後三個月，應該到禰廟祭拜祖先，儀式才算真正完成。而此段就是在說解新婦祭拜祖先的情景。祝爲幫助新婦行禮之人，祝和新婦先在門外洗手，然後新婦拿奠祭的物品，由祝引導新婦入禰廟，並祭拜祖先，稱新婦的姓氏，並說「某氏來婦，敢奠嘉菜于皇舅某子」，而張爾岐云：

> 疏云：盥于門外，此亦異于常祭。云某子者，言若張子李子也。顧炎武云：婦人内夫家，無稱其舅爲張子李子者，某子云者，或諡或字之稱。愚謂疏之意，或以婦新入門，稱姓以告，故亦以姓稱其舅與。（頁92）

在此張爾岐舉賈疏之說，說解之所以在禰廟門外盥洗，乃是因爲這並非一般的祭祀。其次，張爾岐舉顧炎武之說，認爲婦人嫁入夫家，就算是夫家的人，既然是夫家的人，就不應該稱呼自己的丈人爲張子某子，所以在此經文稱呼某子，應該是公婆的諡號或字之類的稱呼。張爾岐舉完顧炎武的想法後，並在最後加上案語，認爲新婦入門，會稱呼新婦的姓氏，所以祭拜禰廟時亦用姓氏稱呼公婆。

由上述三段引用前人之言說解經文的例子，可以看出張爾岐使用此法的通例。張爾岐在引用前人說法時，通常是認爲鄭註與賈疏之說有待商榷的地方，亦或是鄭註賈疏未說，張爾岐加以補充。在這個情況下，張爾岐就會在經文下提出自己的看法，並舉出前人之說做爲佐證，以彰顯自己的說法並非孤證。

　　張爾岐在《儀禮鄭註句讀》中，除了以前人說法解釋《儀禮》外，亦會視經文需要，引用其他經典解釋《儀禮》，其中頻率最多的是《論語》，以下舉例說明。

　　〈鄉飲酒禮〉爲古代主人宴請尊者與賢者的禮節，而在宴請途中，亦會請樂工奏樂助興，而奏樂的內容皆是《詩經》的內容，其中有一段在說明所奏的樂目，其經文云：「乃合樂，周南、關雎、葛覃、卷耳、召南、鵲巢、采蘩、采蘋」（阮本儀禮，頁 93），鄭註在說解此段時，引用《詩經》加以說解，並逐一說出周南、關雎、葛覃、卷耳、召南、鵲巢、采蘩、采蘋所代表的意義，其次說解爲何要在〈鄉飲酒禮〉中演奏這些曲目的原因。然而張爾岐在說解此段時，並沒有針對《詩經》中的這些篇章加以說解，也沒有針對鄭註之說加以衍生，僅對於《論語》中對於〈關雎〉的說解，其云：

　　　　案此合樂，即《論語》所謂關雎之亂者也（頁 143）

張爾岐在此所說明的乃是《論語‧泰伯》之例。《論語‧泰伯》云：「子曰：『師摯之始，關雎之亂，洋洋乎，盈耳哉』」〔註11〕。何晏在說解此段時，特別說明〈關雎〉乃是鄭衛之音，當時周道衰微，正樂廢而失節。師摯乃魯國的樂師，對於〈關雎〉非常了解，而首先整理之，使其成爲正樂，並且成爲在儀式中可以使用的音樂。張爾岐在此特別說明在〈鄉飲酒禮〉中演奏〈關雎〉，正是《論語》中所提，由師摯所改過的〈關雎〉。而張爾岐在鄭玄對於《詩經》意義的說解上，加上《論語》對此段的說解。

　　除了引用《論語》說解外，張爾岐亦會視經文內容，引用其他篇章做出說解，如〈鄉飲酒禮〉中有許多宴客的禮節，在宴會中會請樂工奏樂助興，所以會出現許多《詩經》的篇章，其經文云：「笙入，堂下磬南，北面立，樂南陔、白華、華黍」（阮本儀禮，頁 93），此段爲〈鄉飲酒禮〉中宴客中間所奏的樂名，鄭玄在說解此段時，直接點出這幾個篇章都已經亡佚，所以其中的意義也已經無法理解。然而張爾岐在這樣的基礎下，試圖再爲這些篇章做出更進一步的說解，其云：

　　　　磬縣南面，其南當有擊磬者，此笙入磬南北面，在磬者之南北面也。
　　　　詩序云：「南陔，孝子相戒以養也。白華，孝子之潔白也。華黍，時
　　　　和歲豐，宜黍稷也。」疏謂鄭君註禮時，尚未見詩序，故云其義未

<hr />

〔註11〕〔宋〕朱熹：四書集注，臺北藝文印書館，中華民國 99 年 9 月初版九刷，頁248。

聞。先儒又以爲有其義，亡其辭。朱子則云笙詩有聲無辭，古必有

譜，如魯鼓薛鼓之類，而今亡矣爲得之。（頁141）

由此段引文中可以得知張爾岐一開始先簡單說解磬的方位，接下來就引用詩序，說解南陔、白華、華黍的意義。然而既然在詩序中已經明白說解這三篇的意義，爲何鄭註未言呢？張爾岐在後面即引用賈疏之說，認爲鄭玄之所以在注中沒有言明，乃是因爲鄭玄在註解《儀禮》時，尚未見到詩序，故鄭玄在注中言沒有辦法看到這幾篇的意義。最後，張爾岐引用前人與朱子之說，爲這幾篇篇章提出說解，一者認爲這幾篇篇章有其意義，只是亡佚而已。然而張爾岐在此應該是比較贊成朱子之說，認爲這幾篇的內容並非亡佚，而是有聲無辭，只是樂譜亡佚而已。

而在《大射禮》中，亦有張爾岐引用其他經典解釋《儀禮》經文之例，其經文云：「既拾取矢，梱之」（阮本儀禮，頁205），此段主要在說解射箭時，將手中的箭整理整齊的動作，而張爾岐云：

梱，疑當作捆。孟子注捆，猶叩椓也，叩椓有取齊之義，若梱則門

橛耳。（頁308）

張爾岐在此引用孟子之說，對於經文「梱」字做出解釋，認爲「梱」字應作「捆」，並說明「梱」意爲門橛，然而在此經文中，應是收攏整齊的意思，所以此「梱」應改爲「捆」。

在《儀禮》經文中，明確引用到其他經典者，有在宴客、射箭期間奏樂時，使用《詩經》的篇章，當《儀禮》引用到《詩經》時，鄭註多會在《儀禮》的經文下，引用其他經典加以解說。張爾岐在鄭註的基礎下，大量引用《儀禮》與其他儀文做比較，用《周禮》說解各種官制、用《禮記》說解各種儀文的禮義，用三傳爲史事說解《儀禮》儀文實際使用的狀況外，對於前人說法與其他經典說解《儀禮》經文的內容是鮮少提起，若是有所引用，則是因爲張爾岐對於《儀禮》經文有異於鄭註與賈疏的說法，亦或是想更改《儀禮》經文中的錯字，才會引用前人說法與其他經典作爲佐證。

第二節　避談陰陽五行之說

兩漢時期，陰陽五行之說盛行，而鄭玄身處東漢，在說解《儀禮》經文時，偶爾會加上陰陽五行的說法，而賈公彥依循鄭玄之說，亦會在疏中遵循

鄭玄之說，然而張爾岐在《儀禮鄭註句讀》一書中，雖然完整抄錄鄭註，但對於陰陽五行之說或避而不談，或以另外一種說法解釋之，而這樣的作法，或許也與張爾岐崇尚儒家思想，排斥佛老，奉行「子不語怪力亂神」的態度有關。以下舉出張爾岐在《儀禮鄭註句讀》中，鄭玄有提出陰陽五行之說，而張爾岐如何著述之例子說明之。

〈大射禮〉中，有一段經文專門說解舉行射禮的前一天樂器的擺設，經文云：「樂人宿縣阼階東，笙磬西面，其南笙鍾，其南鎛，皆南陳」（阮本儀禮，頁 189），此段主要在說明樂人在舉行射禮的前一天，在東邊懸掛鐘磬等樂器，笙磬面相西方，磬的南面是鍾，鍾的南面是鎛，以上說的幾種樂器都面向南方陳列。而鄭玄在說解方位時，特別以陰陽五行之說，說解為何要將樂器懸掛在東方，其云：

> 笙，猶生也。東為陽中，萬物以生。春秋傳曰：「太簇所以金奏，贊
> 陽出滯，姑洗所以修絜百物，考神納賓。」是以東方鐘磬謂之笙，
> 皆編而縣之。周禮曰：「凡縣鐘磬，半為堵，全為肆，有鐘有磬為全，
> 鎛如鐘而大，奏樂以鼓鎛為節。」（阮本儀禮，頁189）

鄭玄在說解〈大射禮〉的樂器擺設時，先說解笙，為生生不息的意思，而東方屬陽，萬物憑藉生長，故〈大射禮〉的樂器要擺在東方。然而張爾岐在鄭玄的基礎下，卻不遵循鄭玄以陰陽五行解說樂器擺放方位的方式，反而選擇另外一種說法，其云：

> 諸侯軒縣三面，各有一肆，此其東一肆也。笙磬笙鐘，先儒以為聲
> 與笙協應，故名笙。（頁 276）

在此段引文中，可以很明顯看出張爾岐與鄭玄在樂器擺放方位的不同解法。鄭玄以陰陽五行之說解釋，而張爾岐在此僅僅說明樂器擺放在東邊，卻沒有指出擺放在東邊的原因。其次，「笙」在鄭註中，被解釋為「生」，並且和東方為陽放在一起說解，然而張爾岐卻援引前人說法，認為「笙」應該與聲音的「聲」協音，所以命名為笙。然而張爾岐在此僅僅解釋樂器名，並未說解笙與東方的關係。

由上述此例，可以很明顯看出張爾岐針對鄭註陰陽五行之說採用完全不同的說解，並且可以從中窺見張爾岐避談陰陽五行之說的態度。然而在《儀禮鄭註句讀》中，這樣的例子並不常見，張爾岐更多時候是詳實抄錄鄭註，卻對鄭註中陰陽五行的說法不做任何的解說，如〈大射禮〉中有一段經文云

「兼挾乘矢，皆內還，南面揖」（阮本儀禮，頁 205），此段主要在說解射箭者在射箭時所轉的方位，而鄭玄在此以陰陽之說解釋方位，然而張爾岐對此段僅詳實抄錄鄭註，卻對經文沒有任何著墨。而由此也可以看出張爾岐在《儀禮鄭註句讀》中對於陰陽五行之說的態度。

第三節　有疑處寧略勿詳，不妄做推測

張爾岐在《儀禮鄭註句讀》中，雖是完全抄錄鄭註，然而他對於鄭註並非完全遵循，而是綜合前人之說與自己的看法，針對鄭註提出自己的看法，而面對有疑問處，但手上資料又不足以佐證時，張爾岐往往採用一種更為保守的態度，只在《儀禮鄭註句讀》中提出自己的疑問，而不做過多的猜測。以下舉加冠次數為例說明之。

《儀禮‧士冠禮》明白指出士之加冠為三加，初加緇布冠，再加皮弁冠，三加爵弁冠。張爾岐於《儀禮鄭註句讀》中整理賈疏之說，其云：

> 士既三加，為大夫早冠，冠者亦依士禮三加，若天子諸侯則多，故大戴禮公冠篇〔註 12〕云：「公冠四加，緇布皮弁爵弁，後加玄冕，天子亦四加，後當加袞冕矣。」天子之子，亦用士禮而冠，案家語冠頌云：「王大夫之冠擬冠，則天子元子，亦擬諸侯四加，若諸侯之子，不得四加，與士同三加可知。」〔註 13〕

張爾岐並未一字不漏抄錄，只擷取賈疏大意，引用《大戴禮記‧公冠》與《孔子家語‧冠頌》說明諸侯四加，分別為緇布、皮弁、爵弁、玄冕，而天子亦四加，分別為緇布、皮弁、爵弁、袞冕，但天子之子並非天子，故不能依天子加冠之禮，而是要再降一級，以諸侯之禮加之。若為諸侯之子，不具諸侯身份，則不可依諸侯四冠之禮冠之，而應再降一等，與士冠同三加即可。

張爾岐陳述完賈疏之說後，再舉陳祥道之說，其云：

> 陳氏祥道云……天子始冠，則不以緇布而以玄冠。若然則諸侯始加緇布冠績緌，次加皮弁，三加爵弁，四加玄冕。天子則始加玄冠朱組纓，次加皮弁，三加爵弁，四加玄冕，五加袞冕矣。（頁 33）

〔註 12〕今日流傳之《大戴禮》無公冠篇。

〔註 13〕〔清〕張爾岐：《儀禮鄭註句讀》（臺北：學海出版社，民國 70 年 9 月再版），頁 34。

張爾岐引用陳祥道之說，認爲諸侯四加，分別爲緇布、皮弁、爵弁、玄冕；天子五加，分別爲玄冠，皮弁，爵弁，玄冕，袞冕。在此可以很明顯看出陳祥道之說與前人所說「天子諸侯四加」不符。然張爾岐針對此一問題僅僅只是並陳異說，並無進一步探討。

而在張爾岐《儀禮鄭註句讀·士昏禮》中，提起新婦嫁爲人婦時，若公婆已死，則在嫁入夫家三個月後，需擇日入廟祭拜，這就是新婦三月入廟門之禮，其中一段經文云：

> 老醴婦于房中，南面，如舅姑醴婦之禮。（頁93）

其義爲家中的長者坐在房中，面向南面，新婦必須像這位長者行禮，其禮儀一如對公公婆婆之禮。然而張爾岐在疏文中對此禮節提出疑問，其云：

> 嘗疑此老，與前贊者，並是男子，乃使與新婦爲禮，在前聖必自有
>
> 說，非末學所可臆度矣。（頁93）

在此，張爾岐對老醴婦之「老」字提出疑問，認爲此「老」應與士昏禮前之「贊〔註14〕」應同由男子擔任，故使新婦行之如見舅姑之禮。張爾岐在此隱含兩個問題，一爲此「老」之性別應爲男子，二則是「老」之身分，到底是何種身分的人可以在舅姑沒後，代替舅姑之位行此禮。然而張爾岐對此問題僅僅只是提出疑問，沒有做出更進一步的定論。

上述兩個例子，皆是張爾岐在閱讀《儀禮》時對於經文的疑問，然而張爾岐限於環境與資料的不足，僅僅在書中提出自己的疑問，卻沒有對此多做說解，而這樣的疑問也成爲後代對《儀禮》經文入手的一個門徑。如胡培翬《儀禮正義》中，就有針對「老醴婦」的疑問做出解答。筆者將於本論文第六章中，詳細說解胡培翬《儀禮正義》對於張爾岐《儀禮鄭註句讀》的繼承與發揚，並且詳述胡培翬對於「老醴婦」的看法，然而在此就不多做贅述。

第四節　對注疏有疑處提出自己的看法

張爾岐除了針對《儀禮》經文中不確定的部分提出疑問而不做說解外，張爾岐亦會針對經文中提出自己的看法，如〈鄉飲酒禮〉中主人獻賓之禮，

〔註14〕贊者，聽從主人之命，輔佐昏禮進行之人，類似今日之總管，新婦進門，以贊醴婦，而非舅姑醴婦，敬繼公云：「舅不自醴之者，於其始至宜，示以尊卑之禮也。」由此可知「贊」應比舅姑略低，爲聽命於舅姑之總管無疑。

其中一段經文云:「奠爵于薦西,興,右手取肺,卻左手執本,坐,弗繚,右絕末以祭,尚左手,嚌之,興,加于俎」(阮本儀禮,頁84),此段主要在說解祭祀時的一些動作,包括把酒杯放在食物的西側,用右手取肺,左手拿肺的端部,不用繚祭,用右手切下肺尖來祭祀,把肺放入俎內等動作。而賈公彥在疏中,亦對於這一連串的禮節做一詳細的說解,其云:

> 釋曰:奠爵於薦右者,為取肺奠之,將舉,故奠於右。禮記少儀云:「取俎進俎不坐。」是以取時奠爵興,至加于俎又興也。注釋曰云:「肺,離之,本,端厚大者。」〔註15〕此是舉肺刲者,本謂根本肺之大端,故云厚大。云繚,猶紾也者,弗繚即弗紾一也。云大夫以上威儀多者,此鄉飲酒大夫禮,故云繚祭。鄉射士禮云絕祭,但云繚,必兼絕,言絕,不得兼繚。是以此經云:繚,兼言絕也。言大夫以上則天子諸侯亦繚絕兼有,但禮篇亡,無以知也。案周禮大祝云:「辨九祭……七曰絕祭,八曰繚祭。」注云:繚祭以手從肺本循之,至于末乃絕,以祭絕祭,不循其本,直絕以祭,本同禮多者,繚之。禮略者,絕則祭之,亦據此與鄉射而言也。大夫已上為繚祭,燕禮大射雖諸侯禮,以實皆大夫為之,臣在君前,故不為繚祭,皆為絕祭也。云嚌嘗也者,嚌,至齒則嘗之也。(阮本儀禮,頁84)

賈公彥在解釋此段時,主要著重於說解「弗繚」與繚祭。解「奠爵於薦右」時,引用鄭註之說,說明肺為根本大端,故古人祭祀時,特別注重肺的用法,故言肺的厚大。解經文「弗繚」時,先說明所謂繚祭,乃是鄉大夫以上,在表現威儀時所舉行的一種祭祀,然而此為〈鄉飲酒禮〉,不以威儀為重,所以不舉行繚祭。賈公彥除了說解為何〈鄉飲酒〉為鄉大夫所舉行的禮儀,卻不舉行繚祭的原因外,更進一步說解士不舉行繚祭,故云絕祭。除了這些以外,賈公彥更進一步藉著繚祭為卿大夫以上所舉行的禮節,推論出天子諸侯應也有相應的繚祭,只是現今《儀禮》沒有記載而已。最後,賈公彥引用《周禮》,說解繚祭,並針對繚祭的各種情形說解。

　　張爾岐在賈疏的基礎下,對此段經文亦是著重於繚祭的說解,然而比起賈公彥,張爾岐則更為簡潔,其云:

> 少儀云:取俎進俎不坐,是以取時奠爵興,至加于俎又興也。卻左

〔註15〕此注為鄭玄注《儀禮》經文「奠爵于薦西,興,右手取肺,卻左手執本,坐,弗繚,右絕末以祭,尚左手,嚌之,興,加于俎」之注。

手，仰其左手也，案〈鄉射禮〉取矢于楅郤手與覆手對，弗繚者，
直絕末以祭，不必繚也。繚祭以手從肺本循之，至末乃絕之。絕祭
不循其本，但絕末而已。大夫以上咸儀多，乃繚，士則否。經文言
弗繚，以實固士也，他事皆從士禮，註疏獨於此處解作繚祭，不敢
從。（頁 130）

在此張爾岐說解取俎之禮、郤左手之義，然而最重要的，還是張爾岐對於弗
繚的說解。張爾岐閱讀鄭註與賈疏，仔細分辨弗繚與絕祭的差別，認為所謂
的繚祭，乃是從肺根撫摸到肺尖，然後切斷肺尖來祭祀。然而所謂的絕末，
並沒有撫摸從肺根撫摸到肺尖的動作，而是直接切斷肺尖來祭祀。張爾岐分
辨完繚祭與絕末的差別之後，緊接著論述大夫以上，舉行繚祭，而士則沒有
繚祭。故在此《儀禮》經文言「弗繚」，乃是依照士禮，不舉行繚祭。最後，
張爾岐認為鄭註與賈疏在此段中，將繚祭與絕祭搞混，乃是錯誤的。而由張
爾岐針對此段經文的解說，以及他對鄭註、賈疏的反駁，可以看出張爾岐對
《儀禮》經文的個人見解。

在〈大射禮〉中，亦有一段經文云：「乃管〈新宮〉三終」（阮本儀禮，
頁 200），此段主要在說解〈大射禮〉中所吹奏的音樂，而張爾岐在說解此段
經文時，提出許多與賈疏不一樣的看法。以下先舉賈公彥之說，其云：

注釋曰：云管，謂吹籥者，此云管上云籥，故鄭合為一事解之。云
其篇亡，其義未聞者，以其堂下詩，故與由庚、由儀之等同亡，但
上由庚由儀之等有序無詩，故云有其義而亡其辭，此則辭義皆亡，
故云其義未聞。云笙從工而入者，案燕禮云笙入立于縣中，有笙入
之文，此上下不見笙入之文，故知笙從工而入也。上文籥解為竹，
謂笙簫之屬，竹即管也。今此經云管已解籥為管，復云笙從工而入
者，燕禮記云下管新宮笙入三成，則吹管者亦吹笙，故兼言笙，欲
見笙管相將也。云立于東縣之中者，燕禮笙入立于縣中，則近於北
縣，而言此辟射位，故知立于東縣之中也。（阮本儀禮，頁 200）

賈公彥在說解此段時，主要著墨於幾點來說解。第一、有關〈新宮〉的說法。
賈公彥在此直接點出〈新宮〉辭義皆亡，乃是因為〈新宮〉不但詩已經亡佚，
而且詩序中也沒有提到任何有關〈新宮〉的記載，因此鄭註云〈新宮〉辭義
皆亡。為了能夠讓辭義皆亡的意義更為清楚，賈公彥還舉出〈由庚〉、〈由儀〉
為例，說明這兩篇雖然詩也已經不見，然而在詩序中還有提及有關這兩篇的

意義，因此這兩篇不能算是辭義皆亡，而應該是有其義而亡其辭。其次，賈公彥繼續說解爲何鄭註說笙並非事先擺放好，而是隨樂工進入的原因。賈公彥直接舉〈燕禮〉爲例，在〈燕禮〉中，一樣需要使用笙爲樂器，而《儀禮》經文直接說明擺放笙的時間和儀文，證明若是需要事先擺放笙，則《儀禮》經文會確實書寫，然而在〈大射禮〉上下段的經文中，都沒有看到任何有關擺放笙的經文，證明在樂工吹奏笙之前，笙都不在現場。既然都不在現場，而樂工可以吹奏笙，因此賈公彥合理推斷這裡的笙是跟隨樂工進入。第三點，也是張爾岐疑問並且加以闡揚的一點，就是有關吹奏笙的樂工所站立的位置。在此點，賈公彥以鄭註爲基礎去說解，認爲吹笙的樂工乃是立於東縣之中。

　　然而張爾岐在說解此段時，第一句就對「立於東縣」提出質疑，其云：

> 註立于東縣之中，句可疑。愚案〈燕禮〉笙入立于縣中，註云縣中，縣中央也。〈鄉飲酒禮〉曰磬南北面。疏云諸侯軒縣闕南面而已，故得言縣中。〈鄉飲酒〉唯以磬縣而已，不得言縣中，而云磬南。註引〈鄉飲酒〉者，欲見此雖軒縣近北面縣之南也。此經初設樂無北面縣，但移東縣，建鼓在阼階西，又設一建鼓在西階東，正當北面一縣之處簜在建鼓之間。註云簜謂笙簫之屬，倚于堂，又與燕禮笙入所立之位同。疑設之左此者，亦奏之于此。至此管新宮三終，註乃云立于東縣之中，不知於經何據，若云辟射位，射事未至，無可辟也。且上文大師等立于鼓北，亦當是此建鼓之北。註以爲西縣之北，不知西縣何以單名爲鼓。竊疑大師等立此，或亦以將奏管，故臨之，非徒立也。至下管三終，乃相率而東耳。既從工而入工升堂，笙即立堂下，亦其宜也。姑存此疑以質知者。（頁 295～296）

在此段中，張爾岐直接提出自己的看法，認爲鄭註所云「立於東縣」之中乃是有問題的。爲了證明自己的說法，張爾岐與賈公彥相同，提出〈燕禮〉爲例。在〈燕禮〉中，演奏笙的樂工是站在縣中 [註16]，而所謂的縣中，就是懸掛鐘磬的中央。而在〈鄉飲酒〉中，曾說明是磬的南邊，面對北方。而賈疏解釋此段時，曾說解諸侯在懸掛鐘磬時，會懸掛三面，只有南面不懸掛，所以經文說懸掛於中間。張爾岐在說解完賈疏的想法之後，緊接著開始闡發

[註16] 諸侯會在三面懸掛鐘、磬，縣，通懸，懸掛之意。縣中，即三面所懸掛鐘磬的中間。

自己的想法。他認爲〈鄉飲酒〉只懸掛磬，因此不應該說站在鐘磬的中央，而是應該說站在磬的南邊。其次，張爾岐開始說解本篇經文中樂器擺放的方位。他說明在此禮中，一開始並無懸掛在北方的樂器，而有建鼓在東西兩個方位，而有笙簫之類的樂器懸掛在建鼓之間。而笙簫在這裡的方位與〈燕禮〉同，張爾岐認爲笙簫之類的樂器既然擺放在建鼓之間，就應該在同樣的地方演奏。最後，張爾岐開始針對注疏提出質疑，直接說出注疏所認爲的「立於東縣」不知以何爲據，並以射禮中的禮節來說明此方位的不合理。

上述兩個例子，都是張爾岐在注疏的基礎下，提出自己的看法，並且以《儀禮》經文爲底本，互相對照其中的異同，以反駁鄭註與賈疏的說法。而由張爾岐這樣的作法，也可以看出張爾岐在說解《儀禮》時本於經文，不被注疏所侷限的態度。

第五章　張爾岐禮學思想研究

　　張爾岐治學由經學入手，並採漢人之法，從句讀開始，了解經義後開始思索義理，故對程朱理學亦有所得，其學術地位之奠定在《儀禮鄭註句讀》一書，顧炎武曾與其談儀禮，大爲驚異，以「根本先儒，立言簡當」、「獨精三禮，卓然經師，吾不如張稷若」二句肯定張爾岐在禮學的成就。

　　張爾岐自小聰穎，家學淵源使他從小接受程朱理學與四書五經的薰陶，然而張爾岐並不以此爲滿足，其學廣博而多方涉獵。幼時因體弱多病，究心歧黃，後來又接觸道家思想，精研天文、陰陽、太乙、奇門、風角等，思想多元，涉獵廣泛。此時的張爾岐讀書，還是以干祿爲主，研習八股文，致力於科舉。然而此時的張爾岐因爲不願沿襲前人之說，故考試皆不中。

　　然而經歷崇禎十七年（1644）、順治元年（1644）年的大變之後，張爾岐絕意科舉，致力於經史，以六經爲依歸，從此致力於儒學之道。自此，他有了根本性的轉變，絕口不言術數之說，更甚者進一步反對祈雨之類的祭祀〔註 1〕，亦批評功過格〔註 2〕等事物。此時的張爾岐論學，不再以興趣爲主

〔註 1〕 《蒿庵集・與鄧伯溫書》中，有提起鄧伯溫以六十歲之身，在七月的太陽下絕食祈雨，自曝日中三日不食，並在二十五日下雨，鄉里婦孺因此讚譽鄧伯溫。然而張爾岐在此篇文章中評論此事，其云：「且又有進者，禱雨之事，古所謂雩也。雩之說，雜見經傳。按其所雩諸神，則上帝也，山川也，宗廟社稷也，五祀也，百辟卿士之有益於民者也。蓋因分之所祀者而致禱焉。至於造土龍，書符籙，呼龍咒鬼，則僧道巫覡爲之。昨所崇奉及崇奉儀法，頗駭聽聞。先聖所云『敬鬼神而遠之』者，似不如是」（頁 54～55）。張爾岐在此段將祭祀分爲二種：若是單純古禮求雨，則是祭祀鬼神，乃是五祀，是有利於人民。然而若是書寫符籙以求取神蹟，此爲僧道巫覡所爲。張爾岐將祈雨分爲這兩類之後，直指鄧伯溫求雨的行爲乃是僧道巫覡的行爲，不合孔子所

要訴求，相反地，此時的張爾岐經歷國仇家恨，開始致力於經史，其學問亦轉為醇實。〈《日記》又序〉云：

> 崇禎皇帝大行之年，予始焚棄時文不復讀，思一其力於經與史……
> 自今以往，業有定紀，不敢雜。首《大學》，次《論語》、次《中庸》、
> 《孟子》、次《詩》、次《書》、次《春秋》、次《周禮》、《儀禮》、《禮
> 記》。史則主《綱目》、次《前編》、《續編》、本朝《通紀》、《大政錄》。
> 雜書則《大學衍義》及《補西山讀書記》、《文獻通考》、《治安考據》、
> 《文章正宗》、《名臣奏疏》、《大明會典》。日有定課，不敢息。(《蒿
> 庵集·《日記》又序》，頁76)

由此段引文，可以看出張爾岐在崇禎十七年（1644）之後開始致力於經史，以及他的為學順序。大致而言，張爾岐的為學順序先四書，後五經、後正史，而張爾岐在引文中稱為「雜書」者，亦是儒學之書。而張爾岐的思想也是在這個時候開始完整，其重要著作皆出於崇禎十七年（1644）之後。

由張爾岐後期重要的著作《周易說略》、《老子說略》、《儀禮鄭註句讀》、《蒿庵集》、《蒿庵閒話》、《蒿庵集捃逸》等書，可以看出張爾岐的思想大約以程朱為主，而加以改良。張爾岐認為世間萬物有一個可以遵循的道理，而這個道理落實到人世間，就是「禮」。若萬物依循禮，則萬事萬物就能達到中庸的境界。大體而言，張爾岐認為天有道，而這個道如何實行，就是以禮為法。

本章節為了詳細說明張爾岐的禮學思想，主要分為三個部分：第一節先說解張爾岐對於天道的態度與概念，架構出張爾岐的天道觀。其次，則是說解張爾岐如何以禮將天道下貫於人世。最後，則是說解張爾岐對古禮與禮俗的態度。

第一節　天道觀

張爾岐已經確認天理與人世之間的連結就是「氣」，天理以氣的方式在人世運行，並生成萬物，而氣在人世間運行，會形成勢，勢的消長會造成人世

說「敬鬼神而遠之」的教導。
〔註2〕在《蒿庵集·袁氏立命說辨》中，張爾岐對功過格進行批判，認為此為異端邪說，以自身之善行對天邀功，使人陷入自私偽善之途。

善惡的消長。

　　然而在這樣的連結下，還有另外幾個可以探討的問題。第一、天道與氣的關係。第二、氣與勢的關係。第三、爲何行爲的善惡，無法絕對招致相應的報應，天道究竟是否存在。第四、在天理與氣的運行下，人應如何自處。以下分段說解。

一、天道與氣的關係

　　在說解天道與氣的關係之前，要先解釋張爾岐所認爲的天道爲何，以及世間萬物如何產生。在張爾岐《周易說略》中云：

　　　　氣化自然者，天地之道也，然渾淪相續不能無過。〔註3〕

在此段中，可以約略看出張爾岐的宇宙觀。張爾岐認爲自然萬物乃氣依據天道而化成，是傳統的氣化宇宙論。然而張爾岐除了提出這樣的概念之後，就沒有對宇宙的生成多做著墨，反而著重於解釋天道在人世間的展現。

　　張爾岐的天道觀思想，主要展現在《周易說略》一書中。在《周易說略·序》中，開宗明義第一句話即是：「天下之理一矣，而致用則萬」（《周易說略》，頁 5），在此段中，就可以看出張爾岐認爲天下之理爲一，而應用於人世之中。然而天下之理又該如何應用於人世之中，張爾岐認爲唯「氣」而已。其云：

　　　　夫天與人之相及也，以其氣而已。寄其氣於人而質立，質立而事起，

　　　　事起而勢成……天之生是人也，猶父母之生子也，氣至則生矣。〔註4〕

在此段引文中，可以清楚看出張爾岐認爲天理與人世之間相應的重要關聯就在於「氣」，天寄氣於人，而人得以成人。所以天生成人，就像父母生子，因爲氣至，所以生成。

　　而在《周易說略》張爾岐解釋乾卦時，亦有說明天與氣的關係，其云：

〔註3〕〔清〕張爾岐著，〔民〕嚴靈峰編輯：《無求備齋易經集成·周易說略》（成文出版社有限公司印行），頁 103，以下若引《周易說略》的文獻，皆以此版本爲主。故之後若再引，皆以（《周易說略》，頁數）標於引文之後，不再另作說明。

〔註4〕〔清〕張爾岐著，〔民〕張翰勳等點校：《蒿庵集、蒿庵集捃逸、蒿庵閒話·天道論》（山東：齊魯書社出版發行，山東新華印刷廠印刷，1991 年 4 月第 1 版），頁 14。以下若引《蒿庵集、蒿庵集捃逸、蒿庵閒話》的文獻，皆以此版本爲主。故之後若再引，皆以（《蒿庵集、蒿庵集捃逸、蒿庵閒話》，頁數）標於引文之後，不再另作說明。

> 天道之運行，惟是一氣，而一氣之始，動即爲元，萬物皆取此一元
> 之氣以爲生生之始，氣機既動，之後即漸長而爲亨，遂成而爲利，
> 結實而爲貞，不過此一元之氣流行貫通而無間，則爲乾之元，乃統
> 稱乎天德而無遺者也。（《周易說略》，頁 16）

在此段中，可以很明顯的看出張爾岐對於天理與人世的關係。張爾岐認爲天理運行於人世之間，就是一個「氣」，而氣一動，即是「元」，萬物依靠此一元之氣而開始生長。漸長而爲亨，長成而爲利，結實而爲貞。而這流通在萬物的一元之氣，即是乾之元。

在天理在氣運行時，扮演何種角色的部分，張爾岐認爲人受氣於天，人行善惡，而自然會成善惡之勢，天不加以干涉。《蒿庵論・天道論》云：

> 天不以物之惡殺而廢秋冬，不以人之惡險而廢山海，不以人之惡禍
> 而廢消息也明矣。奈何初責之以可知，而遽委之不可知也？消息之
> 所之，天不知其何以至也，人於其中得盛衰焉。人秉天地之氣而然
> 耶，天之自著其氣於人耶，固不能爲愚者息機，亦不能爲智者易軌。
> （《蒿庵集・天道論》，頁 20）

在此段中，可以很清楚看出張爾岐對於天道的想法。人秉天地之氣而成人，氣因人的行爲而形成勢，其勢自然會有運轉消長的法則，天不會因人的喜好善惡，而改變自然的規律。而由張爾岐此段，可以隱約看出張爾岐認爲天道在生人之後，對於人世的運行並不加以干涉，也不會因爲人的善惡而改變自然運行的法則。

既然天不干涉人世運行，那人世如何運行？在此張爾岐提出「氣」的概念，其云：

> 其善而短也，清純之氣適短也；其惡而長也，則濁亂之氣適長也。
> 永促定於其生之初，迨期而盡，天亦不可如何也。（《蒿庵集・天道
> 論》，頁 16）

在此段中，張爾岐說解氣在人世的關係。若是善行少，則所形成的清純之氣也短；若行惡多，則所形成的濁亂之氣也長，當清純之氣與濁亂之氣形成，則人世也會因而相應。當清濁之氣一盡，人世中的事物也會因而盡，連天也無法加以干涉。

雖然天無法干涉，然而張爾岐仍然強調人的行爲不可須臾離於天道，其云：

人之不可絕於天也，猶草木之不可絕於地也。根荄不屬非地，故奪
之而自不生。人之受是氣也，其末在人，其本在天，持其末以動其
本，爲善爲惡必有相及者矣。相及而逆其常然之性，則自爲竭絕之
道也。夫子所云「動天」，所云「獲罪」，言人與天之以氣相屬也。
故善惡之自喻者，吾達乎天之實也。(《蒿庵集‧天道論》，頁 17～
18)

在此段引文中，張爾岐直接點出人絕對不可以離開天道，就像草木不能離開
土第一般。人所接受的是氣，因爲氣而化育，然而氣的本質是天，所以人是
末，天道是本，希冀以末來撼動本是不可能的。也因爲如此，爲善爲惡，最
後一定會有相對的報應，而這就是天道。

　　由上述幾段，可以看出張爾岐對於天道與氣的關係。天道以氣的形式運
用於人世，並且以氣生成萬物。然而在氣化宇宙的前提之下，張爾岐針對人
世「積善餘慶」的概念提出「勢」的想法，並且以勢來解釋爲何有時善行與
善報無法相應，以下將說解氣與勢的關係。

二、氣與勢的關係

　　在探討氣與勢的關係之前，要先解釋張爾岐如何說解勢，以及勢如何產
生。《蒿庵集‧天道論》中云：

勢也者，積人人之喜怒而成之者也。善惡之勢成，人喜人怒之勢亦
成。勢成而惡者自防之勢皆怒者可藉之勢也。其不以此事應，而以
他事應，不以此時應，而以他時應，需其成耳。(《蒿庵集‧天道論》，
頁 17)

在此段中，張爾岐明確說解勢的形成。張爾岐將勢的形成定義在人人的善惡
之中，當眾人的喜怒哀樂一成，其善惡之勢亦成。

　　張爾岐提出勢的概念之後，緊接著以勢爲基礎，開始說解爲何在現實狀
況中，善行不一定有善報，並以周與秦爲例子說明，其云：

古今稱善不善之最著者，無如周秦。人以周八百，秦二世爲天道，
又即以周八百而滅秦，秦祖孫繼惡而卒滅周爲無天道。不知周之八
百，周之善氣足以及之也，亦文、武、周公能維其善，以勢而被之
八百也。其亡也，則勢盡而善與俱盡。無是善，則亡焉。宜爾秦之
以惡滅周也。秦用其惡以乘人之衰，無文、武、周公之善之勢以抑

制之,故勝也。二世而惡之勢極,惡之氣亦極,極則盡,則人之怨
怒之勢以極而全也,而世之人快指之曰天道。曰天道者,猶之曰自
然而已矣。勢之所必至,氣之所必至,安得不曰天道也。(《蒿庵集·
天道論》,頁 17)

張爾岐在此段中提出周與秦的例子來說解善與惡,以及報應的問題。張爾岐
先提出一般世人的看法。一般世人以周八百,而秦二世來證明天有道,善惡
有報,然而又以周滅於秦而認為天無道。而在天究竟有沒有道的問題上,張
爾岐提出了「勢」來解決這個問題。張爾岐認為因為周公、文王、武王有道,
其善形成勢,使周可以被之八百,然而八百年之後,其善氣已盡,所以因善
氣而形成的勢也衰微,而秦趁周勢弱時攻打,故秦能滅周。秦朝作惡,其惡
氣也會形成勢,惡勢一盡,則人民的怨怒就會形成新的勢,使秦朝滅亡。張
爾岐在勢的基礎下,為此段下出一個結論:所謂的天道,就是勢的自然消長,
而世人只見現世之報應而妄加評論有無天道,是不對的,因為天道不是不報,
而是因為勢的消長導致短暫的消長。

在此段引文中可以窺知張爾岐對於天道的概念:當世人為善為惡,自然
就會形成勢,而勢之消長顯現在人世之中,自然形成一般人所看到的天道。

故善之勢失可以制於惡,惡之勢成且終制於善,善可使極,惡不可
使極。(《蒿庵集·天道論》,頁 17)

在此段中,張爾岐對於為何現實中惡人會短暫有善報的原因說解的更加清
楚。張爾岐認為若是在現世中出現小人當道的情況,乃是因為善行所形成的
善勢到了最後已經衰微,所以短暫地被惡勢所壓制,然而這種善勢與惡勢的
消長只是短暫的起伏,善行最後終究會達成善果,而惡行最後一定會遭致報
應。

若以周與秦的例子為例,就是周的善行形成善勢,支撐周能夠國祚八百
年,然而八百年之後,周公、文王、武王的善行所造成的善勢已經衰微,故
被秦的惡勢所壓制。然而秦為惡所造成的善勢終究不能長久,所以秦二世而
滅亡。

其次,張爾岐將勢定義於人的喜怒,或許跟張爾岐如何定義〈中庸〉:「喜
怒哀樂之未發,發而皆中節為之和」有關。張爾岐在《蒿庵集》中說解中庸,
直接點出:「〈中庸〉一書,禮之統論約說也」(《蒿庵集·中庸論》,頁 23),
如此一來所謂中庸,並非虛無飄渺的境界,而是凡是合乎禮的一種行為方式。

在這樣的情況之下，喜怒哀樂，皆能發而中節，合乎於禮，就成為張爾岐在判斷善惡的一種標準，亦是張爾岐貫串禮與天道，以禮實踐天道很重要的理論。在第二節中，將以〈中庸論〉說解張爾岐如何將天道與禮相連結，並以禮為實踐天道的方式，在此不多贅言。

三、不以功利論天道

張爾岐雖然以勢來說明世間善惡行為與報應之間的關係，然而另一方面，張爾岐卻不贊成以功利的態度來面對善行，也因此，他堅決反對功過格或是祈雨一類的行為，並認為這些行為，會造成世人以功利的心態，希望以善行跟天交換，並斤斤計較自身的善行以及獲得的回報。而這些論述皆紀錄在張爾岐《蒿庵集》裡的〈袁氏立命說辨〉與〈與鄧伯溫書〉二文中，以下說解。

在〈袁氏立命說辨〉中，袁黃〔註5〕認為：「立命誠是也，不曰夭壽，不貳修身，以俟之乎？乃瑣瑣責效如此！」並以功過格勸人向善，鼓勵人具體紀錄自己的善行。然而張爾岐堅決反對這樣的行為，其云：

> 此異端邪說也。文士之公為異端者，自昔有之。近代則李贄、袁黃
> 為最著。李之書，好為激論，輕儇者多好之。既為當時朝論所斥，
> 人頗覺其非是。至袁氏〈立命說〉，則取二氏因果報應之言，以附吾
> 儒「惠迪吉，從逆凶」，「積善餘慶，積不善餘殃」之旨。好誕者，
> 樂言之；急富貴，嗜功利者，更樂言之。遞相煽誘，附益流通，莫
> 知其大悖於先聖而陰為之害也。（《蒿庵集・袁氏立命說辨》，頁45）

在此段中，可以看出張爾岐對於功過格的態度，直接指出功過格一說為異端邪說，並且後續說解他認為袁了凡之說為異端邪說的看法。他認為袁了凡的「立命說」取佛道二家因果相報的言論，來與儒家「惠迪吉，從逆凶」，「積善餘慶，積不善餘殃」互相比附。如此一來，會造成汲汲於富貴與功利的人，將內聖外王之儒家教導扭曲為換取功利的手段，如此一來就大大扭曲先聖的教導。

張爾岐評論完袁了凡不符合聖人教導之後，緊接著說解儒家的教導與袁黃的教導有何不同，其云：

〔註5〕袁黃（533～1606），原名表，後改為黃，後來又改為了凡。後人多以了凡稱
　　　呼。其著作《了凡四訓》融合佛學與儒學，以功過格勸人向善。

> 夫大禹、孔子所言，蓋以理勢之自然者爲天，非以記功錄過，銖銖
> 而較者爲天也。蓋言天之可畏，非謂天之可邀也。爲臣者，矜功伐
> 以邀君寵利，不可謂忠；爲人子者，鬻勤勞以邀父厚分，不可謂孝；
> 況日以小惠微勤而邀天之福報，將得爲善人乎？以天爲可邀，將得
> 爲畏天乎？不畏天而邀天，其不獲罪矣乎？（《蒿庵集・袁氏立命説
> 辨》，頁 45）

在此段中，張爾岐直接點出聖人的教誨乃是鼓勵人依天理而行，因此要行善，故聖人的教導是建立在畏天，而不是建立在因爲自己做善行而可以對天邀功。張爾岐在說解完儒家的天道觀之後，緊接著討論袁黃功過格對人心的損壞。在袁黃的功過格下，世人開始認爲天可以以某些行爲邀寵，如此一來，就像爲臣子者，若是以功利邀君之寵，則絕對不忠；爲人兒女者，若是以勤勞邀父母之福分，則不能稱之爲孝；何況是以小惠來要求天給予福報，如此一來，又怎麼能算是善呢？

由張爾岐這一段的引文，可以看出張爾岐立基在本心的立場上，認爲儒家思想才是正確的思想，因爲儒家教人遵循天道，則所有善行的本心皆善，然而袁黃的功過格，則會將所有善行導引到一個與天邀寵的心態，雖然行爲相同，而出發點完全不同，導致人心不畏天，以及與天邀寵，而這正是袁黃功過格所造成的危害。

張爾岐說解完儒家的思想，以及袁黃說法所引起的禍害後，緊接著開始具體說明何謂與天邀寵，其云：

> 今爲立命說者曰：汝爲善，爲善則美報隨之，有一善則有一報，其
> 報也，大小厚薄各有成格。計日課數而告之天，天亦絜長量短而酬
> 其人。於是信其說者，覬其報而行吾善。日起食人一飯，予人一藥，
> 周人一錢物，便利人一言語，放一魚鳥蟲蟻，皆注之籍。曰：「吾爲
> 善矣。」終日衒其小惠微勤，與天地鬼神爲市，其心之爲公、爲私，
> 爲誠，爲僞，不待辨而較然也。（《蒿庵集・袁氏立命説辨》，頁 45）

在此段中，張爾岐直接點出袁黃立命說的說法：若是世人爲善，則會有善報，若是行一善，就會有一個相應的善報，而這個善報會根據每一個善行的不同而有大小厚薄的差別。因此功過格就日計自己所做的善行來告訴上天，上天就會根據你的善行而以善報酬謝世人。張爾岐在說解完袁黃的說法之後，緊接著直接點出世人會因爲這個學說，開始斤斤計較自己所做的所有善行，並

把所有微不足道的善行全部登記在功過格中，並以此向天地交易，在這樣的行爲之下，其心究竟是爲公亦或是爲私昭然若揭，無須分辨。

　　張爾岐在此段中，直接點明在袁黃功過格的影響下，世人皆以私心行善，並希望能夠以善行與天邀寵，其心已經不誠。在這樣的基礎下，張爾岐更進一步說明袁黃的功過格會造成世人對儒家經典的扭曲，其云：

> 既私且僞，方自信爲積德之要術，格天之捷徑，父以詔子，師以教弟，以爲永保祿命之具。人尚有能教之以善者耶？豈特人不能教之以善。迴視《六經》、《語》、《孟》且如嚼蠟，其所以誦習講說之者，直以發題應科，不得不然而已。豈肯一潛思身踐之耶？不知《六經》、《語》、《孟》何語不教人爲善，何語不堪立命，何語如袁氏之所謂善，如袁氏之所謂立命。人舍《六經》、《語》、《孟》所教之公善，誠善，而學僞善以自私，不可謂非袁氏陷溺之也。陷人於私僞之途，而曰誘人爲善，可乎？《六經》、《語》、《孟》以至誠至公立教，而袁氏以私僞亂之，士人乃陽守《六經》、《語》、《孟》，而陰奉袁氏，勢必將以所學袁氏者，施之家國天下之際，其害可勝言耶！（《蒿庵集・袁氏立命說辨》，頁46）

此段引文主要是張爾岐在反駁世人的說法，認爲袁黃之說終究勸人爲善，而張爾岐不以爲然。張爾岐認爲《六經》、《語》、《孟》皆是勸人爲善，而袁黃的立命說與聖人教導大有違背。且世人接受了袁黃的立命說之後，就不願意依據《六經》、《語》、《孟》的教導，學習發自誠心的善，以及爲公益的善，而信守袁黃的私善、僞善，如此一來，士人表面上遵守聖人教導，以公益爲本心，實際上卻是以自己的私利爲出發點，而這是張爾岐所嚴格批判的。如此一來，張爾岐對於功過格的態度已經確立，他站在本心的立場，認爲袁黃的功過格會改變世人行善的本心，由儒家教導的公義之心變成爲牟取私利的僞善，因此堅決反對功過格，甚至斥爲異端邪說，而這樣的態度亦可以看出張爾岐堅決反對以功利依附天道善行的態度。

　　張爾岐不只反對以善惡相報的方式教導世人外，甚至更進一步，反對各種類型的祈雨祭祀。在《蒿庵集・與鄧伯溫書》中，就可以明確看出張爾岐對於祈雨祭祀的想法。在〈與鄧伯溫書〉中，張爾岐聽聞鄧伯溫因爲乾旱，在烈日下曝曬三日不食，終於在25日得到一雨，獲得鄉里的稱讚。然而張爾岐對於這種作法頗不贊同，其云：

使有民社之責，不幸而值旱嘆，爲百姓請命於天，三日不食，豈非循良異績，正稱爲民父母者哉！惜也，爲民父母者不爲，而非爲父母者代之爲也。且甚爲惜如此精力，如此誠懇，而不免爲賢者之過也！（《蒿庵集・與鄧伯溫書》，頁54）

在此段中，張爾岐說明人民遇到大旱，身爲地方的士紳，爲民請命於天，因此三日不吃飯，並認爲這樣的行爲應該爲人民的父母官應該要做的事情，然而人民的父母官不爲，反而是由鄧伯溫完成。然而張爾岐仍然感嘆如此誠懇，爲人民請命的事情，仍不算是賢人所應爲之事。

張爾岐在後續根據這個評論，舉出兩個反對的原因，第一、爲鄧伯溫在烈日下三日不吃飯，毀壞自己的身體，不符合聖人的教導。第二、認爲祈雨的儀式乃是佛道兩教的方式，與聖人教導不合。以下分別說明。

張爾岐在《蒿庵集・與鄧伯溫書》中云：

幸而三日雨遂應期而至，使三日仍不雨，不知將展期仍不食乎？抑遂不雨亦食也？幸而三日不食亦無他恙，使此三日之內飢火內灼，陽秋外燬，六十三歲老人眩瞀仆地，致生不測，誰爲爲之而致此乎？老親垂白抱痛，遂將委之他人，而己可以偃然任之乎？讀古人書，亦曾見古人中有自輕其身，上非爲君親，下非爲百姓，而漫然一擲者否？此番舉動，不亦大誤也乎？（《蒿庵集・與鄧伯溫書》，頁54）

在此段中，張爾岐先提出一個疑問：幸好情況是三日而雨，若三日之後依舊不下雨，則六十三歲的鄧伯溫是否還要繼續不食祈雨？若是今日因爲祈雨而造成身體上的損害，誰又能爲這件事負責？若是因此使母親傷心難過，自己又怎麼能推卸這個責任。最後，張爾岐舉出古人的例子，說明古人除非是爲了國家親人，或是爲了百姓，否則不會輕易輕賤自己的身體，也因此，張爾岐直接點出鄧伯溫的行爲爲大誤也。

張爾岐一方面從不應輕易毀壞自己身體的部分來反對鄧伯溫的行爲，另一方面，又從祈雨的不正當性來說解，其云：

禱雨之事，古所謂雩也。雩之說，雜見經傳。按其所雩諸神，則上帝也，山川也，宗廟社稷也，五祀也，百辟卿士之有益於民者也。蓋因分之所祀者而致禱焉。至於造土龍，書符籙，呼龍咒鬼，則僧道巫覡者爲之。昨所崇奉及崇奉儀法，頗駭聽聞。先聖所云「敬鬼神而遠之」者，似不如是。此在鄉里翁嫗婦孺爲之，則無不可；吾

僑已廁身士林，號爲粗守義理者，似不宜循俗爲之也。朱子云：「雨
澤是何物，卻於泥身上求？」此言說盡祈雨之弊，亦說盡祈雨之理。
試即此語思之，則知世之枉卻精力誠懇者不少也。（《蒿庵集・與鄧
伯溫書》，頁 54～55）

在此段中，張爾岐站在儒家的立場，認爲儒家傳統的祈雨儀式只有「雩」，而
雩乃是祭祀上帝、山川、宗廟社稷等。然而鄧伯溫所做的祈雨，乃是屬於土
龍符籙道教之流，乃是屬於僧道巫覡所爲，不符合孔孟「敬鬼神而遠之」的
教導，最後舉朱子之說，認爲以身祈雨之不可行，亦不是士人應做的行爲。

　　由〈袁氏立命說〉與〈與鄧伯溫書〉兩篇文章中，可以很清楚地看到張
爾岐站在儒家的立場排斥佛道思想，並且堅決反對以功利之心行善。

第二節　以禮實踐天道

　　第一節已經說解張爾岐對於天道、氣與勢之間的關係，接下來此段，就
要說解張爾岐如何將天道具體實踐於現實。其云：

天地以生物爲心，人即得此生物之心以爲心，此心得之最先，是之
爲元。人有此天地生物之心，而後禮以節之，義以宜之，知以守之。
（《周易說略》，頁 20）

在此段中，張爾岐直接說解天地以生養萬物爲心，而人就是直接承繼天的生
養萬物之心。若是以此心爲最先，就是元。人若有天地生養萬物的心，然後
才能以禮來節制，以義來驗證行爲是否合宜，以知來守之。

　　張爾岐在此提出三個方式將天道實施於人世，分別是禮、義和智。然而
張爾岐在這三個部分中更側重於禮的發揚，甚至以中庸爲中樞，直接將禮與
天道做一個連結。而這樣的思想主要展現於〈中庸論〉一文之中。張爾岐在
〈中庸論〉中，爬梳中庸與禮學的關係，將虛幻的天道直接落實於現實的禮，
藉中庸之名，闡明禮的重要。甚至直說〈中庸〉乃是「禮之統論約說」。而由
張爾岐此句話，就可以看出張爾岐認爲〈中庸〉乃是現實中實踐的準則與境
界。以下將以〈中庸論〉爲主，說明張爾岐如何連結形上的「天道」與形下
的「禮」。

　　張爾岐在〈中庸論〉〔註6〕一文中，先論世人對於中庸之看法，其云：

─────────────────

〔註6〕　〈中庸論〉一文，收錄於張爾岐的文集《蒿菴集》中，其中以清乾隆三十八

> 中庸之見尊於天下也久矣，而小人每竊其說以便其私，宋儒已立明
> 之。(《蒿庵集‧中庸論》，頁 23)

張爾岐言：中庸思想已被世人討論許久，然而總有小人假中庸之名誤會中庸
之義，唯宋儒明白說明中庸。由此可知張爾岐對中庸各說，認爲以宋儒之解
爲最優，正可對應張爾岐尊崇程朱之思想。

張爾岐身處清初，離宋已有一段時間，故張爾岐對於近代解中庸者亦有
微詞，並把說解中庸的世人分爲三種，其言：

> 故高之則以爲渾渺幽玄之事，淪於空寂，不可致詰。卑卑者則以爲
> 義理損其半，情嗜亦存其半，此中庸耳。眾所可，可之；眾所然，
> 然之，此中庸耳。從前之說，既不可致詰；從後之說，又以爲游移
> 熟便猥近之稱，而人之自寄於中庸者，於是乎眾矣。(《蒿庵集‧中
> 庸論》，頁 23)

張爾岐說明不懂中庸者有二，第一，將中庸想得太高遠者，認爲中庸廣大幽
遠，虛無飄渺，最後就會流於空洞，無法詢問、探尋，導致中庸成爲空泛虛
無，無法落實於生活之中的空談。而卑下、平凡之人則以爲所謂中庸，就是
義理與情慾嗜好各存其半，如此一來，則會陷入口說中庸，生活卻無法實踐。
認爲眾人所稱許的，就認爲是對的，眾人認爲可以做的，就去做，並認爲這
樣就是中庸。如此一來，就會陷入人云亦云，隨波逐流的困境。若是跟隨第
一種人，則中庸就會變得無法讓尋常人討論，若跟隨平庸之人，又會游移於
是非對錯之中，找不出一個合宜可以遵循的標準。儘管世人皆不了解中庸，
卻又自認爲實踐中庸，於是中庸的眞意就這樣被曲解了。

張爾岐整理前人之說，並認爲這些都非中庸之本意，並舉出了自己獨特
的見解，一開始，張爾岐先拈出中庸的主旨，其云：

> 愚嘗讀其書而思之，其至要者，兩言耳：「喜、怒、哀、樂之未發，
> 謂之中；發而皆中節，謂之和。」中以自知，不見於人，而所謂中

年（1699）胡德琳刻本最早，現今收於北京大學圖書館、南開大學圖書館、
安徽勞動大學圖書館、湖北省安陸縣圖書館與河北省歷史研究所之中。西元
1991 年 1 月，山東齊魯書社曾合蒿庵集、蒿庵集捃逸與蒿庵閒話爲一本出版，
由山東師範大學張翰勳先生等點校。西元 2009 年，濟南出版社出版一系列濟
南名家詩文選，裡面有《張爾岐詩文選》，其中亦收錄〈中庸論〉。除蒿庵集
外，徐世昌《清儒學案‧蒿庵學案》中，除說明張爾岐生平外，亦收錄此文，
由此可知〈中庸論〉亦爲張爾岐一生中較有名之篇章。

庸者，又「發而中節」一言耳。（《蒿庵集・中庸論》，頁23）

張爾岐認為所謂中庸，最重要的正是「喜、怒、哀、樂之未發，謂之中」「發而皆中節，謂之和」兩句，而「中」乃是自己的修養，無法被人所知，故所謂中庸，其主旨正是在「發而中節」四字。由此可知張爾岐認為中庸的境界，必須具體展現在日常生活之中，要求情緒與行為皆能適當合宜。如此一來，「中庸」一詞成為一個明確可以遵循的規範，既不會因「渾渺幽玄」而「不可致詰」，亦不會因「義理損其半，情嗜亦存其半」而落入「游移熟便猥近之稱」的窘境。

然而要求所有的情緒與行為皆能合宜，並不是一件簡單的事情，張爾岐也非常清楚這一點，其云：

夫喜、怒、哀、樂，一日之間屢遷矣，自天子以至於庶人，苟非聖賢，必不能遽中節也。聖人必知人之不能遽中節，又不不肯聽其不中節而無以節之，節之，則有其物矣。（《蒿庵集・中庸論》，頁23）

張爾岐先說明人之情緒容易隨外物影響而波動，如此一來，一般人要做到所有情緒皆能合宜展現就是一件困難的事情，因此聖人為了規範世人，使其皆能做到中節，便將其境界建立在日用倫常之中，為喜、怒、哀、樂之情緒展現設立一明確的標準，而這個標準就是「禮」。其云：

由禮而後可以中節，中節而後可以為中庸。則中庸云者，贊禮之極辭也。〈中庸〉一書，禮之統論約說也。（《蒿庵集・中庸論》，頁23）

在張爾岐的概念之中，認為中庸的境界只能禮來實踐，當人守禮，則喜怒哀樂之情緒皆能轉化為仁義智勇之行為；君臣、父子、夫婦、兄弟、朋友之間的相處；祭祀、喪葬、飲食、言語、揖讓等情況；甚至於擴大為天地之綱紀，倫常之標準，皆能在禮的規範之下，明白其是非得失，如此一來，自然能夠隨時隨地都能「發而中節」，最後達到中庸的境界，由此可知，中庸是實踐禮後所達到的最高境界，而禮則是達到中庸的階梯，在這樣的連結之下，張爾岐確實擺脫了前人說解中庸之弊病，並為中庸找出一條可以確實遵循的道路。

當中庸與禮的關係確立，張爾岐在文後更進一步說明，其云：

夫禮，抑人之盛氣，抗人之懦情，以就於中。天下之人質之所不便，皆不能安。不安，恐遂為道裂，指禮之物而贊以坦易之辭，以究其說於至深至大至盡之地，所以堅守禮者之心而統之一途也。（《蒿庵集・中庸論》，頁23）

張爾岐在這裡對禮更進一步說明，他認為禮，可以抑制人的脾氣、情緒與惰性，使人趨近於中和。然而世人面對約束自己的禮節，會無法心甘情願遵守，如此一來就有可能違背聖賢之道，故聖人用平近簡單的言詞說明禮節，用以探究其中至高至深的道理，使人可以明白其道理，堅守其禮，並趨於正道。

　　張爾岐在此說明若要使人遵守禮節，行為趨於合宜，就需解釋禮節背後至高至深的道理，並說明何以世人必須遵守，其云：

> 故其言，始之天命以著從來，曰：斯禮也，命與性先之矣，不然，不如強也。極之倫彝典則以表大興，曰：斯禮也。帝王之所考，名教之所責，無之或二也。要之誠明以立本事，曰：斯禮也。非明無以通微，非誠無以正隱，非所以為外也。於是使愚不肖者知所跂，而賢智者亦厭其意而不敢求多焉。此中庸之書，所以繼六經而鞭其後也。（《蒿庵集‧中庸論》，頁24）

張爾岐所說之「故其言」，乃是指中庸中「天命之謂性，率性之謂道，修道之謂教，道也者，不可須臾離也，可離非道也」，中庸此句，乃為天命之始，說明道之本源源於天。既然源自於天，為世界萬物不變的法則，則一舉一動、一言一行，皆無逃於此道之中，而此道落實於現世之中，就是禮，命與性，皆是先於禮而存在，並體現於禮之中，故世人遵守禮節，亦是遵守其至大至深之道。在禮的規範之下，使下者可以明白自己的行為是否合宜，上者因明白中庸之道而懂得節制自己的感情，而這也正是中庸之所以能夠繼承六經之要，而敦促後世之說的理由。綜合此段所說，可知張爾岐認為中庸與禮可以說是一體之兩面，互為表裡，故禮無中庸，則沒有其根源依據，世人無其根源依據，就不願意遵守禮之規範，當世人皆悖禮而行，則喜怒哀樂之情皆無法中節，中庸之道無法實行，則世界將會陷入禮崩樂壞的混亂。對中庸而言，若無禮，則中庸之道將無法被世人所理解，成為一虛無飄渺無法實行的理論。在此可以看出，張爾岐將禮提高至與中庸同等重要的地位，認為此二者為事情的兩面，缺一而不可。

　　然而將禮提高至與中庸同樣的地位，對當時而言是一個嶄新的觀念，故在〈中庸論〉中，亦提到當代世人對於此說的疑問，其云：

> 難之者曰：「禮者，道之文也，子舉中庸蔽之於禮，聖人之道無以加於禮乎？」（《蒿庵集‧中庸論》，頁24）

世人在禮與中庸的取捨上，認為禮只是道的展現，並認為中庸之道應高於禮

節儀文。張爾岐針對此說，亦有在文後反駁，其云：

> 曰：禮者，道之所會也，雖有仁聖，不得禮，無以加於人。則禮者，
> 道之所待以徵事者也，故其說不可殫。聖人之所是，皆禮同類也；
> 聖人之所非，皆禮反對也。〈易〉之失得，〈書〉之治亂，〈詩〉之貞
> 淫，〈春秋〉之誅賞，皆是物矣。盡六經之說，而後可以究禮之說，
> 而後可以究中庸之說。中庸者，禮之統論約說，非其詳者也……吾
> 故斷以中庸爲必有所指，而其所指，斷乎其爲禮而非他也。（《蒿庵
> 集・中庸論》，頁 24）

張爾岐在此強調禮對中庸的重要性，認爲禮是道的匯聚，若無禮，則就算仁
聖再世，也無法將中庸之道加於世人，禮正是將中庸之道驗證於具體事物之
中，故絕對不可輕忽。聖人判斷是非時，亦皆與禮同，如《易》、《詩》、《書》、
《春秋》等經，亦是將中庸之理用於現世之中，因此窮盡六經的道理，就可
以窮盡中庸之理，而中庸者，正是禮的統攝之說，其詳節儀文，盡在禮中。
最後，張爾岐又特別強調，中庸之旨，爲禮無疑。

最後，張爾岐亦說明自己想法來源，其云：

> 漢儒取以記禮，爲得解矣。世方樂中庸之便其私，其疑吾說也必甚，
> 吾之說，漢儒之說也，漢去子思未遠，必有得之師傳者。亦非漢儒
> 之說，而子思之說也，亦程子朱子之說也，人自不致察耳。（《蒿庵
> 集・中庸論》，頁 25）

張爾岐認爲漢儒將中庸此篇編入《禮記》之中，正是因爲漢儒認爲中庸是禮
之統論約說，張爾岐藉此以說明自己的說法非自己獨創，而是繼承漢儒之思
想，而漢儒離子思未遠，故漢儒之思想，必然也有所繼承，如此可知此說應
是子思之原意，亦爲中庸之原意，更是程朱之說。

此篇文章雖提名爲〈中庸論〉，然而通篇不談中庸義理的闡揚，相反地，
可以明顯看出張爾岐試圖以談論中庸，來強調守禮的重要性，將中庸之道藉
著禮，落實於日用倫常，並隱約認爲中庸應該回歸《禮記》更爲恰當之想法。
這樣的說法對比宋明理學談論中庸的方式，應可視爲明末清初時局變盪，士
人對於宋明理學的修正，重新追朔漢儒之說，捨棄王學末流空談心性之弊病，
回歸經典，亦回歸人世，從此之後，中庸不再是讀書人論學的專利，而成爲
人人皆可實踐於生活之中的規範，而此說正與清初修正王學末流的學術風氣
相呼應。而張爾岐重視禮學的傾向，亦可在此文中找到脈絡，可視爲張氏晚

年著作《儀禮鄭註句讀》的先聲。

綜合上述所說，可將〈中庸論〉一文之要義歸納如下：張爾岐將中庸的要旨歸爲二句：「喜怒哀樂之未發，謂之中，發而皆中節，謂之和」，並以此推論中庸之道在「中節」二字。既然中庸之道的精髓在中節二字，則如何做到中節就成爲非常重要的問題，張爾岐拈出禮字，成爲通往中庸之道的門徑，進一步闡發禮與中庸爲一體之兩面，中庸爲禮之根本，禮爲中庸之實踐。無中庸，禮無以勸服人，最後就會被世人揚棄；無禮，則中庸無以踐履於現世之中，最後就會淪爲讀書人之空談。最後，張爾岐亦說明此說並非自己的創見，而是漢儒之說，漢儒亦是直截繼承子思，直指此說才是中庸原本之意。

第三節　以古禮應世

張爾岐以天道爲根源，以氣化育萬物，並且成爲天道實現在人世中的方式，以人的喜怒哀樂化爲勢，解釋現實中天道似乎沒有實現的狀況。然而上述所說，皆是屬於理論，張爾岐並不會滿足於理論，而是以中庸爲統論約說，用禮的方式將天道實踐於人世。

在說解完張爾岐如何架構他的基礎理論之後，接下來本節要說解張爾岐如何以禮應世，大致可以分爲以古禮修身以及以古禮治世兩個部分，以下分別說解。

一、以古禮修身

張爾岐亦明白說明之所以書寫此書，乃是希望可以讓後世想閱讀《儀禮》者，可以藉由此書入門，無須再向張爾岐自己這般辛苦，由此也可以看出張爾岐孺慕聖賢手澤的努力，以及極力想推廣《儀禮》的用心。

張爾岐除了推廣《儀禮》之外，亦說明何以要閱讀《儀禮》，其云：

因自嘆曰：方愚之初讀之也，遙望光氣，以爲非周孔莫能爲已耳。莫測其所言者，何等也？及其矻矻乎讀之，讀已又默存而心歷之，而後其俯仰揖遜之容如可睹也，忠厚藹惻之情如將遇也。周文郁郁，其斯爲郁郁矣。君子彬彬，其斯爲彬彬矣。雖不可施之行事，時一神往焉，彷彿戴弁垂紳，從事乎其間，忘其身之喬野鄙傖，無所肖似也。使當時遇難而止，止而竟止，不幾於望辟雍之威儀而卻步不

前者乎。噫！愚則幸矣，願世之讀是書者，勿徒憚其難也。(《阮本
儀禮》，頁 23～24)

張爾岐在此有感而發，認爲《儀禮》雖然已經是古禮，無法行於當世，然而
讀過《儀禮》，其儀文禮節自然會記在心中，性情自然會受到陶冶，成爲一個
彬彬君子，故張爾岐亦在序文之中勉勵世人閱讀《儀禮》，不要因爲困難而放
棄。

　　在這樣的心願下，張爾岐在書寫《儀禮鄭註句讀》時，亦是力求能讓《儀
禮》簡潔好讀，以方便後人。也因此在《儀禮鄭註句讀》一書中，可以看出
張爾岐的用心。關於張爾岐在《儀禮鄭註句讀》中的用心，在本論文的其他
部分已經說解，在此不多做敘述。

二、以古禮治世

　　張爾岐除了以古禮修身之外，亦強調在平日作息之中遵守禮節。然而張
爾岐在此所說的已經不是《儀禮》中的古禮，而是當時的禮俗。在《蒿庵集》
中，有許多篇章提到張爾岐對於當時禮俗的看法，亦可由此看出張爾岐對於
當代禮俗的看法，以下一一說解。

(一)反對厚葬

　　在《蒿庵集‧後篤終論》中，可以看出張爾岐對於「厚葬」觀念的想法，
其云：

> 晉皇甫謐悼厚葬之害，著論爲葬送之制，名曰《篤終》。其言曰：「司
> 馬石槨，不如速朽，季孫璠璵，比之暴骸。文公厚葬，《春秋》以爲
> 華元不臣。王孫親土，《漢書》以爲賢於秦始。如今魂必有知，則生
> 死異制；如其無知，則空奪生用，捐之無益。是招露形之禍，增亡
> 者之毒也。」其言可謂至痛切矣。(《蒿庵集‧後篤終論》，頁 27)

在此段中，張爾岐先舉出晉皇甫的說法，並舉出歷史上許多厚葬的例子，以
及當世或後代對於此行爲的評價，認爲所謂的厚葬，乃是奪去生者眞正有用
的物品，而給死者陪葬，這樣的行爲是增加死者的罪孽。張爾岐在引用完皇
甫的說法之後，直接說「此言可謂至痛切矣」，以此表達他的贊同。而由此段，
就可以看出張爾岐對於厚葬的態度是不贊同的，不贊同的原因是因爲認爲不
應該以對生者有用之物去陪葬。

　　張爾岐在這樣的基礎下，更進一步去批判當時的喪葬制度，其云：

> 數十年不克葬者何也？緇黃之懺度不敢以廢也，侍從之偶俑不敢以
> 缺也，夾道之旛幔，鐃吹不敢以不盛也……富者破產而逐新，貧者
> 舉息而蹶赴，一日之費，十年節約而不能償也。一家之喪，百家奔
> 走而交相病也。高位縱任而不之禁，旁觀恬習而忘其非。人之欲葬
> 其親者，恥其不備，忍於累年暴露而不恤焉，亦甚可傷也已。（《蒿
> 庵集・後篤終論》，頁 28）

在此段中，張爾岐舉出當時喪葬的狀況，說明當時有許多人數十年仍然不願
意下葬，原因就是因為喪葬的排場不敢廢。不管是富者還是窮者，皆為了辦
喪事而破產，為了辦喪事，一日的花費可以抵用數十年，然而為了喪事豪華，
反而讓親人的屍體無法入土為安數十年，堪稱不孝。

　　張爾岐在反對厚葬的基礎下，更進一步說解當時為了能夠厚葬，反而偏
廢孝道，使親人數十年無法入土，因此極力反對厚葬。當反對厚葬的論點一
確立，張爾岐開始說解古代厚葬與當時厚葬的差別，其云：

> 何不即今之所謂厚葬者而深思之：是何者有益於親之身乎？無益於
> 親而為之，徒欲悅觀之目而已。古之厚葬，誠昧於理，其心猶欲為
> 親也。今乃於終天永訣之會，盛陳娛樂詭麗之具，以為觀美，徒博
> 婦孺一時之咍〔註 7〕笑，不近於侮其親矣乎？且其所擬象而塗飾
> 者，未必其親之生平所宜有也，不又陷其親於僭乎？本欲自致其親，
> 而適成其侮且僭，何如反而約諸禮之為得乎？（《蒿庵集・後篤終
> 論》，頁 28）

在此段中，張爾岐直接點出古人厚葬，雖然不合聖人教誨，然而其心仍然是
為了親人。然而現在的厚葬以華麗娛樂的器具來誇耀自己，最後也只是被鄉
里婦孺所譏笑，如此一來，不是近似於污辱親人嗎？而且喪禮中所用的器具，
遠遠超過死者的身分，如此一來，反而陷死者於僭越的罪名，於禮不合。

　　張爾岐到此，反對當時厚葬習俗的態度已經明確，他一方面從實用的角
度，認為不需過度浪費財物，奪生者有用之物來做為死者的陪葬，如此一來
反而增加亡者的罪孽。另一方面，則是以孝心與禮制去探討，認為為了舉辦
豪華的喪禮，使親人數十年無法入土為安，是最大的不孝；且喪禮太過豪華，
於禮反而陷死者於僭越之罪，因此反對過度的厚葬。

〔註 7〕咍，音ㄏㄞ，譏笑之意。

　　張爾岐在反對厚葬的態度下，更進一步說解喪禮應該要如何。他雖然反對當時的厚葬，然而也絕對不是如墨家一般節葬，在如何舉辦喪禮的分寸上，張爾岐明確點出以禮節之的概念，其云：

> 夫子嘗言喪具矣，曰：「稱家有無，有勿過禮，苟無矣，斂棺而封。」又曰：「啜菽飲水，盡其歡，斯之謂孝。斂手足形，還葬而無槨，稱其財，斯之謂禮。」斯言也，誠千古葬者之大經矣。間考夫子所謂「無過禮」者，大端有二焉：一者，藏體魄之禮，含襲〔註8〕、斂襚、棺槨、宅兆之屬也。一者，事精神之禮，朝夕之奠、重主之設、虞、祔〔註9〕、祥、禫〔註10〕之祭是也。是皆切於親之身者也。有禮以為之制，則限於分者不敢踰，困於財者聖人亦不強焉。（《蒿庵集・後篤終論》，頁28～29）

在此段中，張爾岐將所有儀文的分寸收束在「無過禮」三個字中，認為不應過奢，也無須過儉，其中的原則就是不要逾越禮的範圍。張爾岐在點出大原則之後，緊接著簡單將所有的喪禮分為兩大部分，一為祭祀死者的身體，如含襲、斂襚、棺槨、宅兆等禮節，一者為祭祀死者的亡靈，如朝夕之奠、重主之設、虞、祔、祥、禫等。而這些皆是禮制當中有所規範，若依禮而行，就不會陷死者於僭越之罪，若是喪家因為財務而無法做到，就算是聖人亦不會強求。

　　在此段中，可以看出張爾岐為了矯正當時過於奢華的風氣，主張喪禮寧儉勿奢，而這樣的說法在另一段原文中看得更清楚，其云：

> 蓋奢而示之以儉，儉而示之以禮，移風易俗，誠貴者賢者之責也。（《蒿庵集・後篤終論》，頁29）

張爾岐在此段中為反對厚葬的想法做出一個總結，認為就算是富貴之家，有能力奢華厚葬的人家，也應該在要儉樸，雖然簡樸，也不能失卻禮數，如此一來，就能幫助社會移風易俗，而這亦是富貴者、賢能者的責任。

　　張爾岐論述到此，堅決反對厚葬的立場已經成立。他見到當時世人習於厚葬，奢華太過的風氣，主張現在的厚葬已經與過去的厚葬不同，過去的厚葬是因為不忍親人，然而現在的厚葬是為了誇耀自己，且過於奢華，又陷死

〔註8〕　襲，為死者的壽衣。

〔註9〕　奉新過世死者的神主牌入禰廟，與先祖一起祭祀。

〔註10〕　禫，音ㄊㄢˇ，喪期服滿後，脫下喪服的禮節。

者於僭越之罪，因此主張就算是富貴人家，也應儉而有禮，不因追求厚葬而停棺數十年不葬，如此一來，讓亡者早日入土爲安，另一方面也不會陷死者於僭越之罪，才能算是眞正的孝道。而貴者與賢者皆儉而有禮，也能達到移風易俗，扭轉社會風氣的效果。

（二）反對禮俗

張爾岐除了反對厚葬以外，亦強調以古禮治世，且張爾岐在這裡所說的古禮，不限定於《儀禮》，而是六經中的禮儀。而這樣的主張主要彰顯於《蒿庵集・謹俗論》一文中，其云：

> 記曰：「君子行禮，不求變俗。祭祀之禮，居喪之服，哭泣之位，皆如其國之故，謹修其法而審行之。」今之俗屢變矣，將以何者爲國之故乎？曰：六經之所陳者，是其故者也。二帝、三王建極而施於時，周公、孔子修明而筆之書，是眞可爲國之故矣。君子行禮，有不得於心者，按籍而求之，決擇其故與非故而後從事焉，此風教之賴也。（《蒿庵集・謹俗論》，頁 32）

在此段中，張爾岐先舉《禮記・曲禮下》的經文云：「君子行禮，不以禮俗改變原本的禮儀，因此喪期中所穿的喪服、哭泣時所站立的位置等儀文，都應該要遵照原來的禮節，謹愼行之。」張爾岐在說解完《禮記》的篇章後，開始以此爲基準，批評當時的禮俗，認爲當時的禮俗已經改變太多，不是舊有周公、孔子所修的禮儀。張爾岐此言，隱約有批判當時禮俗不合聖人教誨之意，而在這樣的前提下，張爾岐更進一步說明應該遵守的禮儀，乃是六經所說明的禮節。而由張爾岐的說法，可以看出張爾岐所認爲應該遵守的禮節，並非當時所流傳的禮俗，而是記載在六經中的古禮。而這樣的主張由後段所主張：若君子行禮有不知如何做才適當時，就應該要查明古籍，然後再來決定應該要怎麼處理。

張爾岐在說解完行禮的規矩後，接著開始批評當時的禮節，其云：

> 一者，始死而哭諸鬼神之廟，邑則城隍，村落則唯其所置。男女被髮徒跣，提楬捧幣，聚哭於其所，名曰送漿水，又曰設浴，日三，三日而止。其俗不知始於何時、何人也。爲其說者曰：人始死，攝而之廟。爲之請，乃得挾貲以冥遊。不然，則爲攝者所苦。淫巫妖尼遞相恐嚇，委巷細民佈而聽之。至於縉紳士人，雖心知其非，亦奪於婦孺之口，而不能自決也。嗚呼，聖人雖不言鬼神，其制爲喪

禮，於鬼神未嘗不彰明較著也。有升屋而復矣，有設奠而依矣，又
殯而立之重，葬而爲之主矣，並不及誰攝而往，誰賄而請也。豈有
之而周公，孔子不知耶？周公、孔子不知，而今之巫與尼顧之耶？
（《蒿庵集‧謹俗論》，頁32～33）

在此段中，張爾岐批評的禮節稱爲送漿水。此禮節在亡者剛過世時，親人會
在寺廟哭泣，男女皆披散頭髮，光著腳，拿著小酒壺和錢幣哭泣，而這個儀
式就是送漿水，大約二、三日以後才停止。而之所以會有這個禮俗，乃是因
爲當時的人相信人死時，靈魂會被勾魂死者抓到附近的廟宇，如果沒有爲亡
者準備賄絡的罰款，則亡者的靈魂會就會被勾魂使者爲難。而這個禮俗不知
道開始於何人，也不知道開始於何時。而寺廟裡的巫與尼姑相繼恐嚇當時的
百姓，使百姓因爲害怕而聽從。而讀書人雖然知道這個禮俗不合聖人教導，
卻因爲婦孺而無法遏止。張爾岐在說解完此禮俗與當時社會的狀況之後，開
始針對此禮俗發表自己的看法。他認爲聖人雖然重視喪禮，然而傳統的喪禮
並不彰顯鬼神的存在，如何安頓與祭祀親人的身體與魂魄，自然會有設奠、
殯與葬等禮節，從來沒有聽說需要使者帶領，或是需要爲亡者準備賄絡的錢
幣等。若是眞的有帶路的使者，以及需要爲亡者準備賄絡的錢幣，那周公、
孔子又怎麼會不知？若連周公、孔子等聖人都不知，近代的巫與尼姑又怎麼
會知道呢？

由張爾岐針對此段禮俗所發表的議論，可以看出張爾岐認爲此段禮俗根
本不需要存在，而其不需要存在的原因，是因爲他認爲周公、孔子當初在手
定喪禮中的禮節時，並沒有把此儀文寫入經文之中。既然沒有把此經文寫入
經文，就表示周公、孔子不認爲有帶路的使者，以及需要爲亡者準備賄絡使
者的錢幣。既然聖人不認爲需要此種儀文，則今人自然也就遵從聖人教導，
無須多設此儀文。而由此段，也可以看出張爾岐對於不合《儀禮》經文的儀
文，基本上都是排斥的。

張爾岐除了送漿水的禮俗外，亦舉了另外一個不合《儀禮》經文的例子，
其云：

一者，柩出門而喪主碎器於車，亦不知其始於何時、何人也。竇人
以爲人子重事，支庶不得而代。柩方升車，其人捧盆於首，跽而投
地，聲震晏柳。嗚呼，此何時也，非終天永訣之時乎？人子方攀戀
號慕而無從，乃碎陶器作屬響，以當其前，欲何爲乎？孔子在衛，

有送葬者，而夫子善之，曰：「其往也如慕，其返也如疑。」將行而
碎器以震驚之，慕親者固如是乎？（《蒿庵集·謹俗論》，頁33）

此段在說解當時的另外一種禮俗。當棺木要出殯，正準備要登上靈車時，會
由嫡子在車前捧著盆，長跪在地，然後把盆子丟到地上砸碎，發出聲音。張
爾岐解釋完此段的禮俗之後，第一先批評此種禮俗不知開始於何人、何時。
其次，張爾岐舉出孔子的教導，說明送葬之時，應該要在送行時非常孺慕而
不捨親人離開，將親人送至葬地時，應該要猶豫不決，如不捨親人一般。然
而此禮俗在要出殯時砸碎盆子，張爾岐認為此種禮俗不合聖人教導，也不像
是一個孺慕親人，不捨親人離開的晚輩所應該有的行為。

（三）以《儀禮》行世

前兩個例子，皆是六經之禮所沒有，而當時衍生出來的禮俗，張爾岐在
面對這樣的禮俗時，皆採取一種不合聖人教導，因此駁斥的態度。也因此，
張爾岐所認為應該要實行在現世中的禮儀，就是六經中所記載的禮儀，甚至
是《儀禮》中所記載的禮儀。而這樣的態度可以從另外一個例子中看出，其
云：

又一者，受弔之位，主人伏哭於柩東，賓入門，北面而弔。拜畢，
主人下堂，北面拜賓。相習以為定位，鮮有知其非者。不知方伏哭
柩東時，婦女當在何所乎？女賓至，主人避之否？主人避，而賓又
至，有將何所伏而待乎？其升降進退之間必不能無憝於儀矣。既失
男女內外之位，又妨主賓哭踊之節，先王制禮，必不如是齟齬不合
矣。（《蒿庵集·謹俗論》，頁33～34）

張爾岐在此段中，主要在批評當時親人哭位的錯誤。在當時親人接受弔祭時，
主人在棺木的東邊哭泣，當賓客入門弔祭時，面向北方而弔祭。弔祭完畢，
主人下堂，面向北邊，拜謝賓客。張爾岐在說解完當時弔祭的方位後，緊接
著就批評此弔祭方位的錯誤，並且說明採取此方位時會發生的問題。如主人
在棺木東位哭泣時，婦人應該在何處？其次，當婦人到時，主人基於男女大
防的問題，是否需要迴避？若婦女到，主人因為男女大防而迴避，而賓客到
達時，又由誰來等待賓客弔祭？由以上這些問題，可以發現主人在棺木的東
邊哭泣，會造成喪禮進行的不順暢，第一、以喪家而言，失去男女內外之分
的位置。第二、當賓客到達時，又妨礙賓客哭泣弔祭的禮節，張爾岐直接點
出先王制禮，絕對不會使喪禮的進行如此的不順暢。

　　張爾岐在點出當時喪禮進行的不順暢，並且暗示此行爲不符合先王所制定的禮儀，緊接著就舉出《儀禮》爲例，解釋先王所制定的禮儀究竟如何，其云：

> 考之《士喪禮》，主人入坐於牀東，眾主人在其後，西面。婦人俠床，東面。此未斂以前主人室中之哭位也。其拜賓，則升降自西階，即位於西階，東南面拜之。固已不待賓於堂上矣。及其既斂而殯也，居門外倚盧，唯朝夕哭。乃入門而奠，其入門也，主人堂下直東序西面北上，外兄弟在其南，南上。賓繼之，北上，門東北面西上，門西北面東上，西方東面北上。主人固不復在堂上矣。所以然者，其時即位於堂南上者唯婦人，故主人不得升堂也。今主人柩東拜伏之位，正古人主婦之位也。則今人哭泣之位，亦非周公、孔子之故矣。周公、孔子之故，固未斂以前，以柩東爲位，既斂而殯，則堂下直東序西面是其位也。主人正位於此，則內外之辨，賓主之儀，無適而不當矣。（《蒿庵集‧謹俗論》，頁 34）

在此段中，張爾岐直接舉出《儀禮‧士喪禮》爲例子。在《儀禮‧士喪禮》中清楚說明在死者還未斂，躺在床上時，男主人坐在床的東邊，其他男性家屬跟隨在男主人後面，面向西方。婦女則在床的西邊，與男方家屬以尸床分開。若有賓客來弔唁，則不用等待賓客上堂，而是應該主人到西階上，面向東南而拜。若是已經行斂禮和殯禮，那就只能在早晨與傍晚哭泣。那時男主人與死者的男性親屬皆在禰廟門外，站在東邊，面向西方。而婦人則站在堂上，面向南邊。張爾岐指出《儀禮‧士喪禮》在斂殯之後男性親屬與女性親屬所站立的位置後，對照今人所站的位置，就可以發現當時男性親屬所站的位置，事實上是女性親屬的位置。如此一來，一者失去男女分別的意義，二者，也失去男外女內之防。若是依照古禮而行，則這兩個意義都可以被兼顧到。

　　此段所說解的是當世所實行的喪禮禮節，而這些禮節大致上也是《儀禮》中所記載的，只是在男性親屬與女性親屬所站立的位置與《儀禮》中所記載的不同，因此張爾岐在針對此段儀文的態度就較爲和緩，不似前面所說《儀禮》沒有記載的禮俗那般激烈。雖然如此，張爾岐仍然以《儀禮‧士喪禮》爲例，舉出當代喪禮站位的錯誤，並且指出當代的站位無法兼顧男女之防與男外女內的意義。論述至此，張爾岐雖然沒有明白點出應該實行《儀禮》的

儀文，而其中所隱含的意義不言而喻。而這樣的用心對照張爾岐細心句讀《儀禮》，成《儀禮鄭註句讀》一書，務求世人能夠不苦其難讀而卻步，或許也有希冀世人讀而遵循聖人教誨的心意。

在張爾岐的思想架構中，禮與天道的連結非常的強烈，因此本章在論述張爾岐的禮學思想前，先論述張爾岐的天道觀。

張爾岐的思想完全以儒家為主，而他的天道觀中有幾個很重要的概念，第一是天道，第二就是氣。張爾岐雖然沒有明確說明天道與氣之間的關係究竟是天道在上，下貫氣於世間萬物，抑或是天道就在氣的流轉之間。然而張爾岐認為天道以氣化生萬物卻是可以肯定的，他認為天道是原則，氣是致用，因此天道則一，而致用則萬。而這也就是傳統文人所認為的氣化宇宙論。張爾岐說明完萬物如何生成之後，緊接著就推衍出既然天道是一，其餘世間萬物皆是天道的致用，因此人在世間，就應該要依循天道而行，而不應該過問行善之後所能帶來的功利，也因此張爾岐堅決反對袁了凡的立命說與功過格，認為遵循天道本該為之，而袁了凡的說法會使世人以功利的心態來設想遵循天道的行為，因此將其斥為異端邪說。甚至更進一步反對鄧伯溫以身祈雨的行為。

到此，張爾岐的天道觀已經確立，在張爾岐的思想架構上，天道就是每一個人應該遵循與達到的境界，然而究竟該如何達到？張爾岐以《中庸》為引，認為所謂的天道，就是「喜怒哀樂之未發，發而皆中節為之和」，而「發而皆中節」就是最高境界。然而究竟該如何達到「發而皆中節」，張爾岐直接點出禮字，認為只要守禮，就能達到「發而皆中節」的目的。因此只要守禮，就能達到天道。

然而禮又分為六經所記載的古禮，以及當時所流傳的禮俗，張爾岐在《蒿庵集・謹俗論》中，可以很明顯地看出張爾岐對於古禮和禮俗的態度。張爾岐認為所謂的禮，應該是記載在六經中的禮，對於沒有經文依據的禮俗皆是採取排斥的態度。而由張爾岐這樣的態度，可以看出張爾岐認為可以達到「發而皆中節」境界的，是記載在六經當中的古禮，而非流傳在當時的禮俗。因此張爾岐做《儀禮鄭註句讀》一書，或許也有推廣《儀禮》，希望世人能以此行世的心情。

第六章 《儀禮鄭註句讀》歷史地位與價值

　　張爾岐生於明朝，而學術活動主要在清朝，其書《儀禮鄭註句讀》亦是在康熙朝完成，而主要影響乾隆一朝的文人。其中受張爾岐影響者有秦蕙田（1702～1764）《五禮通考》、方苞（1668～1749）《儀禮析疑》、吳廷華（1682～1755）《儀禮章句》、盛世佐（1718～1755）《儀禮集編》以及胡培翬（1782～1849）《儀禮正義》，其中又以胡培翬《儀禮正義》受張爾岐影響最爲深遠，以下分別說明。最後，紀昀等人所編之《四庫全書》亦有收錄《儀禮鄭註句讀》，並對本書做出評價。以下將依照上述三類，針對各個學者的著作加以說明，最後以《四庫全書》對《儀禮鄭註句讀》的評價總結。

第一節　秦蕙田《五禮通考》

　　秦蕙田（1706～1764），字樹峰，號味經，江蘇金匱人（今江蘇無錫），乾隆元年進士，累官至禮部侍郎、工部、刑部尚書，治經深於禮。徐乾學曾撰《讀禮通考》，整理喪禮禮制，而秦蕙田撰《五禮通考》，補足徐乾學只有喪禮的不足，堪稱是秦蕙田的代表作。

　　秦蕙田是宋代詞人秦觀的子孫，歷代都是書香世家，秦蕙田少承家學，篤行經學，雍正二年（1724），秦蕙田開始與友人一起探討《儀禮》的注疏。乾隆元年（1736），秦蕙田中進士，授翰林院編修，乾隆十年（1746），秦蕙田出任禮部侍郎，父喪，丁憂在家，並在爲父守喪期間，重讀《讀禮通考》，也因此喚起雍正二年（1724）時與友人一起探究禮學注疏的記憶。秦蕙田因此開始整理昔日收藏的注疏，加以訂正整理，增補《讀禮通考》。

乾隆十三年（1748），丁憂結束，秦蕙田官復原職，任禮部侍郎，之後一直受乾隆重用，乾隆二十六年（1761），秦蕙田在增補《讀禮通考》的基礎上，歷時三十八年，終於完成《五禮通考》一書，共二百六十二卷，內容涵蓋吉、凶、軍、賓、嘉五禮，補足了《讀禮通考》只述喪禮的缺憾。

在《五禮通考》中，引用張爾岐《儀禮鄭註句讀》者共 16 例，又分爲完全採用張爾岐之說，採用張爾岐之說後，針對張爾岐不足之處衍生說解，以及反駁張爾岐之說三個方式，以下舉三例說明之。

在《五禮通考·吉禮》中，專門說解〈特牲饋食禮〉的禮節。〈特牲饋食禮〉爲諸侯之士按歲祭祀禰廟的禮儀，所謂特牲，即是一隻豬，饋食就是向鬼神進獻。古時候祭禰廟的祭品會因爲身分的貴賤而有分別，天子、諸侯用大牢，卿大夫用少牢，士用特牲，且祭祀的禮節也有繁簡的差異。

《五禮通考》在說明〈特牲饋食禮〉時，亦是引用張爾岐之說加以說解，經文云：「長兄弟卒觶，酌於其尊，西面立。受旅者拜受，長兄弟北面答拜，揖，復位。眾賓及眾兄弟交錯以辯，皆如初儀。」〔註1〕此段主要在說解主人的長兄弟喝完酒，從東邊的壺裡舀酒，面向西邊站立。其他客人中的長者行拜禮接過觶。主人的長兄面向北面答拜，做揖，回到原位。其他客人和其他兄弟就這樣交錯著互相一一敬酒，禮儀都和客人中的年長者和長兄弟之間互相的敬酒一樣。而秦蕙田在此經文後加案語，其云：

> 蕙田案：此實與兄弟旅酬。張爾岐以爲旅，西階一觶是也。〔註2〕

秦蕙田在此加上案語，直接說出此段主要在說解賓客與主人兄弟互相敬酒的禮儀。除此之外，秦蕙田亦舉出張爾岐之說，說明張爾岐認爲面向西面，對眾人依次敬酒，其杯數爲一觶。秦蕙田在此提出張爾岐之說，除此之外不再做額外的補充說解，可以知道秦蕙田在此完全採納張爾岐的意見。

同樣在〈特牲饋食禮〉中，亦有另外一例，爲秦蕙田完全採納張爾岐之說，經文云：「長兄弟酬賓，如賓酬兄弟之儀，以辯。卒受者實觶於篚」〔註3〕，此段主要在說解主人的長兄弟向賓客回敬酒，其禮節和賓客回敬主人的兄弟一樣，一一回敬完畢後，最後接受敬酒的人把觶放在放酒的竹篚裡。而秦蕙田云：

〔註1〕〔清〕秦蕙田《五禮通考》（臺北，臺灣商務，民 72 年出版），第 100 卷。
〔註2〕〔清〕秦蕙田《五禮通考》（臺北，臺灣商務，民 72 年出版）第 100 卷。
〔註3〕〔清〕秦蕙田《五禮通考》（臺北，臺灣商務，民 72 年出版）第 100 卷。

蕙田案：此衆兄弟酬賓，賓酬衆兄弟，衆兄弟與賓互相酬以徧。張

　　爾岐以爲旅酢階一觶是也，以上爲旅酬正數。以下爲無算爵。

在此秦蕙田先說解此爲衆兄弟對賓客敬酒，以及賓客對衆兄弟敬酒的禮儀。
其次，秦蕙田舉張爾岐之說，認爲在依序敬酒時，依然爲一次一觶。然而在
此段中，秦蕙田除了舉張爾岐之說說解此段的觶數外，亦額外說解在此之前
爲正禮，需要規定飲酒的觶數，然而此禮過後，就可以喝酒不算杯數。而後
續這段也可以視爲秦蕙田除了繼承張爾岐之說外，亦額外對此禮做出補充。

　　最後，筆者要說解秦蕙田修正張爾岐說法的例子。在〈有司禮〉的經文
云：「卒盛，乃舉牢肩，尸受，振祭嚌之，佐食受加于肵」〔註4〕，〈有司禮〉
爲諸侯之卿大夫祭祀禰廟的禮儀之下半段，而此段主要在說解把牲禮都放到
肵俎上後，佐食拿起羊肩和豬肩。尸接過去，搖一搖祭神，嘗一嘗。佐食把
羊肩豬肩階過去，放在肵俎上。而秦蕙田在此段特別說解「卒盛」，其云：

　　蕙田案：卒盛，謂盛畢。註訓卒巳是也，楊氏本作舉七，張爾岐作

　　舉七，皆非。是今依續經傳通解本作卒巳。〔註5〕

秦蕙田在此加上案語，說明所謂的卒盛，乃是盛放完畢之意。其次，秦蕙田
開始探討張爾岐對此段說解錯誤之意。張爾岐在此段中，說解所謂卒盛，乃
是佐食拿起第七樣東西，而這七樣東西分別爲牢肺、正脊、牢幹、魚、腊肩、
牢骼，而牢肩是佐食拿起的第七樣東西，故云舉七。然而秦蕙田根據鄭註，
將其改爲卒巳。

　　針對這部份鄭註的差異，筆者翻找張爾岐《儀禮鄭註句讀》與阮元所刊
刻的《十三經注疏‧儀禮》，發現阮元的《儀禮》中，有收錄鄭註「卒巳」二
字，然而張爾岐《儀禮鄭註句讀》卻無收錄。按照張爾岐在序文中自述的體
例，對於鄭註皆完整抄錄，觀照《儀禮鄭註句讀》全書，也多依照此體例而
行，因此在此無記錄鄭註，是一件很不合理的事情。其次，張爾岐在《儀禮
鄭註句讀》中，針對此段經文說解的原文云：

　　舉七，前此舉牢肺，舉正脊，舉牢幹，舉魚，舉腊肩，舉牢骼，巳

　　六舉，至此舉牢肩，故云舉七也。（頁768）

由此段引文，可以明顯看出張爾岐不認爲此「舉七」爲鄭註的一部分，而應
該視爲張爾岐自己對於經文的說解，認爲佐食在此會拿起七樣東西，而牢肩

〔註4〕〔清〕秦蕙田：《五禮通考》（臺北，臺灣商務，民72年出版），第101卷。
〔註5〕〔清〕秦蕙田：《五禮通考》（臺北，臺灣商務，民72年出版），第101卷。

正是第七樣，故言「舉七」。

然而秦蕙田在此以鄭註的「卒巳」來更改張爾岐的「舉七」，其對應性尚可再商榷。而秦蕙田在此亦無說明「卒巳」之意，筆者不敢大膽臆測秦蕙田在此的意思，因此在此並存之。

以上三個例子，分別說解秦蕙田對張爾岐在《儀禮鄭註句讀》中說法的三種態度，而從這些例子，也可以看出張爾岐《儀禮鄭註句讀》對秦蕙田《五禮通考》的影響。

第二節　方苞《儀禮析疑》

方苞，字鳳九，號號靈皋，晚號望溪，安徽桐城人，生於康熙七年（1668），卒於乾隆十四年（1749），享壽 81 歲。方苞於康熙四十五（1706）會試第四名，但因為母親生病回到家鄉，沒有參加殿試。康熙五十年（1711），戴名世《南山集》案發，方苞因給《南山集》作序而牽連入獄，在獄中兩年，堅持著作，《儀禮析疑》就是成書於這個時候。康熙五十二年（1713），康熙以「方苞學問，天下莫不聞」，命方苞以布衣身分進入南書房，成為清聖祖、清世宗、清高宗三代的智囊。雍正九年（1731），授詹事府左春坊左中允。雍正十一年（1733），升內閣學士，任禮部侍郎，充《大清一統志》總裁。乾隆元年（1736），入南書房，充《三禮書》副總裁。

乾隆四年（1739），乾隆批評方苞「假公濟私，黨同伐異，其不安靜之固習，到老不改，眾所共知」，將方苞革職，留在三禮館效力。乾隆七年（1742），方苞告老還鄉，晚年多譏刺時政，並於乾隆十四年（1749）病逝。

方苞為清代桐城派散文的創始人，提倡義理、詞章、考據三者不可偏廢，繼承歸有光「唐宋派」的古文傳統，論學以宋儒為宗，認為文章應該言而有物，其為文，多明經崇道之作，而且重視道學，其散文獨樹一幟，自成風格。《四庫總目》曾評論方苞：「苞於經學研究較深，集中說經之文最多，大抵指事類情，有所闡發。」

方苞《儀禮析疑》一書，多舉《儀禮》經文中有疑之處加以說解，《四庫總目・儀禮析疑》曾云：

> 是書大旨，在舉儀禮之可疑者而詳辨之，其無可疑者，竝經文錄。

〔註6〕

《四庫總目‧儀禮析疑》在此簡潔扼要的說出《儀禮析疑》的體例。《儀禮析疑》專門針對《儀禮》經文有疑處加以說解，因此方苞在引用張爾岐《儀禮鄭註句讀》的用法上，也多是直接引用張爾岐之說來說解經文有疑處，共 27 例，以下舉例說明。

在〈士喪禮〉中，其經文云：「復者〔註7〕一人，以爵弁服，簪裳于衣，左何之，扱領于帶。」〔註8〕此段主要在說解招魂的儀式。招魂復魄的人拿起死者的爵弁服，把裳和衣服連接在一起，搭到左肩上，把衣領插入自己的腰帶間，使其固定。而方苞在《儀禮析疑》中云：

> 爵弁，士之上服也。春秋傳魯叔孫豹聘於周王，賜以三命車服，將葬季孫使舍之，其臣杜洩曰若命服生，不敢服死，又不以將焉。用之則復宜用上服。周官夏采以冕服，復於太祖以乘車建綏，復於四郊而不用大裘，蓋大裘惟冬至祀天乃用之。王之出郊，不皆以祀天，又廟宜用服，郊宜用綏，非以大裘為上服，而不用也。張爾岐曰：扱領于帶，平疊衣裳，使領與帶齊，別以物關之，而非縫也，故曰簪。〔註9〕

方苞在這段引文中，先說解爵弁服乃是士最高等級的衣服。其次在說解爵弁服在春秋傳的記載，說明在春秋傳中確實有用爵弁服招魂的事宜。其次，方苞開始說解爵弁、冕服、大裘、綏等服飾的差別。最後，方苞引用張爾岐的說法，詳細說解「簪裳于衣」的穿法。方苞在此直接引用張爾岐之說，後續不再加以補充或反駁，可以得知方苞同意張爾岐對此段的看法並採納之。

事實上方苞在《儀禮析疑》中，對於張爾岐之說大多採納，甚至對於某些經文，方苞都直接引用張爾岐之說，不再加上自己的看法與評論，如〈士喪禮〉經文云：「綴〔註10〕足用燕几●〔註11〕」〔註12〕此段經文主要在說解家

〔註6〕 〔清〕紀昀等：《四庫全書總目提要》（藝文印書館印行），頁 432。

〔註7〕 充任招魂復魄的有司。而復者一人之意，古人認為人以精氣為魂，形體為魄，魂魄合而為一，才有生命。人死魂魄分離，孝子不忍心親人過世，希望死者復生，此種風俗一直延續到現在。

〔註8〕 〔清〕方苞：《儀禮析疑》（臺北市，臺灣商務印書館，民國 72 年初版），卷12。

〔註9〕 〔清〕方苞：《儀禮析疑》（臺北市，臺灣商務印書館，民國 72 年初版），卷12。

〔註10〕 綴，拘束，在此指拘束雙足，使其端正。

屬已經招魂完畢，確立人死不能復生後，開始整理死者的儀容，而此段就是將死者的腳端正地放在一個平常休息用的小茶几上，而方苞在說解此段時云：

> 張爾岐曰：側立此几，並排兩足於几兩脛之間，以夾持之。〔註13〕

在此方苞直接引用張爾岐《儀禮鄭註句讀》對此段的說法。張爾岐認為此段的茶几並非正放，而是倒放，並將死者的腳放在茶几的几腳之間，使几腳可以固定死者的腳。方苞在說解此段時，除了引用張爾岐之說以外，再也沒有做額外的解釋，可以看出方苞對張爾岐說法的認同。

在〈士喪禮〉中，其經文云：「奠脯醢，醴酒，升自阼階，奠于尸東」〔註14〕，此段主要在說解在下葬以前，為死者準備酒食來祭祀，設奠者由東階上堂，把祭品放在床的東側。然而這段儀文非常簡略，一方面表現出因為太過哀痛而無法講究儀文，一方面表現家屬不忍心對死者表現出對鬼神的禮節。而方苞在《儀禮析疑》中，完全採納張爾岐之說，其云：

> 張爾岐曰喪禮大端有二，一以奉魄體，一以萃精神。楔齒綴足，奉
> 魄體之始也。奠脯醢醴酒，萃精神之始也。〔註15〕

張爾岐在說解此段時，認為喪禮主要要祭祀的部分有二，第一為祭祀死者的身體，另一方面則祭祀死者的亡靈。張爾岐舉出這兩點之後，開始結合前面的禮節一起說解，認為前段把角柶〔註16〕插入死者的嘴巴，用燕几將死者的腳放端正等禮節，乃是供奉死者的身體。而此段準備乾肉、肉醬、甜酒等食物，乃是為了祭祀死者的亡靈。方苞引用完張爾岐之說後，就不再對本段經文做任何說解，可以看出方苞對於張爾岐對此段說解的認同。

方苞在《儀禮析疑》中，雖然引用張爾岐之說者僅有 27 例，然而在引用時，多如上述三例一般，完全採納張爾岐之說，不再多做補充或反駁，由此

〔註11〕

〔註12〕〔清〕方苞：《儀禮析疑》（臺北市，臺灣商務印書館，民國 72 年初版），卷12。

〔註13〕〔清〕方苞：《儀禮析疑》（臺北市，臺灣商務印書館，民國 72 年初版），卷12。

〔註14〕〔清〕方苞：《儀禮析疑》（臺北市，臺灣商務印書館，民國 72 年初版），卷12。

〔註15〕〔清〕方苞：《儀禮析疑》（臺北市，臺灣商務印書館，民國 72 年初版），卷12。

〔註16〕其經文云：「楔齒用角柶，綴足用燕几」，就是把角柶插入死者的上下齒中間，防止屍體因為僵硬，牙關緊閉而無法進行飯含的禮節。角柶，彎曲如牛軛，放入口中，防止牙關緊閉。

也可以看出方苞對於張爾岐在《儀禮鄭註句讀》中對於《儀禮》經文說解的推崇，因此完全引用，不再做其他的更改與說解。

第三節　吳廷華《儀禮章句》

　　吳廷華，字中林，號東壁，浙江仁和人。吳廷華在康熙五十三年（1714）舉人，雍正三年（1725）由中書舍人任海防同知，官至福建海防同知，曾經討伐臺灣內亂，那時臺灣嘉義有吳福生揭竿起義，因為事出突然，眾兵接沒有辦法，那時吳廷華按照集結兵民防守，平定其亂。乾隆初年，吳廷華入京纂修《三禮義疏》，因此得以閱讀古今先儒的作品，而禮學尤為精進。撰《周禮疑義》44 卷，《儀禮疑義》50 卷，《禮記疑義》72 卷，《儀禮章句》17 卷等。

　　吳廷華在書寫《儀禮章句》動機是認為張爾岐《儀禮鄭註句讀》太過遵循鄭註，不夠有創見，因此希望能夠在《儀禮鄭註句讀》的基礎上，書寫一本更為完善的《儀禮》注本。《四庫總目提要·儀禮章句》中曾清楚說明吳廷華創作《儀禮章句》的原因，其云：

> 其書以張爾岐儀禮句讀過於墨守鄭註，王文清儀禮分節句讀，以句讀為主，箋注失之太畧，因折衷先儒以補二書所未及。每篇之中，分其節次，每次之內析其句讀，其訓釋多本鄭賈箋疏亦間採他說附案以發明之〔註17〕

由此段引文中，可以清楚得知吳廷華書寫《儀禮章句》，主要是因為張爾岐《儀禮鄭註句讀》太過遵守鄭註，而王文清〔註18〕《儀禮分節句讀》在箋注部分太過簡略，因此吳廷華折衷張爾岐與王文清之說，以補這兩本書的不足。除此以外，吳廷華亦在《儀禮章句》中為《儀禮》經文句讀，其說也大多採鄭註、賈疏之說，亦採納其他說法附錄之。

　　仔細對照吳廷華《儀禮章句》與張爾岐《儀禮鄭註句讀》二書，可以看出吳廷華為了改善張爾岐太過墨守鄭註的缺失，在書中已經不再抄錄鄭註，而針對經文的說解也更為簡略，僅保留為《儀禮》經文句讀的習慣。而在說解的方式上，也多採直抒經文之意，引用先儒話語的例子較張爾岐少了許多，

〔註17〕　〔清〕紀昀等：《四庫全書總目提要》（藝文印書館印行），頁 432。
〔註18〕　王文清（1688～1779），字廷鑒，號九溪，世稱九溪先生。與王夫之、王闓運、王先謙並稱湖南四王，著有《周易中肯》、《三禮圖》、《周禮會要》、《喪服解》、《儀禮分節句讀》等。

全書中完全沒有引用張爾岐之說。除此以外，在形式上也捨棄了張爾岐詳細
爲《儀禮》分章析節的習慣，或許可以視爲在張爾岐之後，更爲簡略之《儀
禮》讀本。

第四節　盛世佐《儀禮集編》

　　盛世佐，字庸三，浙江秀水人，乾隆十三年（1748）進士，至貴州任湄
潭縣知縣，後來又任雲南攝麗江井務，因爲運銅而積勞成疾，累死於途中。
其學問精讀經書史籍，尤其精通三禮，費時十二年撰《儀禮集編》四十卷，
記載古今說《儀禮》者共一百九十七位學者，而以己意斷之，議論嚴謹。

　　《儀禮集編》一書按照《儀禮》次序，整理歷代說法，其凡例云：

> 是書編次衆說，一以時代爲序，二說畧同則錄前而置後，後足以發
> 前所未備，始兼錄之。或有襲用先儒之說而沒其姓氏者，必與追正，
> 庶不使伯宗郭象之流得售其攘善之技。〔註19〕

在此段盛世佐所寫的凡例中，可以看出盛世佐在書寫時的幾個特色。第一、
盛世佐在《儀禮集編》中，蒐集先儒說法，並以時代爲順序排列之。第二、
盛世佐在排列時，若是前說與後說類似時，則以時代較早的爲主，對於後代
才出現的說法，除非對於前說有所發揚才收錄。最後，若是有抄襲前人說法
的狀況，則努力找出原本的說法，不使原本的作者被埋沒。而由盛世佐在凡
例中所說明的這一段，就可以看出盛世佐在撰寫《儀禮集編》時的謹嚴態度，
以及他對於歷代文獻的爬梳與掌握。

　　盛世佐除了爬梳歷代文獻時，亦補上石經的說法，《儀禮集編‧序》云：

> 後卷附錄勘正監本石本，補顧炎武、張爾岐之闕，鄭賈楊氏之圖之
> 失，胥正之高。〔註20〕

在此段中，盛世佐直接說明在《儀禮集編》書末補上唐石經本，補足顧炎武、
張爾岐的缺憾。

　　事實上，盛世佐對於石經以及張爾岐引用的狀況有所說明，其云：

> 不知唐之石經在當時已譏其蕪累，又況碑板剝落，補字荒陋，惡可

〔註19〕〔清〕盛世佐：《儀禮集編‧凡例》（臺北市，臺灣商務印書館印行，民國72
年初版）。
〔註20〕〔清〕盛世佐：《儀禮集編‧序》（臺北市，臺灣商務印書館印行，民國72年
初版）。

據爲定本邪？張爾岐參校爲正誤，嘉惠後學，不淺惜其所據，止石
本監本，吳澄本而已。〔註21〕

在此段中，盛世佐說明唐石經本在當時已經被學者所不信任，而且因爲時代
的改易，導致石碑剝落，許多字體無法辨識，也因此，盛世佐認爲當時的唐
石經不能算是好的版本。盛世佐在解釋完唐石經的毀損之後，緊接著肯定張
爾岐整理校訂唐石經的功夫，而這也是盛世佐對張爾岐在《儀禮鄭註句讀》
所下功夫的肯定。

而在《四庫總目·儀禮集編》中有對盛世佐的《儀禮集編》做出評價，
其云：

其持論頗爲謹嚴，無淺學空腹高談輕排鄭賈之錮習。〔註22〕

《四庫提要》在書中評價《儀禮集編》，認爲此書立論嚴謹，不是一般學問淺
顯之人輕論鄭註賈疏之說。

盛世佐在《儀禮集編》中，引用張爾岐《儀禮鄭註句讀》之說者共有四
例，絕大部分集中在張爾岐《儀禮鄭註句讀》的自序中，以下舉出說明之。

在《儀禮集編·綱領一論儀禮與周禮禮記不同》〔註23〕中，有一段專門
整理歷代有關《儀禮》與《周禮》、《禮記》的不同，其中就有一部分整段引
用張爾岐之說，其云：

張氏爾岐曰：「在昔周公制禮，用致太平，據當時施於朝廷鄉國者，
勒爲典籍，天下共守之，其大體爲周官，其詳節備文則爲儀禮。」

〔註24〕

在這段中，盛世佐整段引用張爾岐之說。張爾岐認爲昔日周公制禮作樂，用
於制理天下，而根據當時在朝廷諸侯等所實施的禮節書寫成典籍，天下共同
遵守，其綱要就是《周禮》，而其中的詳細儀文就是《儀禮》。盛世佐在《儀
禮集編》中，對於各家說法條列整理，並在此舉出張爾岐對於《周禮》、《儀
禮》的看法。

〔註21〕 〔清〕盛世佐：《儀禮集編·凡例》（臺北市，臺灣商務印書館印行，民國 72
年初版）。

〔註22〕 〔清〕紀昀等：《四庫總目·儀禮集編》（藝文印書館印行），頁 440。

〔註23〕 〔清〕盛世佐：《儀禮集編·卷首上》（臺北市，臺灣商務印書館印行，民國
72 年初版）。

〔註24〕 〔清〕盛世佐：《儀禮集編·卷首上》（臺北市，臺灣商務印書館印行，民國
72 年初版）。

　　而在《儀禮集編・綱領一論儀禮不可廢_{疑經者附}》中，盛世佐亦曾引用張爾岐之說，其云：

> 張氏爾岐曰：「《漢志》所載傳禮者，十三家其所發明，皆《周官》
> 及此十七篇之●也。十三家獨小戴大顯，近代列於經以取士，而二
> 禮反日微蓋。先儒於周官疑信皆半，而《儀禮》則苦其難讀故也。
> 夫《周官》者，尚以新莽荊國爲口實，《儀禮》則周公之所定，孔子
> 之所述，當時聖君賢相士君子之所遵行，可斷然不疑者，而以難讀
> 廢可乎？〔註25〕

此段出現於張爾岐《儀禮鄭註句讀》的序文中，張爾岐在本段中主要在說解他對三禮歷史發展的看法。他首先從《漢書藝文志》中所記錄的書單去探討，認爲漢代所記載的禮，事實上都是《周禮》、《儀禮》爲主，證明當時所流傳的應爲《周禮》、《儀禮》，然而到了唐代，三禮之中爲《禮記》興盛，列入考試範圍，而《周禮》、《儀禮》反而少人傳誦。張爾岐在此先以歷史的演進來說明三禮之中只有《禮記》得到重視，而《周禮》、《儀禮》少人讀，之後就開始說明《周禮》因爲有劉歆僞造之爭議，所以先儒不重視，然而不讀《儀禮》，卻是因爲《儀禮》經文難讀。最後，張爾岐爲《儀禮》定義出其重要性，認爲《儀禮》爲周公所定，孔子所述，當時聖君賢相士人所共同遵循，所以後代儒者不可因爲難讀而不讀《儀禮》。

　　由張爾岐此段說解中，可以看出張爾岐推崇《儀禮》的重要性，並強調不可因爲《儀禮》難讀而棄置。而盛世佐在《儀禮集編・綱領》中，亦收錄此段，備爲一說。

　　而在《儀禮集編・綱領一論讀儀禮法》中，曾引用張爾岐對於讀《儀禮》的看法，其云：

> 張氏爾岐曰：方愚之初讀之也，遙望光氣，以爲非周孔莫能爲已耳，
> 莫測其所言者何等也？及其矻矻乎讀之，讀已又默存而心魘之，而
> 後其俯仰揖遜之容如可觀也，忠厚藹惻之情如將遇也。周文郁郁，
> 其斯爲郁郁矣，君子彬彬，其斯爲彬彬矣，雖不可施之行事，時一
> 神往焉，彷彿戴弁垂紳，從事乎其間，忘其身之喬野鄙儽，無所肖
> 似也，使當時遇難而止，止而竟止．不●於望辟雝之威儀而却步，

〔註25〕〔清〕盛世佐：《儀禮集編・卷首上》（臺北市，臺灣商務印書館印行，民國72年初版）。

不前者乎噫。愚則幸矣，願世之讀，是書者勿徒憚其難也。〔註26〕
此段亦是引用張爾岐《儀禮鄭註句讀》的序文。張爾岐在此段說解當初他讀
《儀禮》的感嘆。張爾岐先說明當初他初讀《儀禮》時，心生嚮往，認爲此
禮除了周公孔子之聖人外莫能爲之。而研讀《儀禮》時，又能默記在心，而
後行爲俯仰，皆受其影響而彬彬有禮。張爾岐在說解完閱讀《儀禮》的好處
後，開始感嘆這樣的經典，絕不能因爲難讀而放棄，因此書寫《儀禮鄭註句
讀》，希望後代學者不要因爲《儀禮》難讀而放棄。

　　以上三段，皆屬於盛世佐《儀禮集編》在綱領中引用張爾岐的段落，主
要集中在《儀禮鄭註句讀》的序文中，內容主要強調張爾岐對於《儀禮》的
看法。

　　而第四例中，盛世佐引用張爾岐的最後一段，在〈士冠禮〉的儀文中，
其經文云：「若不吉則筮遠日如初儀」，而盛世佐云：

> 世佐案：疏說士筮遠日之法，及三筮不吉則止，不祭皆誤，當以張
> 子及張氏爾岐之說爲正，俱見士冠禮。〔註27〕

在此段中，盛世佐直接加上案語，認爲賈疏所說若筮遠日，筮三次不吉，則
應該停止的說法是錯的，並點出張爾岐之說才是正確。筆者在此引用張爾岐
之說以供參酌，其云：

> 疏曰：〈曲禮〉：「吉事先近日」，此冠禮是吉事，故先筮近日不吉，
> 乃更筮遠日，是上旬不吉，乃更筮中旬，又不吉乃更筮下旬，云如
> 初儀者，自筮於廟門已下至告吉是也。愚案〈少牢〉云：「若不吉，
> 則及遠日，又筮日如初」，此大夫諏日而筮上旬不吉，必待上旬，乃
> 更筮之。其云如初，乃自筮於廟門，已下至告吉也。此士冠禮若筮
> 上旬不吉，即筮中旬，不更待他日。其云如初儀止，從進受命於主
> 人以下，至告吉而已，不自筮於廟門也。（頁37）

張爾岐在說解此段經文時，先舉出賈疏之說。賈公彥認爲〈士冠禮〉是吉事，
因此先筮近日，近日不吉，才卜筮較遠的日子，因此上旬不吉，則筮中旬，
中旬不吉，才是下旬。然而在這個部分上，張爾岐持不同看法，他認爲若筮

〔註26〕〔清〕盛世佐：《儀禮集編・卷首下》（臺北市，臺灣商務印書館印行，民國
　　　　72年初版）。
〔註27〕〔清〕盛世佐：《儀禮集編・卷34》（臺北市，臺灣商務印書館印行，民國72
　　　　年初版）。

上旬不吉，並不是馬上就筮中旬、下旬，而是應該要等到下一個上旬，然後才筮日。盛世佐在《儀禮集編》中以張爾岐之說爲是。

第五節　胡培翬《儀禮正義》

　　胡培翬（1782～1849），字載屏，號竹村，又號紫蒙，安徽績溪人，其祖父匡衷（1728～1801），父親秉虔（1770～1840），皆是禮學大家。而胡培翬因爲家學淵源，又受學於凌廷堪〔註28〕（1757～1809），對禮學亦有獨到見解，其著作《儀禮正義》堪稱是清代儀禮學集大成之作。

　　胡培翬在《儀禮正義》中以鄭註爲底本說解《儀禮》，然而在他並非完全遵循鄭註，而是以自己的學識加以歸納整理。其歸納整理的方式可以分爲四點：第一、補注，補鄭玄所未注或有注而未完備者，更進一步論述使其完備；第二、申注，對於鄭註之說加以闡揚。第三、附注，對於近儒之說，與鄭註不同者，胡培翬將其附於鄭註之後，以供後人參酌。第四、訂注，鄭註有所缺失者，加以訂正。而其中又以附注最多。

　　胡培翬家學淵源，學識廣博，因此在注解《儀禮》時，廣採各家說法，而經、史、子、集皆有引用，其中又包含許多禮學大家對於《儀禮》的看法。胡培翬在《儀禮正義》中除鄭註、賈疏外，尚採用張淳〔註29〕《儀禮識誤》、朱子（1130～1200）《儀禮經傳通解》、李如圭（1479～154？）《儀禮集釋》、敖繼公〔註30〕《儀禮集說》、凌廷堪《禮經釋例》、萬斯大（1633～1683）《儀禮商》、江永（1681～1762）《鄉黨圖考》、程瑤田（1725～1814）《儀禮經注疑直》、吳廷華（1682～1755）《儀禮章句》、張惠言（1761～1802）《讀儀禮記》等，而張爾岐（1612～1678）《儀禮鄭註句讀》亦是胡培翬參照的重要作品之一。

　　胡培翬在引用張爾岐《儀禮鄭註句讀》一書時，主要分爲三個部分：第一、張爾岐對於《儀禮》內文的分節。第二、援引張爾岐《儀禮鄭註句讀》中對於《儀禮》的解說。第三、試圖解決張爾岐在《儀禮鄭註句讀》一書中

〔註28〕凌廷堪，字次仲，又號仲子先生，安徽人，清代經學家。著有《禮經釋例》十三卷、《燕樂考原》、《校禮堂文集》、《元遺山先生年譜》，其中《禮經釋例》被《儀禮正義》多有引用。

〔註29〕張淳，宋朝人，生卒年不詳。

〔註30〕敖繼公，元朝人，生卒年不詳。

所留下來的疑問。筆者在本文中，亦分爲這三個部分來探討，挖掘出張爾岐《儀禮鄭註句讀》對胡培翬《儀禮正義》的影響。

一、對《儀禮》內文分節

對《儀禮》經文分章析節，以便於後代讀者閱讀的作法，最一開始是始於朱熹《儀禮經傳通解》，然而張爾岐未見朱熹《儀禮經傳通解》，卻在《儀禮鄭註句讀》中同樣爲《儀禮》內文分章析節，以求能夠使後世學者容易閱讀。而這樣的作法到了胡培翬被完整地保留下來，他在《儀禮正義》中，亦爲《儀禮》經文分章析節，而且細關其條目，可以很清楚看出他受朱熹與張爾岐的影響深遠。在《儀禮正義》中曾云：

> 朱子作《經傳通解》，始分節以便讀者，至張氏爾岐句讀本，分析尤詳。此書分節多依張本，而亦時有更易。〔註31〕

由此段可以得知胡培翬在書寫《儀禮正義》，爲《儀禮》內文分節時，是以朱子《儀禮經傳通解》與張爾岐《儀禮鄭註句讀》爲本，其中又特別側重張爾岐的分法。

爲了能夠清楚看出胡培翬對《儀禮經傳通解》與《儀禮鄭註句讀》的繼承，筆者將三人在〈士冠禮〉的條目列出，以明眉目，並將其中的差異用註解說明，最後再統合歸納，分析胡培翬在爲《儀禮》分章析節部分對朱熹與張爾岐的繼承與發揚。

朱熹《儀禮經傳通解》、張爾岐《儀禮鄭註句讀》與胡培翬《儀禮正義》分節條目比較表

儀禮經傳通解	儀禮鄭註句讀	儀禮正義
筮日	筮日	筮日
戒賓〔註32〕	戒賓	戒賓

〔註31〕〔清〕胡培翬：《儀禮正義》（江蘇，江蘇古籍出版社印行，江蘇省新華書店發行，1993 年 7 月第 1 版第一次印刷），頁 6。

〔註32〕朱熹在「戒賓」的條目下額外多列經文戒賓之辭，即「戒賓曰：『某有子某，將加布於其首，願吾子之教之也。』賓對曰：『某不敏，恐不能共事，以病吾子，敢辭。』主人曰：『某猶願吾子之終教之也。』賓對曰：『吾子重有命，某敢不從。』」此亦爲朱熹《儀禮經傳通解》的特色，將附在《儀禮》經文後的相關經文提到前面來。如此段朱熹將「戒賓之辭」附於「戒賓」儀文之後。會造成這個現象的原因是因爲朱熹體例的關係。《四庫總目提要·經部》有特

筮賓	筮賓	筮賓
宿賓〔註33〕	宿賓宿贊冠者	宿賓宿贊冠者
爲期	爲期	爲期
陳器服〔註34〕	冠日陳設	冠日陳設
即位	主人與賓各就內外位	主人以下即位〔註35〕
迎賓	迎賓及贊冠者入	迎賓及贊冠者入
始加〔註36〕	初加	始加
再加〔註37〕	再加	再加
三加〔註38〕	三加	三加〔註39〕
醴冠者〔註40〕	賓醴冠者	賓醴冠者

別提到這個問題，其云：「所載儀禮諸篇，咸非舊次，亦頗有所釐析……一目如斯者，不一而足，雖不免割裂古義，然自王安石廢罷儀禮，獨存禮記，朱子糾其棄經，任傳遺本宗末，因撰是書，以存先聖之遺制，分章表目，開卷瞭然，亦考禮者所不廢也。」由此可知朱熹在書寫本書時會重新變動經文，以求經文對照時能一目了然。然而張爾岐詳實按照《儀禮》順序書寫，兩相比對，自然會有經文增減的現象。因《儀禮經傳通解》並非本文研究的重點，故在之後若遇到類似狀況，將加註說明，且並陳《儀禮經傳通解》與《儀禮鄭註句讀》的差異，以明眉目，除此之外不再對《儀禮經傳通解》多做說解。

〔註33〕朱熹在「宿賓」的條目下額外多列宿賓之辭，其云：「宿曰：『某將加布於某之首，吾子將蒞之，敢宿。』賓對曰：『某敢不夙興。』」

〔註34〕此段張爾岐所框定的範圍開始於「夙興，設洗，直于東榮」，然而張爾岐結束於「南面，東上，賓升則東面」，下一段則開始於「主人玄端爵韠」。朱熹與張爾岐相同，開始於「夙興，設洗，直于東榮」，下一段開始於「主人玄端爵韠」。但朱熹與張爾岐的版本有一個很大的差別，即是朱熹在「南面，東上，賓升則東面」與「主人玄端爵韠」中間，比張爾岐多了一段三屨的經文，其云：「屨，夏用葛，玄端，黑屨，青絇繶純，純博寸。素積白屨，以魁柎之，緇絇繶純，純博寸。爵弁纁屨，黑絇繶純，純博寸。冬皮屨可也，不屨繶屨。」

〔註35〕在此朱熹的分段始於「主人玄端爵韠」，終於「將冠者采衣紒，在房中，南面」；張爾岐的分段始於「主人玄端爵韠」，終於「賓如主人服，贊者玄端從之，立于外門之外」，較朱熹多出一句，胡培翬《儀禮正義》遵從朱熹的分法。

〔註36〕朱熹在「始加」的條目下多列始加之辭，其云：「始加祝曰：『令月吉日，始加元服。棄爾幼志，順爾成德。壽考惟祺，介爾景福。』」

〔註37〕朱熹在「再加」的條目下多列再加之辭，其云：「再加曰：『吉月令辰，乃申爾服。敬爾威儀，淑慎爾德。眉壽萬年，永受胡福。』」

〔註38〕朱熹在「三加」的條目下多列三加之辭，其云：「三加曰：『以歲之正，以月之令，咸加爾服，兄弟具在，以成厥德，黃耇無疆，受天之慶。』」

〔註39〕在此朱熹的分段始於「賓降三等，受爵弁，加之」，終於「徹皮弁，冠櫛，筵入于房」；張爾岐的分段始於「賓降三等，受爵弁，加之」，終於「如加皮弁之儀」，較朱熹少一段，胡培翬遵從朱熹的分法。

冠者見母	冠者見于母	冠者見於父母
字冠者〔註41〕	賓字冠者	賓字冠者
賓出就次	冠者見兄弟贊者姑姊	冠者見兄弟贊者姑姊
冠者見兄弟姑姊		
奠摯於君及鄉大夫鄉先生	冠者見君與鄉大夫先生	冠者見君及卿大夫鄉先生
醴賓	醴賓	醴賓
	送賓歸俎	送賓歸俎
醮〔註42〕	夏殷冠子之法	醮用酒之禮
殺		
孤子冠	孤子冠法	孤子冠
庶子冠	庶子冠法	庶子冠
母不在	見母權法	見母權法
後文皆無，附女子笄及《禮記·冠義》	戒賓宿賓之辭	戒賓宿賓之辭
	加冠祝辭	加冠祝辭
	醴辭	醴辭
	醮辭	醮辭
	字辭	字辭
	三服之屨	屨
	張爾岐對後附的冠義並無特別分章析節	記用緇布冠之義
		記重適子之義
		記三加及冠字之義
		記三代冠之同異
		記大夫以上冠皆用士禮之義
		記士爵諡今古之異

〔註40〕朱熹在「醴冠者」的條目下多列醴辭，其云：「醴辭曰：『甘醴惟厚，嘉薦令芳。』」

〔註41〕朱熹在「字冠者」的條目下多列字辭，其云：「字辭曰：『禮儀既備，令月吉日。昭告爾字，爰字孔嘉。髦士攸宜，宜之于假。永受保之，曰伯某甫仲叔季，唯其所當。』」

〔註42〕朱熹在「醮」的條目下加列醮辭，其云：「醮辭曰：『旨酒既清，嘉薦亶時，始加元服，兄弟具來，孝友時格，永乃保之。』再醮曰：『旨酒既湑，嘉薦伊脯，乃申爾服，禮儀有序，祭此嘉爵，承天之祜。』三醮曰：『●酒令芳，籩豆有楚，咸加爾服，肴升折俎，承天之慶，受福無疆。』」

　　由這個表格，可以探討出幾個問題：第一、何以胡培翬在爲經文分析條目時，要以張爾岐《儀禮鄭註句讀》爲主，而不以朱熹《儀禮經傳通解》爲主。第二、胡培翬如何調和張爾岐《儀禮鄭註句讀》與朱熹《儀禮經傳通解》的條目，並且在關鍵處加入自己的思想。

　　在第一個問題的探討上，首先要從朱熹《儀禮經傳通解》的體例上來說明。朱熹《儀禮經傳通解》在體例上有一個與《儀禮鄭註句讀》、《儀禮正義》截然不同的地方，就是朱熹會將《儀禮》經文後半段的各種禮辭附於前面儀文之後，如「戒賓」條目下，朱熹多列戒賓的禮辭，而非如《儀禮》將其放在經文的最後，《四庫全書總目提要》亦有提到這個問題，其云：

> 所載儀禮諸篇。咸非舊次。亦頗有所釐析。如士冠禮三屨本在辭後。
> 仍移入前。陳器服章戒宿加冠等辭。本總記在後。乃分入前各章之
> 下。末取雜記女子十五許嫁筓之文。續經立女子筓一目。如斯者不
> 一而足。雖不免割裂古經。然自王安石廢罷儀禮。獨存禮記。朱子
> 糾其棄經任傳。遺本宗末。因撰是書。以存先聖之遺制。分章表目。
> 開卷瞭然。亦考禮者所不廢也。〔註43〕

《四庫全書總目提要》在此段中說明朱熹在《儀禮經傳通解》中改變《儀禮》經文次序的作法，並在後段承認「不免割裂古經」，然後隨即肯定朱熹《儀禮經傳通解》的貢獻，認爲王安石以後《儀禮》沒落，只存《禮記》。而朱熹在這樣的狀況下，撰寫《儀禮經傳通解》，發展《儀禮》之學，保留先聖的遺志，使後人可以追循，而讓先聖的禮節不廢。在這樣的狀況下，當胡培翬要引用朱熹《儀禮經傳通解》的條目時，無法避免的就會在朱熹更動《儀禮》經文的部份遇到一些困難，所以胡培翬在整理《儀禮》條目時，傾向使用張爾岐《儀禮鄭註句讀》的條目，也就可以想見。例子如上述表格中，在張爾岐《儀禮鄭註句讀》中，由條目「戒賓宿賓之辭」到「三服之屨」的部份，在朱子《儀禮經傳通解》的編排中，就將這個部分附於前段經文之後，所以胡培翬在這個部分依循張爾岐的條目。

　　除此之外，仔細對比張爾岐《儀禮鄭註句讀》與胡培翬《儀禮正義》的條目，亦可以看出胡培翬對於張爾岐條目的發揚。如附於《儀禮》經文後的冠義，張爾岐對於此段沒有做任何的條目說解，而胡培翬在此段就加上「記

〔註43〕　〔清〕紀昀等：《四庫全書總目提要・經部・儀禮經傳通解》（藝文印書館），頁 466。

用緇布冠之義」、「記重適子之義」、「記三加及冠字之義」、「記三代冠之同異」、「記大夫以上冠皆用士禮之義」、「記士爵諡今古之異」等條目，爲後續的冠義做出更進一步的分析。

　　事實上，爲《儀禮》經文分章析節的作法始於朱子《儀禮經傳通解》，而張爾岐雖然沒有見過朱子的《儀禮經傳通解》，卻一樣在《儀禮鄭註句讀》中採取類似的做法，而這種作法到胡培翬《儀禮正義》被完整繼承，甚而更進一步發展完備。而這樣的關係也與清代以前，儀禮之學不興，經文難讀有很深刻的關係，所以從朱熹到張爾岐，都可以看出致力讓《儀禮》經文淺顯，使後人容易明白的努力，而其中最大的證據就是朱熹與張爾岐不約而同的爲《儀禮》經文分析條目，使其綱舉目張，讓後代學者在閱讀《儀禮》時不至於因爲經文難讀而卻步〔註44〕。而胡培翬在朱熹、張爾岐及其他禮學大家所奠定的基礎下，完成《儀禮正義》一書，由條目觀之，可以看出胡培翬後出轉精，使條目更趨完善的現象。

二、繼承張爾岐對《儀禮》的看法

　　《儀禮》經過唐朝的衰微，直到朱子《儀禮經傳通解》而發其聲，直到清初張爾岐《儀禮鄭註句讀》開始宣告禮學的復興。在清初到清中葉，有許多禮學大家，致力於禮學的發展〔註45〕，而胡培翬在前人的基礎下完成《儀禮正義》，對於清代前人的說法多有繼承，而張爾岐《儀禮鄭註句讀》就是其中之一。光〈士冠禮〉一篇，胡培翬引用張爾岐《儀禮鄭註句讀》者就超過十例，其作法多是先採用張爾岐之說，然後再加上自己的案語補充，以下舉

〔註44〕朱熹在《儀禮經傳通解》中，將類似的經文整理在一起，並將《禮記》與諸經史雜書所載，有關《儀禮》經文者列於後，使《儀禮》不再只是儀文，而能與《禮記》中的禮義、經史雜書中的例子互相對照，由此也可以看出朱熹致力於讓《儀禮》經文淺顯化的努力。而張爾岐《儀禮鄭註句讀》，在書中刪節過於龐雜的解釋，僅留下能解釋經文的註解，並爲《儀禮》經疏句讀，並在序中云：「且欲公之同志，俾世之讀是書者，或少省心目之力，不至如愚之屢讀屢止，久而始通也」，由張爾岐此段自序，就可以很明顯看出張爾岐書寫《儀禮鄭註句讀》的用心。

〔註45〕〔民〕林存陽（1970～），山東任城人，歷史學博士，中國社會科學院歷史研究所助理研究員，專長中國古代政治思想史、清代學術思想史研究。作品《清初三禮學》（北京，社會科學院文獻出版社，2002年12月第1版），將清初定義爲1644清人入關至1683收服臺灣，並詳細說解這段時間的禮學大家。

三例說明。

〈士冠禮〉爲古代貴族男子成年時舉行的加冠儀式，其經文云：「士冠禮第一」〔註46〕，說解〈士冠禮〉在《儀禮》中的順序，而胡培翬《儀禮正義》云：

> 張氏爾岐《儀禮鄭註句讀》云：「其云仕於諸侯，明非天子之士，實則天子之士，亦同此禮。」今案：「冠昏喪祭，切於民用。周公制禮，欲以通行天下，故多就侯國言之。然王朝之與侯國，異冠服不異禮節。張說是也。」〔註47〕

在此段中，胡培翬先舉張爾岐在《儀禮鄭註句讀》中對「士冠禮第一」的看法。張爾岐在《儀禮鄭註句讀》中說明在〈士冠禮〉中，雖然名義上是在諸侯的門下做事，似乎與天子沒有關係，但實際上亦是爲天子做事。胡培翬在舉完張爾岐的說法後，接著在文末加上案語做出衍生，認爲冠昏喪祭等禮儀，都是爲了能夠切合民用，而周公制禮是爲了能夠通行天下，所以多以諸侯之禮爲主，然而天子與諸侯之間所施行的冠禮相比，儀文同而衣冠異。胡培翬在解釋完此點以後，緊接著說出此爲張爾岐的說法。由此可知胡培翬整段案語，其實是在針對張爾岐之說加以補充解釋。

同樣在〈士冠禮〉中，亦有另外一段經文，而胡培翬在解釋時完全採用張爾岐之說，其經文云：「布席于門中，闑西閾外，西面」〔註48〕。此段主要在說解筮者在卜筮之前，由僕人爲筮人在廟門中間門橛〔註49〕以西的門檻外面鋪上草蓆，草蓆的蓆頭要面對西方。而胡培翬在說解此段時，直接引用張爾岐之說，其云：

> 張氏爾岐云：「布席，將坐以筮也。前具之西塾，至此乃布之。云門中者，以大分言之，闑西閾外則布席處也。」注「門橜」下，毛本有也字，嚴、徐、集釋俱無。〔註50〕

〔註46〕〔清〕胡培翬：《儀禮正義》（江蘇，江蘇古籍出版社印行，江蘇省新華書店發行，1993年7月第1版第一次印刷），頁3。

〔註47〕〔清〕胡培翬：《儀禮正義》（江蘇，江蘇古籍出版社印行，江蘇省新華書店發行，1993年7月第1版第一次印刷），頁3。

〔註48〕〔清〕胡培翬：《儀禮正義》（江蘇，江蘇古籍出版社印行，江蘇省新華書店發行，1993年7月第1版第一次印刷），頁14。

〔註49〕門橛，即經文中的闑，爲兩扇門中間的木樁，用來固定合起的門扇。

〔註50〕〔清〕胡培翬：《儀禮正義》（江蘇，江蘇古籍出版社印行，江蘇省新華書店發行，1993年7月第1版第一次印刷），頁14。

由此段引文中可以看出胡培翬在說解此段時，先引用張爾岐對於此段的說法，認為在此布蓆，乃是為了讓筮人使用所準備的占卜用品，就是在這個時候布置〔註51〕。其次，張爾岐接著說解闑西閾外就是布蓆的位置。胡培翬在此引用完張爾岐之說後，卻不再做其他討論，而是開始解釋各個版本字句的差異，再接下來是引用各家說法解釋闑門橜之意。由胡培翬對此段經文的敘述，可以知道胡培翬對於張爾岐對此段的解說完全採用，所做的補充也僅是各版本的比對與字句的解釋而已。

〈士冠禮〉中，亦有另外一段經文云：「筮人執筴，抽上韇，兼執之，進受命於主人」〔註52〕，此段主要在說解筮人在卜筮之前，先手持蓍草，抽去放蓍草皮筒的上蓋，把上蓋和筒身一併拿著，走到主人面前，接受主人開始卜筮的命令。而胡培翬在說解此段時，亦是採用張爾岐的說法，其云：

> 張氏爾岐云：「兼執之者，兼上韇與下韇而幷執之，此時筴尚在下韇。待筮時，乃取出以筮。」今案：「韇有上下者，下韇嚮上承之，上韇嚮下冒之，筴在韇中，執筴即執韇也。必抽上韇見筴者，示有事也。」〈特牲禮〉：「筮人取筮于西塾，執之，東面受命于主人。〈士喪禮〉：「筮者東面抽上韇兼執之，南面受命。」此皆士禮，大略相同。惟〈士喪〉筮于兆南，南面受命為異耳。〔註53〕

張爾岐在說解此段時，主要著墨在「兼執之」的解釋，認為所謂的「兼執之」，乃是放蓍草的皮筒的上蓋與筒身一起拿著，而且在此時，蓍草仍然放在筒中，直到要卜筮時，才將其取出卜筮。胡培翬引用完張爾岐之說後，緊接著加上案語，認為之所以在這裡要打開蓋子，露出皮筒內的蓍草，乃是為了要表現出有事需要占卜之意。胡培翬在張爾岐的基礎下，針對為何要打開蓋子，露出蓍草做出禮義上的說解以後，緊接著舉出〈特牲禮〉與〈士喪禮〉中同樣占卜的經文與此經文做一個比較，並得出雖然是在不同篇章的卜筮，然而大致上儀文都是相同，只除了〈士喪禮〉在筮人接受主人命令時所面對的方位

〔註51〕此段經文前有一段經文云：「筮與席，所卦者，具饌于西塾」，就是在說解事前所準備筮人所需要的東西，其中包括用作卜筮的五十根蓍草、用蒲草或蘆葦所編織的蓆子，以及卜筮過程用作記錄的工具。

〔註52〕〔清〕胡培翬：《儀禮正義》（江蘇，江蘇古籍出版社印行，江蘇省新華書店發行，1993 年 7 月第 1 版第一次印刷），頁 17。

〔註53〕〔清〕胡培翬：《儀禮正義》（江蘇，江蘇古籍出版社印行，江蘇省新華書店發行，1993 年 7 月第 1 版第一次印刷），頁 17。

不同而已。

由上述三個例子，可以看出胡培翬在《儀禮正義》中，對張爾岐《儀禮鄭註句讀》的說法多有繼承，或完全採用張爾岐的說法，或以張爾岐的說法為基礎再加以衍生說解，而這兩種作法都可以視為胡培翬對張爾岐說法的一種肯定。而光是在〈士冠禮〉一篇中，胡培翬引用張爾岐說法的例子就超過10例，由此數目也可以看出張爾岐《儀禮鄭註句讀》對胡培翬《儀禮正義》的影響。

三、解決張爾岐對《儀禮》的疑問

張爾岐在《儀禮鄭註句讀》中，對於《儀禮》經文多採取較為保守的態度，對於經文有疑處，若是不敢肯定，則多持保留態度，不妄下斷語。而胡培翬在前人的基礎下，面對張爾岐在《儀禮鄭註句讀》中的疑問，則多會旁徵博引說明之，以下舉〈士昏禮〉中的「老醴婦」一詞說明。

張爾岐《儀禮鄭註句讀・士昏禮》中，提起新婦嫁為人婦時，若公婆已死，則在嫁入夫家三個月後，需擇日入廟祭拜，這就是新婦三月入廟門之禮，〈士昏禮〉經文云：「老醴婦于房中，南面，如舅姑醴婦之禮」（頁93），其義為家中的長者坐在房中，面向南面，新婦必須像這位長者行禮，其禮儀一如對舅姑之禮。然而張爾岐在疏文中對此禮節提出疑問，其云：

> 嘗疑此老與前贊者，並是男子，乃使新婦為禮，在前聖必自有說，
> 非末學所可臆度矣。（頁93）

在此，張爾岐對老醴婦之「老」字提出疑問，認為此「老」應與士昏禮前之「贊」〔註54〕應同由男子擔任，故使新婦行如見舅姑之禮。張爾岐在此隱含兩個問題，一為此「老」之性別應為男子，二則是「老」之身分，到底是何種身分的人可以在舅姑歿後，代替舅姑行醴新婦之禮。〔註55〕

然而張爾岐對此問題僅僅只是提出疑問，不敢下定論，而胡培翬在《儀禮正義》中，對於張爾岐在《儀禮鄭註句讀》中所留下的疑問，多會試圖去解釋，如〈士昏禮〉中的「老醴婦」問題，胡培翬在《儀禮正義》中云：

〔註54〕贊者，聽從主人之命，輔佐昏禮進行之人，類似今日之總管，新婦進門，以贊醴婦，而非舅姑醴婦，敖繼公云：「舅不自醴之者，於其始至宜，示以尊卑之禮也。」由此可知「贊」的地位應比舅姑低。

〔註55〕舅姑醴新婦，有許多親自授受的禮儀，然以老代之，則親自授受明顯不合男女之防，故張爾岐疑之。

盛世佐云:「上云贊醴婦,贊即老也,以其助舅姑行禮,故曰贊。」此無助,故直指其人言之。老,家臣之長,必有德而年高者為之,故使之醴婦,所以代舅姑也。〈特牲〉、〈少牢禮〉有主婦與尸祝佐食賓獻酢致爵之事,古人行禮,不以為嫌也。〔註56〕

在此段中,胡培翬首先舉出盛世佐的說法來解釋「老醴婦」一詞。盛世佐直接點出老醴婦的老,其實就是贊,專司輔佐舅姑行禮。胡培翬舉完盛世佐之說後,緊接著說明此「老」,為家臣之長,即是一個家族裡僕人中地位最高,專門統領所有家事的總管。既是這樣的地位,必是年高德劭之人,所以在舅姑已歿時,代替舅姑行禮。胡培翬在盛世佐的基礎下,衍生解釋「老」字含意,也解釋了張爾岐在《儀禮鄭註句讀》中的疑問。然而胡培翬在此不只是確認「老」的身分而已,他更進一步舉出〈特牲禮〉與〈少牢禮〉中,有婦人與尸祝賓獻之禮,並以此證明古人在實行禮節時,若是禮節需要,則不用遵守男女不親授受的禮節。

然而胡培翬在解決張爾岐的問題之後,緊接著舉出郝敬的說法,並在後面提出自己的看法,其云:

又郝氏謂三月廟見,以夫婦共為祭主,非以三月為限也。苟未三月而及祭期,婦可以不與祭乎?與於祭可以不先見乎?此皆臆說也。婦入三月然後祭行,未三月而及祭期,婦固不與也,以其未成婦也。〔註57〕

在此胡培翬補充郝敬之說。郝敬認為舅姑既歿,則新婦入門三月後,要到禰廟祭祀的禮節,應為夫婦共同祭祀,是屬於一種以夫婦的身分行使祭祀的禮節。然而若是三月未到,新婦仍然要參與祭祀。然而在這一點上,胡培翬提出不同的看法,他認為新婦還未滿三月,就算中間有祭祀,新婦也不應該參加,原因是三月未到,新婦還沒有入廟祭祀,就還不算真正的新婦,所以不能參與祭祀。

對於老醴婦的老字疑問,由張爾岐提出一個身分的疑問,而胡培翬整理盛世佐之說加以解釋,定論老醴婦中的「老」字為家臣之長,由年高德劭者

〔註56〕〔清〕胡培翬:《儀禮正義》(江蘇,江蘇古籍出版社印行,江蘇省新華書店發行,1993年7月第1版第一次印刷),頁203。

〔註57〕〔清〕胡培翬:《儀禮正義》(江蘇,江蘇古籍出版社印行,江蘇省新華書店發行,1993年7月第1版第一次印刷),頁203。

任之，並在新婦三月入廟門時代替已歿的舅姑行禮。除此之外，亦額外解釋在行禮時，若是因禮儀需要，就不需遵守男女不親授受的規範。

有關〈士昏禮〉「老醴婦」的問題，從張爾岐《儀禮鄭註句讀》提出，而到胡培翬《儀禮正義》引用盛世佐之說，為「老」做出一個說法，認為「老」字為年高德劭之家臣之長，事實上，用老亦代表某種身分意義，的用法在各種典籍中所在多有，以下舉例說明之。

《禮記・曲禮下》云「國君不名卿老〔註58〕世婦〔註59〕」〔註60〕，其註云：「卿老，上卿也，世臣父時老臣」〔註61〕，此段主要在說解國君對於上卿或世婦不可直接稱呼他們的名字，而由此段也可以得知卿老在這裡代表某一種身分。而《禮記・王制》有另外一例，其云「八伯各以其屬，屬於天子之老二人，分天下以為左右，曰二伯。」〔註62〕此段主要在說解地方的官制，而「方伯」即為州的首長，八個州共有八個方伯，隸屬於天子之老二人，而分天下為左右，稱為二伯。其註解釋此段文義，其云：「老謂上公。」〔註63〕由此註可知「老」字在此特指某一種身分，即「上公」。

由上述例子可以看出以「老」代稱某種身分的用法極為普遍，而這樣的用法與胡培翬《儀禮正義》的用法相同，也可以得知盛世佐與胡培翬對老醴婦之「老」採取家臣之長的用法並非毫無憑據。

胡培翬《儀禮正義》成書於清道光期間，對於前人說法多有繼承，堪稱為《儀禮》研究的集大成之作。胡培翬在《儀禮正義》中，引用許多前儒的說法，並加以剪裁發揚，而張爾岐《儀禮鄭註句讀》就是其中很重要的一本作品。而胡培翬對張爾岐《儀禮鄭註句讀》的繼承與發揚，大致上可以分為三點來討論。

第一點、胡培翬繼承張爾岐對《儀禮》分章析節的作法與分類，甚至連

〔註58〕卿老，指上卿。

〔註59〕世婦，指次於夫人而貴於妾的人。

〔註60〕〔清〕阮元刊刻，鄭玄注，孔穎達疏：《十三經注疏・禮記》（藝文印書館印行），頁71。

〔註61〕〔清〕阮元刊刻，鄭玄注，孔穎達疏：《十三經注疏・禮記》（藝文印書館印行），頁71。

〔註62〕〔清〕阮元刊刻，鄭玄注，孔穎達疏：《十三經注疏・禮記》（藝文印書館印行），頁219。

〔註63〕〔清〕阮元刊刻，鄭玄注，孔穎達疏：《十三經注疏・禮記》（藝文印書館印行），頁219。

條目內容也多有繼承。事實上，這種作法並非始於張爾岐，早在朱熹《儀禮經傳通解》就已經對《儀禮》經文分章析節，目的在於使後世讀者容易明白《儀禮》的內容，然而朱熹《儀禮經傳通解》因爲體例上會割裂、變動經文的順序，自然在條目得數目和順序上就不是那麼完整，所以胡培翬在《儀禮正義》中自言本書分節，大多依張爾岐之說。

第二點、胡培翬對張爾岐在《儀禮》經文的說法多有繼承。張爾岐在《儀禮鄭註句讀》中，對於《儀禮》經文，多會將自己的看法附於後，而胡培翬對張爾岐的這些看法亦多採用，僅針對字句解釋加以補充，由胡培翬對張爾岐說法的繼承，亦可以看出胡培翬對張爾岐《儀禮鄭註句讀》的推崇。

第三、張爾岐若對《儀禮》經文有疑問無法解答，則張爾岐往往不妄加斷語，然而胡培翬在《儀禮正義》中針對張爾岐所提出的疑問，多會耙梳歷代文獻，試圖解答張爾岐的疑問，而這也是胡培翬在張爾岐的基礎上，針對《儀禮》經文做更進一步的闡揚。而由上述三點，亦可以看出胡培翬《儀禮正義》與張爾岐《儀禮鄭註句讀》的繼承與發揚。

第七章　結　論

　　《儀禮鄭註句讀》一書的特色分爲兩個部分，第一個部分是體例的特色，第二個部分是張爾岐在解說《儀禮》時，有其特殊的特色。

　　在體例的部分，因爲張爾岐之所以書寫《儀禮鄭註句讀》，乃是因爲張爾岐自己在閱讀《儀禮》時，認爲《儀禮》經文難讀，而相關文獻只有鄭註與賈疏可以參照。然而鄭註過於簡略，賈疏又過於冗長，張爾岐在閱讀的過程中感到非常的辛苦，因此在終於讀通之後，體認到《儀禮》爲周公、孔子所留下來的經典，不可因爲《儀禮》經文困難，鄭註古質，賈疏漫衍而失傳，因此決定爲《儀禮》做注，務求淺顯易懂，達到使後代文人閱讀《儀禮》時能夠通曉明白，無須如張爾岐自己屢讀屢止的窘境。而這樣的用心在張爾岐《儀禮鄭註句讀》一書的體例中表露無遺。

　　《儀禮》經文大多在說明各種儀文禮節，而後人在閱讀《儀禮》時會遇到的一個很重要的問題，就是對於儀文的不了解。張爾岐爲了解決這個問題，使後人能夠在閱讀《儀禮》時，馬上了解此段經文所代表的儀文，故張爾岐在《儀禮鄭註句讀》中，針對各禮節加上條目，使其經文綱舉目張，淺顯明白。

　　事實上，這樣的作法爲朱熹《儀禮經傳通解》首創。朱熹在《儀禮經傳通解》中，就已經爲《儀禮》經文加上條目，使其綱舉目張。然而張爾岐在《儀禮鄭註句讀》的序文中，自言未曾看過朱熹《儀禮經傳通解》，因此對張爾岐而言，《儀禮鄭註句讀》中爲經文分章析節亦是他首創的作法。

　　仔細觀察朱熹《儀禮經傳通解》與張爾岐《儀禮鄭註句讀》中爲經文所分的條目，可以發現他們爲經文所分的段落大致相同，而張爾岐又比朱熹所

分的段落更細緻，其條目名稱也有異曲同工之妙。而這種爲經文分章析節的作法被胡培翬《儀禮正義》所繼承，胡培翬參照朱熹與張爾岐的條目，再加以修正增補，而大致上以張爾岐的條目爲主。在這個體例上，可以看出朱熹、張爾岐與胡培翬皆有使《儀禮》經文更爲清楚的意圖，而這也可以視爲張爾岐《儀禮鄭註句讀》對後世的影響。

張爾岐爲了使《儀禮》經文清楚明瞭，除了爲《儀禮》經文分析條目外，還有另一個很重要的做法，就是爲經文的艱澀字標音，並加上意思說解，使後人在閱讀《儀禮》時，不會因爲經文中的艱澀字而停止。

張爾岐除了爲經文分章析節，並爲艱澀字標音標註，使經文本身容易通曉外，亦針對《儀禮》經文做一簡單扼要的注疏。

爲《儀禮》注疏者，以鄭玄和賈公彥的版本最爲有名，然而張爾岐認爲鄭註古質，賈疏又過於漫衍，因此張爾岐希望能夠爲《儀禮》做一注疏。張爾岐在《儀禮鄭註句讀》中，完全抄錄鄭註，但對於賈疏則加以簡化，取其可以說明《儀禮》經文的注疏，對於過多衍生性的解釋不加抄錄，使後人在閱讀《儀禮鄭註句讀》時，能夠清楚明白《儀禮》經文的要義，而不會被過多衍生的解釋所困擾。

觀察張爾岐對於注疏的取捨，也可以約略歸納出張爾岐的思想。張爾岐在面對賈公彥的疏時，保存有關十三經的注疏，而對於陰陽之說皆不論。之所以會這樣取捨，乃是因爲張爾岐在經歷喪父之痛後，開始秉斥宗教之說，以儒學之說爲宗，因此張爾岐在《儀禮鄭註句讀》中，對於鄭玄所列陰陽五行之說，僅抄錄而不加以說明，對於賈疏所列陰陽五行之說，則完全不加論述。

張爾岐在面對《儀禮》經文時，亦會根據自己對於《儀禮》經文的了解，在鄭註後面加上自己的想法，然而張爾岐對於自己的意見，也採取一種較爲保守的態度，若是對經文有所疑問，則加以提出，然若無法找出確切的答案，則張爾岐亦會在文後說明，表現出張爾岐對於《儀禮》經文不敢妄加猜測的態度，而這樣的態度也表現出張爾岐對經文的愼重，而不敢妄加更動的意涵。

大體而言，張爾岐《儀禮鄭註句讀》所有體例，皆是爲了達到使經文能夠淺顯易懂，使後人能夠因此閱讀《儀禮》，不至於因爲《儀禮》難讀而廢止。而這樣的做法，也顯現出張爾岐希望能夠爲聖人推廣經典的心情。

張爾岐在經歷國仇家恨之後，開始致力於經史，其思想以程朱爲主，而

加以改良修正，其禮學思想亦與儒家經典有很重要的關係。大體而言，張爾岐的禮學思想以天道爲根本，天道以氣下貫人世，氣則化育萬物，使萬物運行於世間。既然世間萬物皆爲氣所化育，而氣又是天道所下貫，因此世間萬物運行，皆須依循天道而行，而這樣的關係，就是張爾岐思想中天道與世間的連接。

張爾岐雖然架構出天道、氣與世間萬物的關係，然而他的重點並非是天道，而是人世，因此張爾岐並沒有對天道多有著墨，而是將重點放在人如何順應天道，而這個順應天道的方法就是「禮」。他在《蒿庵集・中庸論》中，直接說出人若是要能夠順應天道，就要做到「喜怒哀樂之未發，發而皆中節謂之和」的境界，而要達到這樣的境界，其判斷的標準就是禮，甚至張爾岐直接言明，認爲〈中庸〉所言，皆是「禮之統論約說」。在這樣的標準下，只要事事守禮，就是符合中庸「喜怒哀樂之未發，發而皆中節謂之和」的境界，而達到中庸的境界，就是順應天道，即可成爲聖人。如此一來，禮在張爾岐的思想中就顯得至關重要，是一般世人成爲聖人最重要的途徑。

張爾岐將禮的重要性架構完成後，緊接著就要開始探討世人所應遵守的是什麼樣的禮？禮經過時間的更迭與地方的差異，其禮俗亦有很大的差別，然而張爾岐在面對儒家的古禮與當世宗教性的禮俗時，毋寧是更傾向於儒家的古禮，也就是六經中的古禮，其中又以《儀禮》爲最主要。也因此，張爾岐在《蒿庵集》中，有許多批評當世禮俗的文章，如在〈後篤終論〉中，張爾岐就批評當時爲了能夠隆重厚葬，甚至停棺數十年不下葬，張爾岐認爲這樣的行爲只會使世人恥笑，甚至陷先人於僭越禮節的罪名，爲大不孝的行爲。雖然如此，張爾岐亦不贊成太過薄葬，不能厚葬，又不能薄葬，其中的分寸到底該如何拿捏？張爾岐在此提出「無過禮」的想法，認爲在辦喪禮時，應該處處遵守禮節，也就是遵守六經中的儀文，如此一來，就能進退合宜不失禮。

其次，張爾岐站在維護儒家古禮的立場，對於當時宗教性的禮俗皆採取反對的態度，最有名的例子就是在〈謹俗論〉一文中，張爾岐明確反對當時兩個《儀禮》中沒有記載，在當時稱爲「送漿水」〔註1〕與「碎器」〔註2〕的

〔註 1〕 此禮節在亡者剛過世時，親人會在寺廟哭泣，男女皆披散頭髮，光著腳，拿著小酒壺和錢幣哭泣，而這個儀式就是送漿水，大約二、三日以後才停止。而之所以會有這個禮俗，乃是因爲當時的人相信人死時，靈魂會被勾魂死者

禮俗。張爾岐認為「送漿水」與經文不合，且其中涉及鬼神宗教等思想，與聖人「敬鬼神而遠之」的教導不合，因此反對。其次，若是與《儀禮》經文類似，而在小細節的儀文有所出入時，張爾岐也主張應該以《儀禮》經文為主。如〈謹俗論〉中有提到當時的喪禮，其哭位與《儀禮》不合。張爾岐認為當時的哭位無男女之防，且當有客人來弔唁時，亦無法順暢，因此張爾岐在指出當時哭位的缺失後，主張應該遵循《儀禮》的哭位。

最後，在〈與鄧伯溫書〉與〈袁氏立命說辨〉兩篇文章，可以更清楚的看出張爾岐反對宗教禮俗的立場。在〈與鄧伯溫書〉中，鄧伯溫為鄉里祈雨，絕食曝曬於日下，而得雨，鄉里因此稱頌，然張爾岐不以為然，認為六經中所記載的祭天祈雨儀式並非如此，而鄧伯溫所做的祈雨乃是巫術之流，不合聖人教導。而〈袁氏立命說辨〉中，可以看出張爾岐反對功過格的態度，認為功過格不但無益於勸人向善，反而誤導世人以功利看待善行，使其本心轉變，貽害後人。

簡單而言，張爾岐的禮學思想以天道為根本，以氣化萬物，而以禮為實際運行於世間的法則，且張爾岐所認為的禮，是處於六經中的禮，尤其是《儀禮》，也因此，張爾岐反對所有經文中沒有記載的禮俗，亦不喜與宗教相關的禮儀。

張爾岐生於明末清初時期，雖有南宋朱熹《儀禮經傳通解》等人為《儀禮》做疏，然而對比前朝，《儀禮》之學實際上呈現一衰微的氣氛。張爾岐有感聖人之書流傳於世，卻因為經文難讀而荒廢，因此著《儀禮鄭註句讀》，試圖推廣《儀禮》之學，實乃發清初《儀禮》之學的先聲。

康熙以降直到乾嘉時期，《儀禮》受到許多學者關注，其中或多或少受到張爾岐《儀禮鄭註句讀》的影響。本論文在此僅以明確引用《儀禮鄭註句讀》之著作說明，其中有秦蕙田（1702～1764）《五禮通考》、方苞（1668～1749）《儀禮析疑》、吳廷華（1682～1755）《儀禮章句》、盛世佐（1718～1755）《儀禮集編》以及胡培翬（1782～1849）《儀禮正義》等，而又以胡培翬《儀禮正義》受張爾岐影響最為深遠。

抓到附近的廟宇，如果沒有為亡者準備賄絡的罰款，則亡者的靈魂會就會被勾魂使者為難。

〔註 2〕當時的另外一種禮俗。當棺木要出殯，正準備要登上靈車時，會由嫡子在車前捧著盆，長跪在地，然後把盆子丟到地上砸碎，發出聲音。

　　在秦蕙田《五禮通考》中，引用張爾岐《儀禮鄭註句讀》者共 16 例，又分為完全採用張爾岐之說，採用張爾岐之說後，針對張爾岐不足之處衍生說解，以及反駁張爾岐之說三種，然仍以採用張爾岐之說為主。秦蕙田在採用張爾岐之說時，多引用張爾岐針對《儀禮》經文加以說解的部分，由此亦可以看出秦蕙田對張爾岐在解說儀文部分的肯定。

　　方苞在引用張爾岐《儀禮鄭註句讀》的用法上，多是直接引用張爾岐之說來說解經文有疑處，共 27 例，對於張爾岐之說多所採用，不加以駁斥。而由方苞完全採納張爾岐之說，可以看出方苞對張爾岐《儀禮鄭註句讀》的推崇。

　　吳廷華張爾岐《儀禮鄭註句讀》太過遵循鄭註，而王文清〔註3〕《儀禮分節句讀》則太過簡略，因此吳廷華折衷張爾岐與王文清之說，以補這兩本書的不足，寫出《儀禮章句》一書。仔細對照吳廷華《儀禮章句》與張爾岐《儀禮鄭註句讀》二書，可以看出吳廷華為了改善張爾岐太過墨守鄭註的缺失，在書中已經不再抄錄鄭註，而針對經文的說解也更為簡略，僅保留為《儀禮》經文句讀的習慣。而在說解的方式上，也多採直抒經文之意，引用先儒話語的例子較張爾岐少，全書中完全沒有引用張爾岐之說。除此以外，在形式上也捨棄了張爾岐詳細為《儀禮》分章析節的習慣，或許可以視為在張爾岐之後，更為簡略之《儀禮》讀本。

　　盛世佐在《儀禮集編》一書中，先說明唐石經本在當時已經被學者所不信任，而且因為時代的改易，導致石碑剝落，許多字體無法辨識，也因此，盛世佐認為當時的唐石經不能算是好的版本。盛世佐在解釋完唐石經的毀損之後，緊接著肯定張爾岐整理校訂唐石經的功夫，而這也是盛世佐對張爾岐《儀禮鄭註句讀》的肯定。盛世佐在《儀禮集編》中，引用張爾岐《儀禮鄭註句讀》之說者共有四例，絕大部分集中在張爾岐《儀禮鄭註句讀》的自序中，而對於張爾岐解說儀文的部分較少著墨。

　　受張爾岐《儀禮鄭註句讀》影響最為深遠的，首推胡培翬《儀禮正義》，以下分點說明。第一、胡培翬繼承張爾岐對《儀禮》分章析節的做法。事實上，這種作法並非始於張爾岐，早在朱熹《儀禮經傳通解》就已經對《儀禮》

〔註3〕　王文清（1688～1779），字廷鑒，號九溪，世稱九溪先生。與王夫之、王闓運、
　　　　王先謙並稱湖南四王，著有《周易中肯》、《三禮圖》、《周禮會要》、《喪服解》、
　　　　《儀禮分節句讀》等。

經文分章析節，目的在於使後世讀者容易明白《儀禮》的內容，然而朱熹《儀禮經傳通解》會割裂、變動經文的順序，因此在條目得數目和順序上不是那麼完整，所以胡培翬在《儀禮正義》中自言本書分節，大多依張爾岐之說。

第二點、胡培翬對張爾岐在《儀禮》經文的說法多有繼承。張爾岐在《儀禮鄭註句讀》中，對於《儀禮》經文，多會將自己的看法附於後，而胡培翬對張爾岐的這些看法亦多採用，僅針對字句解釋加以補充，由胡培翬對張爾岐說法的繼承，亦可以看出胡培翬對張爾岐《儀禮鄭註句讀》的推崇。

第三、張爾岐若對《儀禮》經文有疑問無法解答，則張爾岐往往不妄加斷語，然而胡培翬在《儀禮正義》中針對張爾岐所提出的疑問，多會耙梳歷代文獻，試圖解答張爾岐的疑問，而這也是胡培翬在張爾岐的基礎上，針對《儀禮》經文做更進一步的闡揚。而由上述三點，亦可以看出胡培翬《儀禮正義》與張爾岐《儀禮鄭註句讀》的繼承與發揚。

〔附錄一〕張爾岐年譜 [註1]

一、名、字號

張爾岐，字稷若，號蒿庵，又號汗漫道人。

二、籍　貫

濟陽縣西鄉宜約人。明初遠祖張大倫自棗強（現在的河北省）遷徙至此，世代務農。

三、世　系

遠祖大倫，祖父蘭，字汝馨，號前川。父親行素，別號龍溪，官至石首（今湖北省）驛丞。張爾岐家世代務農，至父親張行素才由耕轉讀。張爾岐有弟三人，二弟爾嶸，三弟爾征，四弟爾崇。母親歷程郭世弼女。

四、年　表

明神宗萬曆 40 年壬子（1612）　1 歲

農曆 7 月 12 日，西元 8 月 18 日，張爾岐生

父親張行素 31 歲

王琢璞（字無暇，號支離生）37 歲

邢其諫（字信卿，號慰山）34 歲

陳王政（字蒼屏）25 歲

〔註 1〕本年譜以張華松《張爾岐詩文選》（山東：濟南出版社，2009 年 4 月第 1 版）為底本，並佐以相關資料加以釐正，若有與張華松的年譜不同者，會在年譜中加註解說明，以清眉目。若是張華松無而後續增補者，就不再加註解說明。

王言從（字俞之）14 歲

鄧光玉（字溫伯）6 歲

明神宗萬曆 41 年癸丑（1613）　2 歲

農曆 11 月 7 日，張爾岐妻子朱氏生。

顧炎武（本名絳，字寧人，號亭林）生。

明神宗萬曆 43 年乙卯（1615）　4 歲

濟南、青州二府大飢，濟陽知縣越紓奉行官粟之法，使穀價平穩。

明神宗萬曆 44 年丙辰（1616）　5 歲

張行素任湖廣石首驛丞，在職任三日，因為不肯為五斗米折腰，即辭官歸里，侍奉父親。

張行素入京，有客人欲代其賄絡，使其獲得美職，被行素拒絕，時人譽為美談。

明熹宗天啓 2 年壬戌（1622）　11 歲

京都創首善書院，鄒吉水、馮三原及諸君子講學其中，然而御史倪文煥承崔魏風的旨意，疏請毀壞首善書院的石碑，毀先聖主，燒毀經籍，並且說首善書院：「聚不三不四之人，說不疼不癢之話，作不深不淺之揖，喫不冷不熱之餅。」書院因此被廢。張爾岐在後段評論「獨是數君子不能安靜俟時，以銷羣陰，乃輕露聲光，逢其畏忌，至於黨禍大起，邦國殄瘁，痛哉！」由此段評論，可以看出張爾岐對於首善書院的同情，以及對於清廷處置方式的不贊同之意。

明熹宗天啓 5 年乙丑（1625）　14 歲

農曆 12 月 18 日，四弟爾崇（字季厚）出生。

明熹宗天啓 6 年丙寅（1626）　15 歲

始讀《詩經》，因為體弱多病，亦醉心醫學。

明熹宗天啓 7 年丁卯（1627）　16 歲

娶濟南朱氏為妻。

秋 7 月，大清河溢。

明思宗崇禎元年戊辰（1628）　17 歲

王琢璞（無暇）以年資貢入太學，不赴。

明思宗崇禎 3 年庚午（1630）　19 歲

初，初應鄉試，不售。

邢其諫致仕歸里，稍後，與譜主結爲忘年交。

是歲，始學史，因有慨於時局，遂又耽情詩文曲詞。

鄧光玉入邑庠。

明思宗崇禎 4 年辛未（1631）　20 歲

有志於編纂邑志，並致力於本邑文獻的蒐羅。

與艾馥訂交。

三弟爾征，四弟爾崇同時就學。

明思宗崇禎 5 年壬申（1632）　21 歲

鄧伯溫在濟南讀書，與王含九爲友。張爾岐在秋天探視鄧伯溫，並與王含九結交，閱讀王含九的詩文。

明思宗崇禎 6 年癸酉（1633）　22 歲

以妹夫家之事株連，被誣告入濟南府獄，久而得解。

再赴鄉試，落第。

明思宗崇禎 7 年甲戌（1634）　23 歲

作《日記》序。日記爲張爾岐紀錄幾年所學的心得，並集結成冊。

張爾岐因爲妹夫的事情被牽連入濟南郡獄，鄧伯溫與王含九常常帶詩文探望。〔註 2〕

王含九病逝。

崇信道士之說，作《服黃精賦》。

德王朱由樞將濟陽慈光寺所藏的《大藏經》以車載走。

明思宗崇禎 8 年乙亥（1635）　24 歲

編訂去年 7 月以來之日記成卷，作《日記・序》以志之。〔註 3〕

〔註 2〕〔民〕張華松：《張爾岐師文選》（山東：濟南出版社出版，山東新華出版社印刷，2009 年 4 月第 1 次第 1 版印刷。）將張爾岐入獄之事編於崇禎六年，然而《蒿庵集・王明臺先生集序》中原文爲「鄧子伯溫當崇禎壬申讀書濟南……越明年，予繫濟南郡獄」，筆者根據「越明年」三字編入此年。

〔註 3〕〔民〕張華松：《張爾岐師文選》（山東：濟南出版社出版，山東新華出版社印刷，2009 年 4 月第 1 次第 1 版印刷。）中將此段列爲明思宗崇禎 6 年癸酉（1633）。然而《蒿庵集・日記序》中最末書寫時間「歲次乙亥」，故筆者將其更正於此年。

明思宗崇禎 9 年丙子（1636） 25 歲

鄉試不售。反省自己之所以不售，乃是因為模擬《大全》、《蒙引》、《存疑》三書，然而只有形似，故不售。

明思宗崇禎 10 年丁丑（1637） 26 歲

友人勸讀房牘。

冬天時遇到霑化吳先生（育初），善言舉業之事，張爾岐向他學舉業之事。

秋，始肆力於時文，且習《周禮》、《禮記》

著《風角書》。張爾岐將《風角書》刪其重複，為 8 卷，錄而藏之。〔註4〕

明思宗崇禎 11 年戊寅（1638） 27 歲

夏，山東大旱，濟南尤其嚴重，飛蝗蔽野，禾苗立盡。

9 月，清兵入塞，自畿輔至德州渡河，入掠山東。

冬，借讀邑先賢黃臣詩。

冬末，清兵攻破濟陽縣城，四掠鄉村，父親行素殺兩個清兵，弟爾征，爾崇（季厚）被執。

明思宗崇禎 12 年己卯（1639） 28 歲

正月，清兵攻陷濟南，德王朱由樞被執，巡按御史宋學朱、布政使張秉文殉難。

正月 16 日，父親行素被執，身履大難，欲以身殉父，因母老而打消念頭。又因為鄉人鮮少解禮者，故開始學禮。〔註5〕

春夏大旱。

冬，將父親的靈柩葬在祖墳，請王琢璞撰墓誌銘。

受時局與家難的刺激，開始注意實學，學兵家之言，且言術數。

明思宗崇禎 13 年庚辰（1640） 29 歲

大旱、大飢、人相食。

始留心於荒政，探討救荒之道。

大慈光寺僧侶散亡，其殿倒圮。

明思宗崇禎 14 年辛巳（1641） 30 歲

〔註4〕《風角書》一書的成書，《張爾岐詩文選》言 28 歲。

〔註5〕《蒿庵集‧日記又序》中云：「己卯，有天日之慟，鄉人鮮解禮者，學禮。」

張爾岐因仰慕周公、孔子手澤，始讀《儀禮》。

春夏大飢，盜大起。

冬，滿清兵再度經河北入掠山東。

明思宗崇禎 15 年壬午（1642） 31 歲

四弟爾崇就童子試，甚得學官賞識，錄居第一。

明思宗崇禎 16 年癸未（1643） 32 歲

三月，滿清兵北返。

11 月，王良相逝世，享年 72 歲。

是年，取得廩膳生員的名義。

明思宗崇禎 17 年、清世祖順治元年甲申（1644） 33 歲

正月初一，李自成在西安稱王，國號大順，改元永昌。3 月 19 日，崇禎帝朱由檢自縊，李自成入北京，5 月 2 日，清攝政王多爾袞入北京。15 日，南明諸臣擁立監國福王朱由崧為皇帝，定都南京，以明年為弘光元年。7 月 12 日，清戶部右侍郎王鰲永自山東啓奏：「濟南、東昌、青州、臨清等州郡，以次撫定，並謹送故明德王朱由樂降表。」9 月 19 日，順治定都北京。

張爾岐焚棄時文，絕意科舉，不復讀，並致力於經史之學。

清世祖順治 2 年乙酉（1645） 34 歲

杜明府至濟陽任官，三月後，萬民歌舞。

張爾岐撰《日記・又序》，定下為學順序。經則《大學》、次《論語》、次《中庸》、《孟子》，次《詩》、次《書》、次《易》、次《春秋》、次《周禮》、《儀禮》、《禮記》。史則《綱目》、《前編》、《續編》、明朝《通紀》、《大政錄》，雜書則《大學衍義》、《補西山讀書記》、《文獻通考》、《治安考據》、《文章正宗》、《名臣奏疏》、《大明會典》等書。

收欒攀風為徒，授《毛氏詩》

清世祖順治 3 年丙戌（1646） 35 歲

有司推薦張爾岐參加秋試，不從。

冬，游西塢，得聞父行素當年銓選時事。

門人艾元征登進士。

清世祖順治 4 年丁亥（1647） 36 歲

杜明府奏遷學博，濟陽的民眾皆嘆息淚下，而杜明府坦然接受，並送張

爾岐一段話，而張爾岐將其記載在《蒿庵集・送邑侯杜明府還里序》中。

　　3月10日，張爾岐妻子朱氏病逝，得年35歲，並於10月27日葬於祖墳之西。

　　6、7、8月大雨，作〈苦雨賦〉。

清世祖順治5年戊子（1648）　37歲

　　夏，大雨。

　　邑北盜賊起。

　　冬，抗清義軍攻商河縣，戰亂波及濟陽縣北境。

　　冬末，王琢璞卒，享年73歲。

　　撰〈明處士靜齋欒君墓誌銘〉。

清世祖順治6年己丑（1649）　38歲

　　一月，商河、臨清抗清義軍敗，魁首杜全、張文齊、徐青斗遇害。

　　邢其諫前往弔祭王琢璞，接受遺稿，並整理之。

　　冬，《濟陽縣續志》纂成。

　　大稔。

清世祖順治7年庚寅（1650）　39歲

　　貢入太學，不應，門人艾元征勸出仕，不從。

　　山東七起起義反清。

清世祖順治8年辛卯（1651）　40歲

　　撰〈萊蕪節烈張夫人碑陰〉。

　　讀《易》，並以此授子姪門人等人，又因爲《周易本義》不易閱讀，所以張爾岐撰寫《周易說略》，以方便童蒙閱讀。

清世祖順治9年壬辰（1652）　41歲

　　八月，整理出王琢璞（無瑕）詩58首，文70篇，定爲8卷，即爲《王無瑕先生集》〔註6〕

清世祖順治10年癸巳（1653）　42歲

　　坦翁桑先生開始到濟陽教書。

　　10月10日，邑賢陳王政（蒼屏）去世，享年66歲。

〔註6〕《蒿庵集・王無瑕先生集序》中云：「至壬辰八月，始得詩58首，文70篇，定爲8卷。」

遊京師，見《冊府元龜》的新板本，然而因為價貴，不可得。

清世祖順治 11 年甲午（1654）　　43 歲

撰〈明故處士劉君暨配姚孺人墓誌銘〉。〔註7〕

清世祖順治 12 年乙未（1655）　　44 歲

鄧伯溫與張爾岐整理王含九的詩、雜文、詩餘，合成一冊，並請張爾岐為其作序。

清世祖順治 13 年丙申（1656）　　45 歲

春，僱人建房，作〈起屋（丙申望日）〉詩，夜作〈作前詩夜大風電・用前韻〉詩，次日白天又作〈晨霽，喜仍前韻〉詩。

清世祖順治 14 年丁酉（1657）　　46 歲

顧炎武北上山東，遊萊州，即墨，登勞山，秋後抵達濟南，訪新城徐夜（元善），並於章邱與張爾岐訂交。

清朝改定師儒建置之法，罷副者，而坦翁桑先生獨任教事。

清世祖順治 15 年戊戌（1658）　　47 歲

鄧光玉（溫伯）入國子監應試，張爾岐作〈送鄧伯溫廷試〉。

12 月 12 日，為邢其諫（慰山）80 壽辰，張爾岐作〈壽邢先生八十〉。

清世祖順治 16 年己亥（1659）　　48 歲

山東等地行方田法，張爾岐親見其弊。

清世祖順治 17 年庚子（1660）　　49 歲

庚子鄉試之後，書肆熱銷新貴程墨，張爾岐作〈選十魁〉三首以感慨。

清世祖順治 18 年辛丑（1661）　　50 歲

夏，邢其諫來訪，以詩相贈，張爾岐作〈辛丑夏，慰翁邢老伯枉顧田舍，辱惠贈章，過有獎誘，謹次韻奉答〉。

顧炎武致書贈張爾岐，並贈以〈論學書〉、〈干祿學樣〉，張爾岐復書作答，並抄錄〈中庸論〉相贈。

自春到秋，大旱。秋，作〈苦旱二十五韻〉。

張爾岐讀《冊府元龜》，並為其作序，而在序的後段說明自己「華豔之文漸不喜觀，唯朝家制度名物之詳，猶欲稍誌一二，以備遺忘，補空疏也。」

〔註7〕劉君即為劉逢源，號月江，齊東縣人。

清聖祖康熙元年壬寅（1662）　51歲

春，往章邱白雲湖訪隱士張光啓（字元明），歸作〈壬寅春訪元明先生張隱君歸賦〉。

12月12日，邢其諫84歲生日，張爾岐作〈壽邢先生八十四〉三首。

與顧炎武再度相遇章邱，讀顧炎武〈古易序〉

輯成《新濟藝文》二卷。

5月，于七起義被鎮壓。

清聖祖康熙2年癸卯（1663）　52歲

撰〈慈光寺重修大殿記〉

清聖祖康熙3年甲辰（1664）　53歲

2月，清廷詔定府、州、縣衛，置師各有差。而縣又分為上、中、下三等，上縣可以設教諭，剩下設訓導一員而已。

4月23日，隕霜殺草，張爾岐作〈紀異〉紀錄此事。

7月，作〈送桑先生赴刑部改授〉詩及〈送坦翁桑先生赴部改授詩冊·序〉

清聖祖康熙4年丁巳（1665）　54歲

作〈跋自書《服黃精賦》後〉

章邱諸生謝長吉（字世態）因負顧炎武千金而以章邱大桑家莊田十頃作抵，顧炎武委託莊頭包管，年租銀一百二十兩。

清聖祖康熙5年丙午（1666）　55歲

邢其諫（慰山）整理自己生平交遊酬贈之詞而成為一本巨冊，取名《交遊翰墨冊》，請張爾岐為作弁言。

清聖祖康熙6年丁未（1667）　56歲

6月25日，邢其諫（慰山）卒，享年89歲。11月2日，安葬於祖靈，張爾岐為其撰〈慰山邢先生墓誌銘〉、〈祭慰山邢先生文〉。

清聖祖康熙7年戊申（1668）　57歲

6月17日，地震，張爾岐作〈地動搖〉、〈紀異二十韵〉以記之。

輯錄近歲制藝文成冊，取名《書義》，付子弟藏之，並作〈自訂《書義》序〉。

謝長吉唆使即墨人姜元衡詩告黃培詩獄，以株連顧炎武，而奪占大桑家莊田產。3月15日，顧炎武入濟南府獄，至9月20日，獄解得釋。

清聖祖康熙 8 年己酉（1669） 58 歲

夏天，張爾岐作《老子說略》。

秋天，致書好友鄧光玉（溫伯），諫其「清齋祈雨，自輕其身」之過。

冬天，尹天民來訪，並爲張爾岐的《蒿庵集》作跋。

張爾岐致書顧炎武，建言變賣大桑家莊田產，顧炎武不從，復書致意。

清聖祖康熙 9 年庚戌（1670） 59 歲

5 月，將 20 年之札記校錄成冊，取名《蒿庵閒話》。

秋，作〈庚戌夏秋苦旱，巫降神言雨期不應，過所期乃雨〉。

蜜蜂敗禾，作長詩〈高粱蜜〉。

張爾岐勉力閱讀《儀禮》六個月，然後取經與註章分之，做《儀禮鄭註句讀》。

應菅氏兄弟之請，撰〈貞節菅母王氏墓表〉。

清聖祖康熙 10 年辛亥（1671） 60 歲

秋天，與王言從（俞之），尹天民（先之）一起定錄邢其諫（慰山）遺詩，合爲一卷，並作序。

是歲，作〈自挽〉詩

是歲，以《蒿庵閒話》見質於好友王言從，王言從讀後，題詩相贈。

清聖祖康熙 11 年壬子（1672） 61 歲

正月十三日，生母郭氏歿，十一月，與父親張行素合葬。

是歲，撰〈連城王先生墓表〉。

清聖祖康熙 12 年癸丑（1673） 62 歲

春，山東省開史館，延請碩儒纂修《山東通志》，主事者爲布政使施天裔，同時參與修纂者尚有顧炎武、薛鳳祚、李煥章等人。

四弟爾崇病逝，得年 51 歲。

八月，於濟陽結識劉孔懷，並以《蒿庵集》相贈。

作〈題劉友生《范文正公流寓考》〉，說明劉友生考釋范文正公住處之詳核。

清聖祖康熙 13 年甲寅（1674） 63 歲

濟陽大旱。

清聖祖康熙 14 年乙卯（1675）　　64 歲

六月，鄧光玉授莘縣訓導，張爾岐作序送之。

夏，顧炎武再度來訪，並賦詩相贈。

晚秋，與顧炎武、李煥章、薛鳳祚在大明湖泛舟

清聖祖康熙 15 年丙辰（1676）　　65 歲

四月十二日，鄧光玉卒於莘縣學舍，享年 70 歲。

七月四日，艾元征卒，得年 53 歲。

九月，結識王猶龍，賦詩記之。

艾元衡卒，得年 50 歲，張爾岐作〈祭艾平子文〉。

撰〈處士見誠張君暨配劉孺人合葬墓誌銘〉

撰〈渤海李君暨配合葬墓誌銘〉

分別爲祖父立石表於墓隧。

清聖祖康熙 16 年丁巳（1677）　　66 歲

十二月二十八日（西元 1678 年 1 月 20 日），張爾岐病逝，此前數月，草《春秋傳議》6 卷未成，自敘〈墓誌銘〉，並手寫〈遺囑〉。

〔附錄二〕《儀禮鄭註句讀》

目次與內文條目比較表

	目　　　次					內　文　條　目				
	筮日	戒賓	筮賓	宿賓宿贊冠者	為期	筮日	戒賓	筮賓	宿賓宿贊冠者	為期
士冠禮第一	冠日陳設	主人與賓各就內外位	迎賓及贊冠者入	初加	再加	冠日陳設	主人與賓各就內外位	迎賓及贊冠者入	初加	再加
	三加	賓醴冠者	冠者見于母	賓字冠者	冠者見兄弟贊者姑姊	三加	賓醴冠者	冠者見于母	賓字冠者	冠者見兄弟贊者姑姊
	冠者見君與鄉大夫先生	醴賓	送賓歸俎	夏殷冠子之法	孤子冠法	冠者見君與鄉大夫先生	醴賓	送賓歸俎	夏殷冠子之法	孤子冠法
	庶子冠法	見母權法	戒賓宿賓之辭	加冠祝辭	醴辭	庶子冠法	見母權法	戒賓宿賓之辭	加冠祝辭	醴辭
	醮	字辭	三服之屨	記		醮	字辭	三服之屨	記	
士昏禮第二	一使兼行納采問名二禮及禮使者之儀	納吉	納徵	請期	將親迎預陳饌	一使兼行納采問名二禮及禮使者之儀	納吉	納徵	請期	將親迎預陳饌
	親迎	婦至成禮	婦見舅姑	贊者醴婦	婦饋舅姑	親迎	婦至成禮	婦見舅姑	贊者醴婦	婦饋舅姑
	舅姑饗婦	饗送者	舅姑沒婦廟見及饗婦饗送者之禮	記	昏禮時地辭命用物	舅姑饗婦	饗送者	舅姑沒婦廟見及饗婦饗送者之禮	記	昏禮時地辭命用物

	筓女教女之事	問名對賓之節	祭禮	納徵禮庭實之節	父母授女	筓女教女之事	問名對賓之節	祭禮	納徵禮庭實之節	父母授女
	婦升車法	注玄酒之節	筓飾及受筓之節	醴婦饗婦饌具儀節	婦助祭之期	婦升車法	注玄酒之節	筓飾及受筓之節	醴婦饗婦饌具儀節	婦助祭之期
士昏禮第二	庶婦禮之不同於適婦者	納采之辭	問名之辭	醴賓之辭	納吉之辭	庶婦禮之不同於適婦者	納采之辭	問名之辭	醴賓之辭	納吉之辭
	納徵之辭	請期之辭	使者反命之辭	父醮子辭	親迎至門告擯者辭	納徵之辭	請期之辭	使者反命之辭	父醮子辭	親迎至門告擯者辭
	父母送女戒命之辭	姆辭壻授綏辭	記使命所自出	不親迎者見婦父母之禮		父母送女戒命之辭	姆辭壻授綏辭	記使命所自出	不親迎者見婦父母之禮	
士相見禮第三	士相見禮	士見於大夫	大夫相見	臣見於君	燕見於君	士相見禮	士見於大夫	大夫相見	臣見於君	燕見於君
	進言之法	侍坐於君子之法	臣侍坐賜食賜飲及退去之儀	尊爵者來見士	博記稱謂與執贄之容	進言之法	侍坐於君子之法	臣侍坐賜食賜飲及退去之儀	尊爵者來見士	博記稱謂與執贄之容
鄉飲酒禮第四	謀賓戒賓	陳設	速賓迎賓拜至	主人獻賓	賓酢主人	謀賓戒賓	陳設	速賓迎賓拜至	主人獻賓	賓酢主人
	主人酬賓	主人獻介	介酢主人	主人獻眾賓	一人舉觶	主人酬賓	主人獻介	介酢主人	主人獻眾賓　自初獻賓至此，為飲酒第一段。	一人舉觶
	升歌三終及工	笙奏三終及笙	間歌三終	合樂及告樂	司正安賓	升歌三終及工	笙奏三終及笙	間歌三終	合樂及工告樂備　此作樂樂賓，是飲酒禮二段，並上段鄭氏以禮樂為之正是也。	司正安賓

鄉飲酒禮第四	司正表位	賓酬主人	主人酬介	介酬賓眾賓眾賓旅酬	二人舉觶	司正表位	賓酬主人	主人酬介	介酬賓眾賓旅酬 此飲酒禮之第三段。	二人舉觶
	徹俎	坐燕	賓出	尊者入之禮	賓拜賜	徹俎	坐燕 此飲酒第四段，飲禮始畢。	賓出	尊者入之禮	賓拜賜
	記	鄉服及解不宿戒	器具牲羞之屬	禮樂儀節隆殺面位次序		記	鄉服及解不宿戒	器具牲羞之屬	禮樂儀節隆殺面位次序	
鄉射禮第五	戒賓	陳設	速賓	迎賓拜至	主人獻賓	戒賓	陳設	速賓	迎賓拜至	主人獻賓
	賓酢主人	主人酬賓	主人獻眾賓	一人舉觶	遵入獻酢之禮	賓酢主人	主人酬賓	主人獻眾賓	一人舉觶	遵入獻酢之禮
	合樂樂賓	獻工與笙	立司正	司射請射	弟子納射器	合樂樂賓	獻工與笙	立司正	司射請射	弟子納射器
	司射比三耦	司馬命張侯倚旌	樂正遷樂	三耦取弓矢俟射	司射誘射	司射比三耦	司馬命張侯倚旌	樂正遷樂	三耦取弓矢俟射	司射誘射
	三耦射	取矢委福第一番射事竟	司射請射比耦	三耦拾取矢	眾賓受弓矢序立	三耦射	取矢委福第一番射事竟	司射請射比耦	三耦拾取矢	眾賓受弓矢序立
	司射作射請釋獲	三耦釋獲而射	賓主人射	大夫與耦射	眾賓繼射釋獲告卒射	司射作射請釋獲	三耦釋獲而射	賓主人射	大夫與耦射	眾賓繼射釋獲告卒射
	司馬命取矢乘矢	數獲	飲不勝者	司馬獻獲者	司射獻釋獲者第二番射事竟	司馬命取矢乘矢	數獲	飲不勝者	司馬獻獲者	司射獻釋獲者第二番射事竟
	司射又請射命耦反射位	三耦賓主人大夫眾賓皆拾取矢	司射請以樂節射	三耦賓主人大夫眾賓以樂射	樂射取矢數矢	司射又請射命耦反射位	三耦賓主人大夫眾賓皆拾取矢	司射請以樂節射	三耦賓主人大夫眾賓以樂射	樂射取矢數矢
	樂射視算告獲	樂射飲不勝者	拾取矢授有司	退諸射器射事竟	旅酬	樂射視算告獲	樂射飲不勝者	拾取矢授有司	退諸射器射事竟	旅酬

	司正使二人舉觶	請坐燕因徹俎	坐燕無算爵無算樂射後飲酒禮	賓出送賓	明日拜賜	司正使二人舉觶	請坐燕因徹俎	坐燕無算爵無算樂射後飲酒禮	賓出送賓	明日拜賜
鄉射禮第五	息司正	記				息司正	記			
	告誡設具	君臣各就位次	命賓	請命執役	納賓	告誡設具	君臣各就位次	命賓	請命執役	納賓
	主人獻賓	賓酢主人	主人獻公	主人自酢于公	主人酬賓	主人獻賓	賓酢主人	主人獻公	主人自酢于公	主人酬賓
	二人滕爵於公	公舉滕爵酬賓遂旅酬病燕盛禮成	主人獻卿或獻孤	再請二大夫滕觶	公又行爵為卿舉旅燕禮之再成	二人滕爵於公	公舉滕爵酬賓遂旅酬病燕盛禮成	主人獻卿或獻孤	再請二大夫滕觶	公又行爵為卿舉旅燕禮之再成
燕禮第六	主人獻大夫兼有胥薦主人之事	升歌	獻工	公三舉旅以成獻大夫之禮	奏笙	主人獻大夫兼有胥薦主人之事	升歌	獻工	公三舉旅以成獻大夫之禮	奏笙
	獻笙	歌笙間作遂鄉樂而告樂備	立司正命安賓	主人辯獻士及旅食	因燕而射以樂賓	獻笙	歌笙間作遂鄉樂而告樂備	立司正命安賓	主人辯獻士及旅食	因燕而射以樂賓
	賓滕觶于公，公為士舉旅酬	主人獻庶子以下于酢階	燕末無算爵無算樂	燕畢賓出	公與客宴	賓滕觶于公，公為士舉旅酬	主人獻庶子以下于酢階	燕末無算爵無算樂	燕畢賓出	
	記					記				
	戒百官	前射三日戒宰視滌量道張侯	射前一日設樂獻	射日陳燕具席位	命賓納賓	戒百官	前射三日戒宰視滌量道張侯	射前一日設樂獻	射日陳燕具席位	命賓納賓
大射儀第七	主人獻賓	賓酢主人	主人獻公	主人受公酢	主人酬賓	主人獻賓	賓酢主人	主人獻公	主人受公酢	主人酬賓
	二人滕觶將為賓舉旅酬	公取滕觶酬賓遂旅酬	主人獻卿	二人再滕觶	公又行一觶為卿舉旅	二人滕觶將為賓舉旅酬	公取滕觶酬賓遂旅酬	主人獻卿	二人再滕觶	公又行一觶為卿舉旅
	主人獻大夫	作樂娛賓射前燕禮備	將射立司正安賓祭儀	請射納器誓射比耦	司射誘射	主人獻大夫	作樂娛賓射前燕禮備	將射立司正安賓祭儀	請射納器誓射比耦	司射誘射

大射儀第七	三耦射	三耦射後取矢射禮第一番竟	將射命耦	三耦拾取矢于福	三耦再射釋獲	三耦射	三耦射後取矢射禮第一番竟	將射命耦	三耦拾取矢于福	三耦再射釋獲
	君與賓耦射	公卿大夫及眾耦皆射	射訖取矢	數左右獲算多少	飲不勝者	君與賓耦射	公卿大夫及眾耦皆射	射訖取矢	數左右獲算多少	飲不勝者
	獻獲者	獻釋獲者第二番射事竟	將以樂射射者拾取矢	以樂節射	樂射或取矢數獲	獻獲者	獻釋獲者第二番射事竟	將以樂射射者拾取矢	以樂節射	樂射或取矢數獲
	樂射後飲不勝者	樂射後拾取矢	三番射竟退諸射器將坐燕以終於	爲大夫舉旅酬	徹俎安坐	樂射後飲不勝者	樂射後拾取矢	三番射竟退諸射器將坐燕以終於	爲大夫舉旅酬	徹俎安坐
	主人獻食及旅食	賓舉爵爲士旅酬	坐燕時或復射	主人獻庶子等獻禮之終也	燕末盡歡	主人獻食及旅食	賓舉爵爲士旅酬	坐燕時或復射	主人獻庶子等獻禮之終也	燕末盡歡
	賓出公入					賓出公入				
聘禮第八	命使	授幣	將行告彌與行	受命遂行	過他邦假道	命使	授幣	將行告彌與行	受命遂行	過他邦假道
	豫習威儀	至竟迎入	入竟展幣	郊勞	致館設殯	豫習威儀	至竟迎入	入竟展幣	郊勞	致館設殯
	聘享	主君禮賓	私覿	賓禮畢出公送賓	卿勞賓	聘享	主君禮賓	私覿	賓禮畢出公送賓	卿勞賓
	歸饗餼於賓介	賓問卿面卿	介面卿	問下大夫	大夫代受幣	歸饗餼於賓介	賓問卿面卿	介面卿	問下大夫	大夫代受幣
	夫人歸禮賓介	大夫餼賓介	主國君臣饗食賓介之法	還玉報享	賓將行君館賓	夫人歸禮賓介	大夫餼賓介	主國君臣饗食賓介之法	還玉報享	賓將行君館賓
	賓行主國贈送	使者反命	使還奠告	遭所聘國君喪及夫人世子喪	出聘後本國君喪	賓行主國贈送	使者反命	使還奠告	遭所聘國君喪及夫人世子喪	出聘後本國君喪
	賓聘有私喪	出聘賓介死	小聘	記	有故卒聘致書之事	賓聘有私喪	出聘賓介死	小聘	記	有故卒聘致書之事

	使者受命將行之禮	朝聘玉幣	修辭之節因及辭對二言	賓館	設殯	使者受命將行之禮	朝聘玉幣	修辭之節因及辭對二言	賓館	設殯
聘禮第八	賓訝往復之禮	釋聘用圭璧之故	授賓次	賓介聘享之容	庭實貨幣之宜	賓訝往復之禮	釋聘用圭璧之故	授賓次	賓介聘享之容	庭實貨幣之宜
	襲裼之節	公禮賓儀物	覿後賓私獻	君不親受之禮	大夫勞賓	襲裼之節	公禮賓儀物	覿後賓私獻	君不親受之禮	大夫勞賓
	賓受饗而祭	賓主行禮之節次及禽獻之等殺	賓游觀	士介之殺禮	不親饗與無饗	賓受饗而祭	賓主行禮之節次及禽獻之等殺	賓游觀	士介之殺禮	不親饗與無饗
	大夫餼賓上介之實與器	賓請歸拜賜	燕聘賓之禮	特聘宜加禮	公館賓拜四事之辭	大夫餼賓上介之實與器	賓請歸拜賜	燕聘賓之禮	特聘宜加禮	公館賓拜四事之辭
	賓謝館主人	饗不饗之宜	受聘大小不同	致饗米禾之數		賓謝館主人	饗不饗之宜	受聘大小不同	致饗米禾之數	
公食大夫禮第九	戒賓	陳具	賓入拜至	載鼎實於俎	爲賓設正饌	戒賓	陳具	賓入拜至	載鼎實於俎	爲賓設正饌
	賓祭正饌	爲賓設加饌	賓祭加饌	賓食饌三飯	公以車帛侑賓	賓祭正饌	爲賓設加饌	賓祭加饌	賓食饌三飯	公以車帛侑賓
	賓卒食	禮終賓退	歸俎于賓	賓拜賜	食上大夫禮之加於下大夫者	賓卒食	禮終賓退	歸俎于賓	賓拜賜	食上大夫禮之加於下大夫者
	君不親食使人往致	大夫相食之禮	大夫不親食君使人代致	記		君不親食使人往致	大夫相食之禮	大夫不親食君使人代致	記	
觀禮第十	王使人郊勞	王賜侯氏舍	王戒觀期	受次于廟門外	侯氏執瑞玉行觀禮	王使人郊勞	王賜侯氏舍	王戒觀期	受次于廟門外	侯氏執瑞玉行觀禮
	觀已即行三享	侯氏請罪天子乃勞之	王賜侯氏車服	王辭命稱謂之殊	略言王待侯氏之禮以上廟受觀禮竟	觀已即行三享	侯氏請罪天子乃勞之	王賜侯氏車服	王辭命稱謂之殊	略言王待侯氏之禮以上廟受觀禮竟
	諸侯觀於天子	記					記			

喪服第十一子夏傳	斬衰裳	父	諸侯為天子	君	父為長子	斬衰裳	父	諸侯為天子	君	父為長子
	為人後者	妻為夫	妾為君	女子子在室為父	子嫁反在父之室	為人後者	妻為夫	妾為君	女子子在室為父	子嫁反在父之室
	眾臣為君	疏衰裳	父卒則為母	慈母如母	母為長子	眾臣為君	疏衰裳	父卒則為母	慈母如母	母為長子
	疏衰裳齊	父在為母妻	出妻之子為母	父卒繼母嫁從為之服報	不杖麻履者	疏衰裳齊	父在為母妻	出妻之子為母	父卒繼母嫁從為之服報	不杖麻履者
	祖父母	世父母叔父母	大夫之適子為妻	昆弟	大夫之庶子為適長弟適孫	祖父母	世父母叔父母	大夫之適子為妻	昆弟	大夫之庶子為適長弟適孫
	為人後者為其父母教	女子子適人者為其母	繼父同居者	為夫之君	姑姊妹女子子適人無主者姑姊妹報章	為人後者為其父母教	女子子適人者為其母	繼父同居者	為夫之君	姑姊妹女子子適人無主者姑姊妹報章
	為君之父妻長子祖父母	妾為女君	婦為舅姑	夫之昆弟之子	公妾大夫之妾為其母	為君之父母妻長子祖父母	妾為女君	婦為舅姑	夫之昆弟之子	公妾大夫之妾為其母
	女子子為祖父母	大夫之子為世父母	大夫為祖父母適孫為士者	公妾以及士妾為其父母	疏衰裳齊無受者	女子子為祖父母	大夫之子為世父母	大夫為祖父母適孫為士者	公妾以及士妾為其父母	疏衰裳齊無受者
	寄公為所寓	丈夫婦人為宗子	為舊君	庶人為國君	大夫在外其妻為國君	寄公為所寓	丈夫婦人為宗子	為舊君	庶人為國君	大夫在外其妻為國君
	繼父不同居者	曾祖父母	大夫為宗子舊君	曾祖父母為士者	女子子嫁，未嫁者為曾祖父母	繼父不同居者	曾祖父母	大夫為宗子舊君	曾祖父母為士者	女子子嫁，未嫁者為曾祖父母
	大功布衰裳無受者	子女子子之長殤中殤	姊姊妹女子子適者	從父昆弟	女子子適者為眾昆弟	大功布衰裳無受者	子女子子之長殤中殤	姊姊妹女子子適者	從父昆弟	女子子適者為眾昆弟
	姪丈夫婦人報	夫之祖父母	大夫為世父母	公之庶昆弟為母	大夫之妾為君之庶	姪丈夫婦人報	夫之祖父母	大夫為世父母	公之庶昆弟為母	大夫之妾為君之庶子

喪服第十一子夏傳	女子子嫁者為世父母	大夫為姑姊嫁於大夫者	緦衰裳既葬陰之者	諸侯之大夫為天子	小功布衰裳五月者	女子子嫁者為世父母	大夫為姑姊嫁於大夫者	緦衰裳既葬陰之者	諸侯之大夫為天子	小功布衰裳五月者
	叔父之下殤	為夫之叔父之長殤	小功布衰裳即葛五月者	從祖祖父母報	孫適人者	叔父之下殤	為夫之叔父之長殤	小功布衰裳即葛五月者	從祖祖父母報	孫適人者
	為人後者其姊妹適人者	從母丈夫婦報	夫之姑姊妹娣婦似報	大夫等為從父昆弟等者	大夫之妾子適人者	為人後者其姊妹適人者	從母丈夫婦報	夫之姑姊妹娣婦似報	大夫等為從父昆弟等者	大夫之妾子適人者
	君母之父母從母	君子子為庶母慈巳者	緦麻三月者	族曾祖父母	庶孫之婦	君母之父母從母	君子子為庶母慈巳者	緦麻三月者	族曾祖父母	庶孫之婦
	從祖姑姊妹適人報	從母之長殤報	庶子為父後者為其母	士為庶母	貴臣貴妻	從祖姑姊妹適人報	從母之長殤報	庶子為父後者為其母	士為庶母	貴臣貴妻
	從祖昆弟之子	從父昆弟之子長殤	記	／	／	從祖昆弟之子	從父昆弟之子長殤	記	／	／
士喪禮第十二	復魂	事死之初事	使人赴君	主人以下室中哭位	君使人弔	復魂（復者猶生而復生不生則行死事）	事死之初事（喪禮凡二端一以魄事神一以精神綴體始奉脯醢精神之始也）	使人赴君	主人以下室中哭位（愚案主人哭位唯小斂以前在此後則在階下矣）	君使人弔（記曰尸在室有君命眾主人不出）
	君使人襚	親者兄弟朋友襚／庶兄弟	為銘	沐浴含飯之具陳於階下者	陳襲事所用衣物于房中	君使人襚（疏云雖前襲與小斂俱得用斂乃用之）	親者兄弟朋友襚／庶兄弟	為銘	沐浴含飯之具陳於階下者	陳襲事所用衣物于房中

	沐浴含飯之具陳于階下者	沐浴	飯含	襲尸	設重	沐浴含飯之具陳于階下者	沐浴	飯含	襲尸	設重（以上並始死之日所用之禮）
	陳小斂衣	饌小斂奠及設東方之盥	陳小斂経帶	陳袌第夷衾及西方之盥	陳鼎實	陳小斂衣	饌小斂奠及設東方之盥	陳小斂経帶	陳袌第夷衾及西方之盥	陳鼎實（以上小斂待用衣物計五節）
士喪禮第十二	小斂俵尸及主人主婦祖髺免経襲之節	小斂奠	小斂後節哀之事	小斂後致襚之儀	陳大斂衣奠及殯具	小斂俵尸及主人主婦祖髺免襲之節	小斂奠	小斂後節哀之事	小斂後致襚之儀（以上皆親喪第二日禮）	陳大斂衣奠及殯具
	徹小斂奠	大斂	殯	大斂奠	大斂畢送賓送兄弟及出就次之儀	徹小斂奠	大斂	殯	大斂奠	大斂畢送賓送兄弟及出就次之儀
	君臨視大斂之儀	成服	朝夕哭奠	朔月奠及薦新	筮宅兆	君臨視大斂之儀（以上皆喪親第三日事）	成服（經云三日除死之實則喪之第四日）	朝夕哭奠（自第四至●葬前竝用此禮）	朔月奠及薦新	筮宅兆
	哭椁哭器	卜葬日				哭椁哭器	卜葬日			
	請啓期	豫於祖廟陳饌	啓殯	遷柩朝祖	薦車馬設遷祖之奠	請啓期	豫於祖廟陳饌	啓殯	遷柩朝祖	薦車馬設遷祖之奠
既夕第十三	將祖時先載柩飾柩車	陳器與葬具	還柩車設祖奠	國君賵禮	實賵奠賻贈之禮	將祖時先載柩飾柩車	陳器與葬具（載柩二事畢日及側矣）	還柩車設祖奠	國君賵禮	實賵奠賻贈之禮（以上並葬前一日事）
	葬日陳大遣奠	將葬抗重出車馬苞器以次先行鄉壙	讀賵讀遣	柩車發行及在道君使宰賵之儀	窆柩藏器葬事畢	葬日陳大遣奠	將葬抗重出車馬苞器以次先行鄉壙	讀賵讀遣	柩車發行及在道君使宰賵之儀	窆柩藏器葬事畢

章	1	2	3	4	5	6	7	8	9	10
	反哭于殯宮	略言葬節喪祭儀及之目後儀	記	／	始死復魂綴設諸禮儀物／時楔奠中	反哭于殯宮（就次於將舉之初虞之奠矣）出	略言葬節喪祭儀及之目後儀	記	據死室斂文君終侍（此士適用之記正人子養之事經于幠衾而子人子養之事）	始死復魂綴設諸禮法器物／時楔奠中
	赴君之辭	室中哭位經所未及	經於君命弔襚	襚者儀位	沐浴合襲時職司服物	赴君之辭	室中哭位經所未及	經於君命弔襚（直言主人不言眾人故記之）	襚者儀位	沐浴合襲時職司服物（自記首至此皆始死日事也）
既夕第十三	小斂大斂二節中衣物奠會設處儀法	殯後居喪者服飲居處車馬之制	朝月及常日掃潔奉養之事	筮宅卜日首末事	啟殯朝祖之事	小斂大斂二節中衣物奠會設處儀法	殯後居喪者服飲居處車馬之制	朝月及常日掃潔奉養之事	筮宅卜日首末事	啟殯朝祖之事
	二廟者啟殯朝禰之儀	二廟者自禰適祖之儀及祖廟中薦車載柩陳器奠贈諸事	君於臣有視斂終卒不者有斂既加而後者二者之節	柩在道至壙卒窆而歸之事	朝祖節與奠祖處納車之饌	二廟者啟殯朝禰之儀	二廟者自禰適祖之儀及祖廟中薦車載柩陳器奠贈諸事	君於臣有視斂終卒不者有斂既加而後者二者之節	柩在道至壙卒窆而歸之事	納車之饌朝祖節與奠祖處
	入壙用器弓矢之制	／	／	／	／	入壙用器弓矢之制	／	／	／	／
	陳虞祭牲羞酒體器具	主人及賓自門外入即位	設饌饗神是為陰厭	延尸妥尸	饗尸尸九飯	陳虞祭牲羞酒體器具	主人及賓自門外入即位	設饌饗神是為陰厭	延尸妥尸	饗尸尸九飯
士虞禮第十四	主人獻尸并獻祝及佐食	主婦亞獻	賓長三獻	祝告利成尸出	改設陽厭	主人獻尸并獻祝及佐食	主婦亞獻	賓長三獻	祝告利成尸出	改設陽厭
	禮畢送賓	記	沐浴陳牲及舉事之期	牲殺體數鼎俎陳設之法	沃尸面位	禮畢送賓	記	沐浴陳牲及舉事之期	牲殺體數鼎俎陳設之法	沃尸面位

士虞禮第十四（左五列）

士虞禮第十四	宗人佐食面位	鉶芼與豆實	虞尸儀與侍尸之儀為尸之人	虞祭無尸者陰厭之儀	三虞卒哭用日不同及祝辭之異者
	卒哭祭尸畢與無餕者送神之禮	卒哭祭告祔於神之辭與饗尸之辭	卒哭祭告祔於神之辭	祔祭之禮與告祔之辭	小祥大祥禫祭吉之節與祝辭之異

士虞禮第十四（右五列）

士虞禮第十四	宗人佐食面位	鉶芼與豆實	虞尸儀與侍尸之儀為尸之人	虞祭無尸者陰厭之儀	三虞卒哭用日不同及祝辭之異者
	卒哭祭尸畢與無餕者送神之禮	卒哭祭告祔於神之辭與饗尸之辭	卒哭祭告祔於神之辭	祔祭之禮與告祔之辭	小祥大祥禫祭吉之節與祝辭之異

特牲饋食禮第十五（左五列）

特牲饋食禮第十五	將祭筮日	筮尸	宿尸	宿賓	視濯視牲
	祭日陳設及位次	陰厭	尸入九飯	主人初獻	主婦亞獻
	賓三獻	獻賓與兄弟	長兄弟加爵	眾賓長加爵	嗣舉奠獻尸
	旅酬	佐食獻尸	尸出歸尸俎徹庶羞	嗣子長兄弟養	改饌陽厭
	禮畢送賓	記	祭時衣冠	器具品物陳設之法	事尸之禮
	佐食所事因及宗人佐食齒列	設內尊與內兄弟面位旅酬贊薦諸儀	祭竈之節	賓送尸反位之節	諸俎牲體之名數
	羣吏面位獻法				

特牲饋食禮第十五（右五列）

特牲饋食禮第十五	將祭筮日	筮尸	宿尸	宿賓	視濯視牲
	祭日陳設及位次	陰厭	尸入九飯	主人初獻	主婦亞獻
	賓三獻	獻賓與兄弟	長兄弟加爵	眾賓長加爵	嗣舉奠獻尸
	旅酬	佐食獻尸	尸出歸尸俎徹庶羞	嗣子長兄弟養（愚於此節不能無疑子主人拜祝拜受酢如事實然為之子者何以安乎）	改饌陽厭
	禮畢送賓	記	祭時衣冠	器具品物陳設之法	事尸之禮
	佐食所事因及宗人佐食齒列	設內尊與內兄弟面位旅酬贊薦諸儀	祭竈之節	賓送尸反位之節	諸俎牲體之名數
	羣吏面位獻法				

	筮祭日	筮尸宿尸宿諸官	爲祭期	祭日視殺視濯	羹定實鼎饌器	筮祭日	筮尸宿尸宿諸官	爲祭期	祭日視殺視濯	羹定實鼎饌器
少牢饋食禮第十六	將祭即位設几加勺載俎	陰厭	迎尸入妥尸	尸十一飯是謂正祭	主人獻尸	將祭即位設几加勺載俎	陰厭	迎尸入妥尸	尸十一飯是謂正祭	主人獻尸
	尸酢主人命祝致嘏	主人獻祝	主人獻兩佐食初獻禮竟	主婦獻尸	尸酢主婦	尸酢主人命祝致嘏	主人獻祝	主人獻兩佐食初獻禮竟	主婦獻尸	尸酢主婦
	主婦獻祝	主婦獻兩佐食亞獻禮竟	賓長獻尸	尸醋賓長	賓長獻祝終獻禮竟	主婦獻祝	主婦獻兩佐食亞獻禮竟	賓長獻尸		賓長獻祝終獻禮竟
	祭畢尸出廟	餕				祭畢尸出廟	餕			
有司徹第十七	將儐尸整設	選侑以輔尸	迎尸及侑	陳鼎階下設俎俟載	主人獻尸從獻者凡五正豆羊俎羊湆羊燔也	將儐尸整設	選侑以輔尸	迎尸及侑	陳鼎階下設俎俟載	主人獻尸從獻者凡五正豆羊俎羊湆羊燔也
	主人獻侑從獻之儀降於尸者二羊匕肉湆與湆也	主人受尸酢設亦五事有尊故主人與尸初獻禮竟人也	主婦獻尸後獻亦五	主婦獻侑其從獻同於尸者亦三	主婦致爵于主人從設並與尸同	主人獻侑從獻之儀降於尸者二羊匕肉湆與湆也	主人受尸酢設亦五事有尊故主人與尸初獻禮竟人也	主婦獻尸後獻亦五（主婦獻爵鉶糗實七士脊羞實燔儀與主人并獻設既設又脩羞湆羞次豕節人並相當）	主婦獻侑其從獻同於尸者亦三（主婦獻爵糗脩羞次豕於二鉶豕實士脊羞降尸者無鉶與湆）	主婦致爵于主人從設並與尸同

	主婦受尸酢從獻亦三	三尸不奠爵 上賓獻尸奠舉	主人酬尸	羞于尸侑主人主婦	主人獻長賓	主婦受尸酢從獻亦三（與侑同等主婦亞獻禮竟）	三尸不奠爵 上賓獻尸奠舉（欲神惠均于庭待徧得獻乃舉之）	酬尸主人（特牲及儐尸皆無之此有而不舉）	羞于尸侑主人主婦	主人獻長賓
	辯獻眾賓	主人自酢于長賓	主人酬長賓	主人獻兄弟	主人獻內賓	辯獻眾賓	主人自酢于長賓	主人酬長賓	主人獻兄弟	主人獻內賓
有司徹第十七	主人獻私人均神惠徧	上賓三獻禮成	二人舉觶為旅酬	兄弟後生舉觶	賓長加獻于尸	主人獻私人均神惠徧	上賓三獻禮成	二人舉觶為旅酬	兄弟後生舉觶	賓長加獻于尸
	次賓舉爵于尸更為旅酬	二觶交錯為算爵	儐尸禮畢	不儐尸者尸八飯後事	不儐尸者尸十一飯時事	次賓舉爵于尸更為旅酬	二觶交錯為算爵	儐尸禮畢	不儐尸者尸八飯後事	不儐尸者尸十一飯時事
	不儐尸者主人初獻與儐尸者正祭初獻同	不儐尸主婦亞獻	不儐尸者賓長三獻	不儐尸者三獻後主人徧獻堂下并內賓之事	不儐尸者次賓長為加爵	不儐尸者主人初獻與儐尸者正祭初獻同	不儐尸主婦亞獻	不儐尸者賓長三獻	不儐尸者三獻後主人徧獻堂下并內賓之事	不儐尸者次賓長為加爵
	不儐尸無算爵	不儐尸佐食為加爵	不儐尸者禮終尸出	餕	不儐尸者為陽厭	不儐尸無算爵	不儐尸佐食為加爵	不儐尸者禮終尸出	餕	不儐尸者為陽厭

參考書目

一、張爾岐著作

1. 〔清〕張爾岐注：《儀禮鄭註句讀》（臺北：育民書局出版，西元 1979 年初版）。

2. 〔清〕張爾岐輯定、〔清〕黃叔增訂：《夏小正註》（臺南：莊嚴文化出版，1997 年初版）。

3. 〔清〕張爾岐注，嚴靈峰輯：《無求備齋易經集成・周易說略》（臺北成文出版社，1964 年初版）。

4. 〔清〕張爾岐注：《春秋傳議》（臺南莊嚴文化出版，1997 年初版）。

5. 〔清〕張爾岐注、嚴靈峰輯：《無求備齋續編・老子說略》（臺北成文出版社出版，1964 年初版）。

6. 〔清〕楊士驤、張爾岐等修；〔清〕孫葆田等纂：《山東通志》（北京圖書館出版，新華經銷，2004 年出版）。

7. 〔清〕胡德琳、何明禮、張爾岐著：《中國方志叢書・濟陽縣志》（臺北成文出版社，1976 年出版）。

8. 〔清〕張爾岐撰、〔清〕胡德琳編：《蒿庵集》（上海世紀出版公司上海古籍出版社出版，2012 年 12 月出版）。

9. 〔清〕張爾岐注：《蒿庵集捃逸》（臺北新文豐出版社，1989 年出版）。

10. 〔清〕張爾岐注：《蒿庵閒話》（北京中華出版社，1985 年出版）。

11. 〔清〕張爾岐注：《蒿庵集　蒿庵閒話　蒿庵集捃逸》（山東齊魯書社出版發行，1991 年 4 月 1 版印刷）。

12. 〔清〕張爾岐注：《風角書》（江蘇廣陵古籍刻印社出版，1997 年出版）。

二、古籍文獻

（一）禮學著作

1. 〔漢〕鄭玄注、〔唐〕賈公彥疏、〔清〕阮元刊刻：《周禮》（臺北藝文印書

館）。

2. 〔漢〕鄭玄注、〔唐〕賈公彥疏、〔清〕阮元刊刻：《儀禮》（臺北藝文印書館）。

3. 〔漢〕鄭玄注、〔唐〕孔穎達疏、〔清〕阮元刊刻：《禮記》（臺北藝文印書館）。

4. 〔宋〕朱熹：《儀禮經傳通解》（北京大學出版，2012 年出版）。

5. 〔清〕張爾岐：《儀禮鄭註句讀》（上海古籍出版社出版，1987 年出版）。

6. 〔清〕徐乾學：《讀禮通考》（上海古籍出版社出版，1987 年出版）。

7. 〔清〕秦蕙田：《五禮通考》（上海古籍出版社出版，1987 年出版）。

8. 〔清〕方苞《儀禮析疑》（上海古籍出版社出版，1987 年出版）。

9. 〔清〕吳廷華《儀禮章句》（北京商務印書館，2006 年出版）。

10. 〔清〕盛世佐《儀禮集編》（北京商務印書館，2006 年出版）。

11. 〔清〕胡培翬：《儀禮正義》（臺北臺灣中華出版社，1966 年出版）。

（二）經學著作

1. 〔漢〕毛亨注、〔漢〕鄭玄箋、〔唐〕孔穎達正義、〔清〕阮元刊刻：《詩經》（臺北藝文印書館）。

2. 〔漢〕何休注、〔唐〕徐彥疏、〔清〕阮元刊刻：《公羊傳》（臺北藝文印書館）。

3. 〔漢〕趙岐注、〔宋〕孫奭疏：《孟子》（臺北藝文印書館）。

4. 〔魏〕何晏集解、〔宋〕邢昺疏：《論語》（臺北藝文印書館）。

5. 〔魏〕王弼注、〔晉〕韓康伯注、〔唐〕孔穎達正義、〔清〕阮元刊刻：《易經》（臺北藝文印書館）。

6. 〔魏〕王肅偽孔安國注、〔唐〕孔穎達正義、〔清〕阮元刊刻：《尚書》（臺北藝文印書館）。

7. 〔晉〕范寧注、〔唐〕楊士勛疏、〔清〕阮元刊刻：《穀梁傳》（臺北藝文印書館）。

8. 〔晉〕杜預注、〔唐〕孔穎達正義、〔清〕阮元刊刻：《左傳》（臺北藝文印書館）。

9. 〔晉〕郭璞注、〔宋〕邢昺疏：《爾雅》（臺北藝文印書館）。

10. 〔唐〕唐玄宗注、〔宋〕邢昺疏：《孝經》（臺北藝文印書館）。

11. 〔宋〕朱熹注：《四書集注》（臺北藝文印書館，2010 年初版 9 刷）。

（三）其他著作

1. 〔民〕徐世昌撰、舒大剛點校《清儒學案》（北京人民出版社，2010 年出

版）。

2. 〔民〕趙爾巽等纂修、黃毅譯注：《清史稿》（南京鳳凰出版社，2011 年出版）。

3. 〔民〕南炳文、白新良等撰：《清史紀事本末》（上海大學出版社，2006 年出版）。

4. 〔民〕皮錫瑞撰：《經學歷史》（漢京文化事業有限公司出版，2004 年初版）。

5. 〔民〕梁啓超撰：《近三百年學術史》（臺北：里仁書局，民國 94 年 8 月 30 日初版四刷）。

三、今人著作

（一）專書

1. 丁鼎：《《儀禮・喪服》考論》（北京社會科學文獻出版社，2003 年出版）。

2. 丁鼎：《禮記解讀》（北京中國人民大學出版社，2010 年出版）。

3. 吳雁南主編：《清代經學史通論》（雲南大學出版社出版，2001 年出版）。

4. 周何：《古禮今談》（臺北紅螞蟻圖書有限公司，1992 年出版）。

5. 周何：《禮學概論》（臺北三民書局出版，1998 年出版）。

6. 林存陽：《清初三禮學》（社會科學文獻出版社出版，2002 年出版）。

7. 姜亮夫：《歷代名人年里碑傳總表》（臺灣商務印書館印行，1993 年出版）。

8. 張錦郎：《中文參考用書指引》（臺北文史哲出版社出版，1983 年出版）。

9. 許子濱：《《春秋》《左傳》禮制研究》（上海古籍出版社出版，2012 年出版）。

10. 許蘇民：《顧炎武評傳》（南京大學出版社，2007 年出版）。

11. 陸建華：《先秦諸子禮學研究》（北京新華書店出版，2008 年出版）。

12. 黃仁宇：《萬曆十五年》（食貨出版社出版，1990 年出版）。

13. 楊天宇撰：《鄭玄三禮注研究》（北京新華印刷出版，2008 年出版）。

14. 葉國良、夏長樸、李隆獻著：《經學通論》（臺北大安出版社，2005 年出版）。

（二）張爾岐相關研究著作

國科會計畫：

1. 韓碧琴的國科會計畫：《儀禮張氏學》（編號 NSC-0301-H005-050T，執行期間 82 年 2 月 1 日至 83 年 1 月 31 日）。

專書：

1. 張華松：《張爾岐詩文選》（山東濟陽出版社，2009 年 4 月初版）。

2. 韓碧琴：《儀禮鄭註句讀校記》（國立編譯館，1996 年初版）。

博士論文：

1. 韓碧琴：《儀禮鄭註句讀校記》（國立臺灣師範大學國文研究所，1991）。

碩士論文：

1. 王繼學：《張爾岐的老子學思想研究》（山東師範大學；，2006）。

2. 王建美：《張爾岐思想研究》（河北師範大學；2003）。

3. 陳怡青：《張爾岐《周易說略》研究》（臺北市立師範學院應用語言文學研究所，2002）。

單篇文章：

1. 鄧聲國：〈試論張爾岐的《儀禮》詮釋特色與研究〉（江西科技師範學院學報，2012 年 04 期，頁 61～66）。

2. 謝成豪：〈張爾岐《老子說略》探析〉（經學研究集刊特刊一，2009 年 12 月，頁 257～281）。

3. 王鈞林：〈張爾岐的學問與思想〉（孔子研究，2007 年 02 期，頁 75～85）。

4. 王繼學：〈論張爾岐的《老子說略》在老學史上的地位〉（山東商丘師範學院學報，2006 年 01 期，頁 20～22）。

5. 張濤：〈顧張交往年代辨正二則〉（湖南大學學報（社會科學版））（2006 年 01 期，頁 61～64）。

6. 王建美：〈張爾岐理學思想論略〉（天津師範大學學報（社會科學版），2004 年 05 期，頁 43～47）。

7. 張華松：〈張爾岐交遊考〉（濟南教育學院，2004 年 03 期，頁 91～99）。

8. 楊自平：〈張爾岐《易》學特色與定位析論〉（國文學報卷 51：2002 年 6 月出版，頁 37～69）。

9. 林存陽：〈張爾岐與《儀禮鄭註句讀》〉（齊魯學刊，2001 年第 1 期，頁 36～40）。

10. 林存陽：〈張爾岐與《儀禮鄭註句讀》〉（山東齊魯學刊，2001 年 01 期，頁 36～40）。

11. 韓碧琴：〈儀禮張氏學〉（興大中文學報，1996 年 1 月，頁 195～230）。

12. 韓碧琴：〈張爾岐對「儀禮」之獨特見解〉（國立中興大學臺中夜間部學報，1995 年 11 月，頁 27～49）。

13. 楊鴻銘：〈張爾岐辨志等文主題字眼論〉（孔孟月刊，1994 年 4 月，頁 49～50）。

14. 韓碧琴：〈儀禮鄭註句讀校記──士相見禮第三〉（逢甲中文學報，1994 年 4 月，頁 77～91）。

15. 韓碧琴：〈儀禮鄭註句讀校記──公食大夫禮第九〉（興大中文學報，1993年1月，頁145～168）。

16. 江舉謙：〈張爾岐辨志〉（明道文藝，1992年2月，頁53～61）。

17. 趙儷生：〈顧炎武與張爾岐〉（東岳論叢，1985年05期，頁85～89）。

18. 戴君仁：〈書張爾岐儀禮鄭註句讀讀後〉（書目季刊，1966年9月，頁51～54）。

（三）博士論文

1. 吳安安：《《儀禮》飲食品物研究》（國立臺灣師範大學國文學系，2005）

2. 孫致文：《朱熹《儀禮經傳通解》研究》（國立中央大學中國文學究所，2003）

3. 崔昌源：《中韓社會文化中通過儀禮之比較研究～～以臺灣與韓國喪葬儀禮結構變遷爲例》（國立臺灣大學社會學系，1997）

4. 李聖愛：《儀禮禮記喪禮與韓國喪禮之比較》（國立臺灣大學中國文學研究所，1987）

5. 王關仕：《儀禮服飾考辨》（國立臺灣大學歷史研究所，1973）。

（四）碩士論文

1. 蔡育儒：《魏了翁《儀禮要義》研究》（東吳大學中國文學系，2012）。

2. 廖怡箏：《儀禮士昏禮研究──以人物、服飾、飲食及其器物爲探討中心》（玄奘大學中國語文學系碩士班，2011）。

3. 王國豪：《《儀禮》禮容研究》（明道大學國學研究所，2008）。

4. 李詩國：《桃園孔廟釋奠儀禮之研究》（銘傳大學應用中國文學系碩士在職專班，2006）。

5. 張秀玲：《程瑤田儀禮喪服文足徵記研究》（臺灣大學中國文學研究所，2004）。

6. 林士鈞：《《儀禮》酒儀探賾》（國立中興大學中國文學系 2003）。

7. 潘澤黃：《中國古代生命禮儀中婚禮之文化意義研究──以《儀禮·士昏禮》爲探討中心》（南華大學生死學研究所，2002）。

8. 康金村：《鄭玄《儀禮注》凡言例句之研究》（玄奘人文社會學院中國語文研究所，2002）。

9. 柯慧蓮：《今本《禮記》中有關喪服制度的篇章與《儀禮·喪服篇》之關係》（國立中央大學中國文學研究所，2000）。

10. 王永馨：《從生命儀禮中探討賽夏人的兩性觀》（國立臺灣大學人類學研究所，1996）。

11. 姬秀珠：《《儀禮》食器考──鼎、簋（敦）、簠、鬲、甗》（國立高雄師範大學中國文學研究所，2005）。

12. 張中惠：《〈儀禮·大射儀〉職官研究》（國立臺灣師範大學國文研究所，1992）。

13. 張經科：《儀禮經傳通解之家禮研究》（國立政治大學中國文學研究所，1988）。

14. 文智成：《儀禮喪服親等服制研究》（國立臺灣師範大學中國文學研究，1984）。

15. 彭妙卿：《儀禮少牢饋食禮儀節研究》（文化大學中國文學研究所，1980）。

16. 汪中文：《儀禮鄉射禮儀節研究》（國立臺灣師範大學國文學系，1980）。

17. 徐福全：《儀禮士喪禮既夕禮儀節研究》（國立臺灣師範大學中國文學研究所，1979）。

18. 王關仕：《儀禮漢簡本考證》（國立臺灣師範大學國文學系，1966）。

（五）單篇論文

1. 殷慧：〈《儀禮經傳通解》的編撰旨趣和在朱熹學術思想中的地位〉（儒教文化研究，民國 101 年 2 月，頁 1～20）

2. 孔志明：〈「冠禮」儀節探討——以《家禮》、《書儀》為例〉（屏中學報，民國 100 年 12 月，頁 3～5）

3. 黃榆惠：〈喪禮空間轉換之象徵意義探討——以《儀禮·士喪禮》為討論核心〉（中國文學研究，民國 100 年 7 月，頁 39～73）

4. 陳月秋：〈從《儀禮·士喪禮》中的喪葬禮儀論先秦儒家喪葬觀——兼論墨家對「厚葬久喪」的批評〉（修平人文社會學報，民國 99 年 9 月，頁 33～54）

5. 鄭憲仁：〈關於《儀禮》儀節研究的探討——以〈公食大夫禮〉為例〉（人文與社會研究學報，民國 98 年 10 月，頁 1～230）

6. 楊婉甄：〈從《儀禮·士昏禮》論先民婚禮習俗〉（明道通識論叢，民國 97 年 11 月，頁 27～33）

7. 李開：〈論《三禮》主體名式和類旨〉（人文中國學報，民國 97 年 9 月，頁 173～200）

8. 顧濤：〈鄭玄注《禮》未嘗更改經字證〉（漢學研究，民國 96 年 12 月，頁 391～412）

9. 楊志剛：〈劉沅《儀禮恒解》初探〉（東方人文學誌，民國 96 年 3 月，頁 113～133）

10. 許媛婷：〈衣帶漸寬終不悔——從宋刊《儀禮要義》看魏了翁的注經生涯〉（故宮文物月刊，民國 96 年 2 月，頁 30～37）

11. 鄭憲仁：〈《儀禮·聘禮》儀節之研究〉（南臺科技大學學報，民國 95 年 12 月，頁 69～83）

12. 余永湧:〈儒家《儀禮‧喪服》與臺灣民間殯葬倫理之探討〉(中華禮儀,民國95年12月,頁9〜12)

13. 劉康成:〈《古今圖書集成‧經籍典‧儀禮部》的文獻價值〉(中國文哲研究通訊,民國95年12月,頁81〜101)

14. 鄭憲仁:〈周代「諸侯大夫宗廟圖」研究〉(漢學研究,民國95年12月,頁1〜40)

15. 盧鳴東:〈劉沅禮學中的儒道關係〉(經學研究集刊,民國95年10月,頁57〜79)

16. 戴麗桑:〈《儀禮》之外——關於女子〉(雄中學報,民國94年12月,頁271〜283)

17. 韓碧琴:〈儀禮覿禮儀節研究〉(興大中文學報,民國94年6月,頁23〜69)

18. 廖鴻裕:〈從大禮議看嘉靖時期對《儀禮》「為人後」的解釋〉(東方人文學誌,民國93年12月,頁117〜132)

19. 姬秀珠:〈《儀禮》壹獻之禮〉(人文與社會學報,民國93年6月,頁19〜46)

20. 陳茂仁:〈武威「儀禮」甲本為慶氏禮之商榷〉(屏東師院學報,民國92年9月,頁217〜234)

21. 彭家正:〈「笙」在「鄉飲酒禮」中的角色初探〉(興大中文研究生論文集,民國91年9月,頁69〜83)

22. 張娣明:〈鄭氏對「儀禮‧士昏禮」的闡釋〉(人文社會學科教學通訊,民國91年8月,頁152〜169)

23. 鄧聲國:〈鄭玄所見「儀禮」古今異文考——兼談「儀禮」異文的價值〉(中國語文通訊,民國91年3月,頁37〜47)

24. 鄧聲國:〈鄭玄《儀禮注》訓詁術語釋義例闡微〉(中國文哲研究集刊,民國91年3月,頁511〜539)

25. 韓碧琴:〈焦循手批「儀禮注疏研究」〉(興大中文學報,民國91年2月,頁65〜85);陳怡如:〈從「儀禮」、「禮記」推論古人方為尊卑〉(國文天地,民國91年2月,頁49〜53)

26. 賈宜瑛:〈胡培翬《儀禮正義》論鄭玄《儀禮注》、敖繼公《儀禮集說》正誤舉隅——以古禮賓介問題為例〉(中國文學研究,民國90年6月,頁209〜239)

27. 張娣明:〈鄭註士昏禮之研究〉(中國學術年刊,民國90年5月,頁57〜84)

28. 林翠芬:〈由「儀禮‧士昏禮」與「禮記‧昏義」試論傳統婦女角色之地位〉(國立虎尾技術學院學報,民國90年3月,頁9〜16)

29. 鄧聲國：〈「漢語大字典」引用「儀禮」材料及相關釋義的處理問題〉（中國語文通訊，民國 89 年 12 月，頁 5～90）

30. 姬秀珠：〈「儀禮」歌「詩」樂「詩」研究〉（筧橋學報，民國 89 年 9 月，頁 237～274）

31. 魏慈德：〈讀俞樾「儀禮評議」箚記〉（孔孟月刊，民國 89 年 9 月，頁 10～17）

32. 程克雅：〈敖繼公《儀禮集說》駁議鄭註《儀禮》之研究〉（東華人文學報，民國 89 年 7 月，頁 291～308）

33. 張致芯：〈古今成年禮之淺探──以「儀禮‧士冠禮」和臺南市開隆宮「做十六」儀式爲例〉（國立臺中技術學院學報，民國 89 年 6 月，頁 61～81）

34. 林素英：〈論君臣服喪所凸顯的君臣倫理──以「儀禮‧喪服」爲中心〉（中國學術年刊，民國 89 年 3 月，頁 45～68）

35. 林素英：〈「儀禮」中爲繼父服喪的意義〉（漢學研究，民國 88 年 12 月，頁 91～108）

36. 朱孟庭：〈儀禮燕禮用樂考（下）〉（孔孟月刊，民國 88 年 5 月，頁 12～19）

37. 朱孟庭：〈儀禮燕禮用樂考（上）〉（孔孟月刊，民國 88 年 4 月，頁 16～25）

38. 陳韻：〈敦煌寫本書儀之昏儀昏義研究（1）──「新集吉凶書儀」昏儀昏義與「儀禮‧士昏禮」昏儀昏義之比較〉（中正大學中文學術年刊，民國 88 年 3 月，頁 213～246）

39. 林素英：〈爲「父」名、「母」名者服喪所凸顯的文化現象──以「儀禮‧喪服」爲討論中心〉（中國學術年刊，民國 88 年 3 月，頁 33～71）

40. 葉國良：〈二戴禮記與儀禮的關係〉（錢穆先生紀念館館刊，民國 87 年 12 月，頁 1～10）

41. 姬秀珠：〈東漢「禮經」的傳承與開展──兼論鄭玄對經學的貢獻〉

42. 呂美菱：〈「儀禮」祝嘏辭研究〉（興大中文研究生論文集，民國 87 年 7 月，頁 1～12）

43. 韓碧琴：〈「儀禮」「有司徹」「特牲饋食禮」儀節之比較研究〉（中興大學文史學報，民國 87 年 6 月，頁 27～66）

44. 韓碧琴：〈「儀禮」所見士、大夫祭禮之禮器比較研究〉（興大中文學報，民國 87 年 6 月，頁 17～60）

45. 張光裕：〈儀禮與周代禮制研究的關係舉隅〉（臺大中文學報，民國 87 年 5 月，頁 341～346）

46. 林素英：〈降服的文化結構意義──以「儀禮‧喪服」爲討論中心〉（中國學術年刊，民國 87 年 3 月，頁 59～101）

47. 韓碧琴:〈「儀禮」「少牢饋食禮」「特牲饋食禮」儀節之比較研究〉(國立中興大學臺中夜間部學報,民國86年11月,頁11～50)

48. 陳祖武:〈姚際恆與「儀禮通論」〉(亞洲研究,民國86年7月,頁167～183)

49. 姬秀珠:〈「儀禮」禮鼎考〉(國立編譯館館刊,民國86年6月,頁1～42)

50. 吳韋璉:〈客家婚俗沿革「儀禮‧士昏禮」初探〉(壢商學報,民國86年5月,頁156～169)

51. 韓碧琴:〈儀禮所見士、大夫祭禮之人物比較研究〉(興大中文學報,民國86年1月,頁125～144)

52. 韓碧琴:〈儀禮祭禮之服飾比較研究〉(國立中興大學臺中夜間部學報,民國85年11月,頁1～33)

53. 姬秀珠:〈「儀禮」禮甒考〉(筧橋學報,民國85年9月,頁267～282)

54. 林翠玟:〈「儀禮‧鄭註」的護衛──「儀禮管見」〉(孔孟月刊,民國85年6月,頁30～40)

55. 尹德民:〈儀禮冠禮、成年禮禮原〉(臺北文獻,民國84年9月,頁43～51)

56. 程克雅:〈胡培翬「儀禮正義」釋例方法探究──兼述段熙仲之「以例治禮」說〉(國立中央大學中國文學研究所論文集刊,民國84年6月,頁1～15)

57. 彭妙卿:〈儀禮有司徹儀節研究〉(逢甲中文學報,民國84年5月,頁57～82)

58. 吳藝苑、許秀霞:〈儀禮士喪禮中的禮義〉(孔孟月刊,民國83年5月,頁2～14)

59. 張中惠:〈「儀禮‧聘禮」職官職掌探析〉(孔孟月刊,民國82年10月,頁3～12)

60. 李昭瑩:〈論「儀禮」的經記〉

61. 彭妙卿:〈「儀禮‧有司徹」儀節研究〉(逢甲中文學報,民國80年11月,頁159～174)

62. 張圍東:〈談四庫本儀禮圖版本〉(國立中央圖書館臺灣分館館訊,民國80年10月,頁19～20)

63. 周聰俊:〈儀禮用鉶考辨〉(大陸雜誌,民國80年10月,頁19～25)

64. 顧仁毅:〈從「儀禮」到「文公家禮」談喪禮中的「飯」與「含」〉(國民教育,民國80年4月,頁12～18)

65. 張長臺:〈儀禮士喪禮「設重」一節之探討〉(亞東工業專科學校學報,民國79年6月,頁1～6)

66. 耿慧玲:〈由儀禮「母」之服制及史傳記載看周代母權〉(簡牘學報,民國 79 年 3 月,頁 111～134)

67. 魏靖峰:〈從「儀禮・士昏禮」管窺古今婚禮〉(中國語文,民國 77 年 6 月,頁 64～66)

68. 王關仕:〈武威漢簡儀禮〉(國文天地,民國 77 年 2 月,頁 37～40)

69. 陳慶煌:〈論左盦之儀禮説〉(孔孟月刊,民國 76 年 9 月,頁 121～140)

70. 江乾益:〈從儀禮看周代宮室制度〉(孔孟月刊,民國 73 年 12 月,頁 29～36)

71. 石磊:〈儀禮喪服篇所表現的親屬結構〉(中央研究院民族學院研究所集刊,民國 72 年 6 月,頁 1～43)

72. 汪中文:〈儀禮鄉射禮儀節研究〉(國立臺灣師範大學國文研究集刊,民國 71 年 6 月,頁 1～20)

73. 徐福全:〈儀禮士喪禮既夕禮儀節研究〉(國立臺灣師範大學國文研究所集刊,民國 69 年 6 月,頁 225～517)

74. 李雲光:〈評:儀禮服飾考辨(王關杜著)〉(東方文化,民國 69 年,頁 276～277)

75. 何敬群:〈儀禮周易中庸的作者問題之探討〉(香港浸會書院學報,民國 69 年,頁 29～40)

76. 李周龍:〈儀禮用樂淺論〉(新竹師專學報,民國 68 年 5 月,頁 87～95)

77. 子介:〈儀禮中的創新及熱情的自然流露〉(鐸聲,民國 68 年 4 月,頁 28～32)

78. 許清雲:〈儀禮概述(下)〉(孔孟月刊,民國 65 年 5 月,頁 11～16)

79. 許清雲:〈儀禮概述〉(孔孟月刊,民國 65 年 4 月,頁 17～22)

80. 鍾柏生:〈儀禮有司徹儀節研究〉(花蓮師專學報,民國 64 年 6 月,頁 161～180)

81. 李周龍:〈儀禮用樂淺論〉(學粹,民國 64 年 6 月,頁 3～7)

82. 王關仕:〈「儀禮服飾考辨」提要〉(民國 63 年 5 月,頁 15～29)

83. 張光裕:〈儀禮盥洗説〉(孔孟月刊,民國 59 年 11 月,頁 14～20)

84. 孔德成、臺靜農:〈儀禮復原實驗小組研究成果綜合報告〉(中國東亞學術研究計畫委員會年報,民國 59 年 8 月,頁 1～15)

85. 黃啓方:〈儀禮士喪禮中的喪俗〉(中國東亞學術研究計畫委員會,民國 59 年 8 月,頁 16～75)

86. 百閔:〈從文化學立場來看儀禮〉(國魂,民國 59 年 2 月,頁 34～35)

87. 張光裕:〈讀儀禮札記二則〉(孔孟月刊,民國 58 年 11 月,頁 16～18)

88. 曾永義:〈儀禮車馬考〉(中國東亞學術研究計畫委員會年報,民國 58 年

8 月，頁 29～121）

89. 鄭良樹：〈儀禮宮室考〉（中國東亞學術研究計畫委員會年報，民國 57 年 6 月，頁 48～96）

90. 黃得時：〈儀禮古今文疏義〉（中國東亞學術研究計畫委會年報，民國 57 年 4 月，頁 48～96）

91. 戴君仁：〈朱子儀禮經傳通解與修門人及修書年歲考〉（國立臺灣大學文史哲學報，民國 56 年 10 月，頁 1～24）

92. 張光裕：〈儀禮兼用今古文不始於鄭玄考〉（書目季刊，民國 56 年 9 月，頁 3～22）

93. 曾永義：〈儀禮樂器考〉（中國東亞學術研究計畫委員會年報，民國 56 年 6 月，頁 47～140）

94. 王關仕：〈儀禮漢簡本考證〉（臺灣省立師範大學國文研究所集刊，民國 56 年 6 月，頁 153～312）

95. 孔德成：〈儀禮十七篇之淵源及傳授〉（東海學報，民國 56 年 1 月，頁 127～134）。